O progresso do conhecimento

FUNDAÇÃO EDITORA DA UNESP

Presidente do Conselho Curador
Mário Sérgio Vasconcelos

Diretor-Presidente
José Castilho Marques Neto

Editor-Executivo
Jézio Hernani Bomfim Gutierre

Assessor editorial
João Luís Ceccantini

Conselho Editorial Acadêmico
Alberto Tsuyoshi Ikeda
Áureo Busetto
Célia Aparecida Ferreira Tolentino
Eda Maria Góes
Elisabete Maniglia
Elisabeth Criscuolo Urbinati
Ildeberto Muniz de Almeida
Maria de Lourdes Ortiz Gandini Baldan
Nilson Ghirardello
Vicente Pleitez

Editores-Assistentes
Anderson Nobara
Jorge Pereira Filho
Leandro Rodrigues

FRANCIS BACON

O *progresso do conhecimento*

Tradução, apresentação e notas
Raul Fiker

Título original em inglês: *The Proficience and Advancement of Learning Divine and Humane* (1605)

© 2006 da tradução brasileira:
Fundação Editora da UNESP (FEU)
Praça da Sé, 108
01001-900 – São Paulo – SP
Tel.: (0xx11) 3242-7171
Fax: (0xx11) 3242-7172
www.editoraunesp.com.br
www.livrariaunesp.com.br
feu@editora.unesp.br

CIP – Brasil. Catalogação na fonte
Sindicato Nacional dos Editores de Livros, RJ

B123p

Bacon, Francis, 1561-1626
  O progresso do conhecimento / Francis Bacon; tradução, apresentação e notas Raul Fiker. – São Paulo: Editora UNESP, 2007.
  Tradução de: The Proficience and Advancement of Learning Divine and Humane, 1605

  ISBN 978-85-7139-734-7

  1. Teoria do conhecimento. 2. Ciência – Metodologia – Obras anteriores a 1800. 3. Lógica – Obras anteriores a 1800. I. Fiker, Raul, 1947-. II. Título.

07-0227.   CDD: 121
                                   CDU: 165

Editora afiliada:

Sumário

Nota a esta edição . 7

Apresentação . 9

Livro primeiro de Francis Bacon sobre a proficiência
e o progresso do conhecimento divino e humano . *13*

Livro segundo de Francis Bacon sobre a proficiência
e o progresso do conhecimento divino e humano . *99*

Nota a esta edição

Esta edição de *O progresso do conhecimento* teve por base a edição prínceps de James Spedding, de 1858 (*The Works os Francis Bacon*, vol.III), consultada em edição fac-similar publicada pela Friedrich Frommann, em 1963. Paralelamente, foram consultadas as edições espanhola (Alianza Editorial, Madri, 1988, tradução e notas de Maria Luisa Balseira) e italiana (Editori Laterza, Bari, 1965, aos cuidados de Enrico de Mas).

A edição de James Spedding de 1858 foi utilizada para a marcação da paginação, que aparece à margem esquerda do texto e é indicada no corpo do texto por duas barras (//).

A numeração de seções e parágrafos, omitida na edição de Spedding, segue a edição de W. A. Wright (Oxford, 1868).

Todas as notas são do tradutor, exceto quando indicado.

Apresentação

Raul Fiker

Esta obra, de caráter até certo ponto programático, é um trabalho de juventude (1605) de Francis Bacon. Os dois livros que compõem *O progresso do conhecimento* foram a primeira contribuição do filósofo em larga escala ao seu grande empreendimento filosófico. Constituindo um tratado sistemático redigido em inglês, é a única de todas as obras de juventude de Bacon publicadas durante a vida do autor.

O progresso do conhecimento conta com dois livros ou partes de extensão muito desigual – o segundo e maior vai constituir a base do *De dignitate et augmentis scientiarum* (1623), uma nova versão da obra, ampliada, em latim.

Na primeira parte de *O Progresso*, Bacon faz a defesa da excelência do conhecimento e elabora uma minuciosa resposta às objeções habituais à busca deste. Na segunda, se ocupa dos obstáculos até então impostos a seu progresso e apresenta em grande detalhe uma classificação das ciências (que vai aparecer, resumida ou expandida, em muitos outros de seus textos, por exemplo, numa forma consideravelmente ampliada e elaborada nos livros II e IX do *De augmentis*. A estrutura principal da classificação, contudo, permanece praticamente inalterada).

Bacon tem vários critérios para a classificação dos saberes (como ele a denomina). O primeiro consiste numa divisão em três variedades principais referentes às três faculdades da mente, concebidas como especialmente relevantes ao conhecimento. A história se baseia na memória, a poesia na imaginação e a filosofia na razão. (O papel da poesia se restringe a dar aos homens a satisfação, permitindo que eles contemplem o que a natureza falhou em proporcionar. Ela está ausente do primeiro plano dos outros critérios de divisão.) No segundo critério, história e filosofia (ou ciência) se distinguem melhor pela individualidade e generalidade respectivamente, de suas descobertas, do que pelas suas respectivas atribuições à memória e à razão. Estas duas faculdades mentais não são propriamente coordenadas, pois a memória, diferentemente da razão, é um depósito, não uma fonte de conhecimento. A fonte de fatos individuais é a percepção ou observação, concebida amplamente o bastante para incluir nossa percepção de nossos próprios estados mentais. Além disso, o raciocínio científico ou filosófico depende da memória para suprir suas premissas e como preservadora da capacidade de raciocínio.

Além desta divisão em termos de individualidade e generalidade, Bacon tem ainda duas outras formas de distinção: entre o teórico e o prático, entre o conhecimento e a ação ou, em sua terminologia, entre o especulativo e o operativo. Isto é aplicado através de todos os ramos principais da filosofia ou ciência, mas não à história, que ele concebe simplesmente como um

O progresso do conhecimento

registro de evidência para várias ciências teóricas e práticas, mas não como tendo alguma lição própria a ensinar-nos. O quarto e último critério reside entre o divino e o não divino que, em si, se divide um pouco indefinidamente, entre o natural, o humano e o civil (ou social). Indefinidamente porque embora ele geralmente ponha o natural e o humano lado a lado (por exemplo, como as duas principais espécies de filosofia não divina), o civil é tratado como uma espécie do humano, e ambas esferas de investigação são passíveis de abordagem pelos mesmos métodos usados para a natureza não humana, exceto que a questão da natureza e substância da alma, como em contraste com suas faculdades, é remetida à religião revelada (que é conhecimento divino, mas de modo algum filosofia). Entre outras complexidades e dificuldades da classificação baconiana, esta última certamente reflete sua preocupação mais geral e básica de separar filosofia e teologia, razão e fé, que está na base de sua contribuição para a configuração da modernidade.

Ao percorrermos esse sistema de ciências de Bacon, que é, na verdade, um mapa de um território não satisfatoriamente explorado, o que salta à vista é a discrepância entre sua filosofia natural e sua "filosofia humana" em termos epistemológicos. Embora seu sistema geral de classificação sugira que ambas estão em pé de igualdade, em sua descrição concreta elas divergem amplamente. Enquanto seu tratamento da filosofia natural é substancial e contém, inclusive, sua teoria da indução eliminatória (que ele vê como seu mais importante elemento e o único método válido para se chegar às leis da natureza – o que torna uma ciência "científica", enfim), sua "filosofia humana" não é mais do que um programa, sem nenhuma ideia do que virão a ser as ciências empíricas da mente e da sociedade. Ela é quase inteiramente operativa ou técnica, com apenas reconhecimentos esporádicos da necessidade dessas disciplinas de uma base especulativa ou teórica – que pode emergir da indução baconiana. Seu tratamento das ciências humanas não as vincula ao novo método, que caracteriza a ciência propriamente dita.

Nesse sentido, *O progresso do conhecimento*, entre inúmeros outros desenvolvimentos e repercussões, entre outros pontos da maior importância para a compreensão do projeto baconiano (e de certos aspectos da modernidade, sendo Bacon o mais confiante, explícito e influente dos primeiros expoentes da ideia de progresso) e do seu lugar na história do pensamento filosófico, é uma obra estratégica na longa e intrincada história das relações entre as chamadas "duas culturas" – as chamadas ciências naturais e/ou exatas (ou "ciências" propriamente ditas), e as ciências humanas, sociais (ou, simplesmente, "humanidades"). Relações estas que embora possam ser rastreadas desde o surgimento do *logos* diante do *mythos* em torno de VI a.C. na Grécia, tornam-se particularmente nítidas em seus antagonismos no Renascimento, quando opõem os "cientistas" aos "literati" ou humanistas.

À parte seus aspectos implicitamente polêmicos, contudo (a matemática, por exemplo, é um "apêndice", não uma ciência substantiva, e mesmo assim um apêndice ou auxiliar não essencial – que se lembre de que estamos em plena revolução científica com a matematização da física e o Lorde Chanceler é, como se diz, um dos "pais" da ciência moderna), a classificação das ciências de Bacon é uma das mais completas desde Aristóteles e, sem dúvida, a mais influente já esboçada. A devoção dos *encyclopédistes* franceses a Bacon deve-se principalmente à sua percepção dele como um pioneiro na organização do conhecimento.

Livro primeiro de Francis Bacon sobre a proficiência e o progresso do conhecimento divino e humano

Ao Rei

261   // 1. Havia sob a Lei, excelente Rei, tanto sacrifícios diários como oferendas voluntárias; aqueles tendo procedimento sob observância comum, estas sob alegria devota: da mesma maneira corresponde aos reis receber de seus seguidores tanto tributos de dever como presentes de afeto. Quanto aos primeiros, espero não faltar enquanto viver, de acordo com meu mais humilde dever, e com os encargos que Vossa Majestade tenha por bem me atribuir: no que toca aos segundos, pude crer preferível optar por alguma oblação que pudesse antes referir a propriedade e excelência de vossa pessoa individual, do que os assuntos de vossa coroa e Estado.

2. Outrossim, me representando muitas vezes Vossa Majestade em meu pensamento, e vos observando não com o olhar inquisitivo da presunção para descobrir o que a Escritura me disse ser inescrutável,[1] mas com o olhar observador do dever e admiração, deixando de lado as outras partes de vossa virtude e fortuna, me percebi comovido e também tomado de extremo

---

1 Provérbios 25,3.

assombro diante daquelas vossas virtudes e faculdades que os filósofos denominam intelectuais; a amplitude de vossa capacidade, a fidelidade de vossa memória, a rapidez de vossa compreensão, a penetração de vosso julgamento e a facilidade e a ordem de vossa elocução; e amiúde vim a pensar que, entre todas as pessoas vivas // que conheci, Vossa Majestade era o melhor exemplo para persuadir da opinião de Platão,[2] de que todo conhecimento não passa de reminiscência, e de que a mente do homem conhece por natureza todas as coisas, e nada mais tem que suas noções nativas e originais (que pelo estranhamento e obscuridade deste tabernáculo do corpo se acham sequestradas) novamente revividas e restauradas: tal é a luz natural que observei em Vossa Majestade, e tal vossa disposição de abrasar e brilhar à menor ocasião que se apresente, ou da menor faísca do conhecimento comunicado por outro. E como disse a Escritura do mais sábio rei: *Que seu coração era como as areias do mar;*[3] que, embora seja um dos maiores corpos, está, contudo, composto das menores e mais diminutas porções; assim Deus deu a Vossa Majestade uma admirável composição de entendimento, capaz de abarcar e compreender os maiores assuntos e, não obstante, tocar e apreender os menores; visto que pareceria impossível na natureza que um mesmo instrumento se adequasse às grandes e pequenas obras. E quanto ao vosso dom da palavra, quero lembrar o que Cornélio Tácito disse de Augusto César: *Augusto profluens, et quae principem deceret, eloquentia fuit*[4] [que seu estilo de discurso era fluente e principesco]; pois se nota-

---

2 Platão, *Mênon*, 81c-d; *Fédon*, 72e.

3 Reis 5,9.

4 Tácito, *Anais*, Livro XIII, 3.

O progresso do conhecimento

mos bem, o discurso enunciado com labor e dificuldade, o discurso que sugere a afetação de arte e preceitos, ou o discurso que é moldado na imitação de algum padrão de eloquência, por excelente que seja – têm todos algo de servil e de não soberano. Mas o modo de discurso de Vossa Majestade é de fato principesco, fluindo como de uma fonte, e ainda correndo e se ramificando conforme a ordem da natureza, pleno de facilidade e felicidade, não imitando ninguém e inimitável por qualquer um. E assim como em vosso estado civil parece haver uma emulação e competição de vossa virtude com vossa fortuna; uma disposição virtuosa com um regimento afortunado; uma expectativa virtuosa (quando era tempo) de vossa maior fortuna, com uma próspera posse desta a seu devido tempo; uma observância virtuosa das leis do matrimônio, com o mais abençoado e feliz fruto dele; um virtuoso e cristianíssimo desejo de paz; com uma afortunada inclinação de vossos príncipes vizinhos em igual sentido: assim também nestes assuntos intelectuais, não parece haver // a menor competição entre a excelência dos dotes naturais de Vossa Majestade e a universalidade e a perfeição de vosso saber. Pois estou bem seguro de que o que direi não é de modo algum hipérbole, mas verdade positiva e ponderada; a saber, que não tem havido desde os tempos de Cristo algum rei ou monarca temporal tão versado em toda literatura e erudição, divina e humana. Pois passe e repasse quem o desejar, com seriedade e diligência, a sucessão dos imperadores de Roma, da qual César o ditador, que viveu alguns anos antes de Cristo, e Marco Antônio eram os mais ilustrados; e então passe aos imperadores da Grécia, ou do Ocidente, e então para as linhagens da França, da Espanha, da Inglaterra, da Escócia, e o restante, e verá que este juízo é bem fundamentado. Pois pode

Francis Bacon

muito bem parecer que um rei, através dos extratos resumidos dos engenhos e labores de outros homens, ostente alguns ornamentos superficiais e mostras de erudição, ou que prefira e favoreça homens de cultura e saber: mas beber de fato das verdadeiras fontes do conhecimento e ainda trazer uma delas em si mesmo, em um rei, e nascido de rei, é quase um milagre. E tanto mais porque se encontra em Vossa Majestade uma rara conjunção de letras divinas e sagradas, bem como de profanas e humanas; de modo que Vossa Majestade esteja investido daquela triplicidade que com grande veneração se atribuía ao antigo Hermes;[5] o poder e a fortuna de um rei, a sabedoria e a iluminação de um sacerdote, e o conhecimento e a universalidade de um filósofo. Esta qualidade inerente e atributo pessoal de Vossa Majestade merece ser expressa não apenas na fama e na admiração dos tempos presentes, nem na história ou na tradição das eras vindouras, mas também em alguma obra sólida, memorial fixo e monumento imortal, trazendo um caráter ou assinatura tanto do poderio de um rei quanto da singularidade e da perfeição deste rei.

3. Concluí, portanto, que não podia fazer à Vossa Majestade melhor oblação do que a de um tratado tendendo a esse fim; cuja soma será composta destas duas partes: a primeira referente à excelência do saber e do conhecimento, e à excelência do mérito e verdadeira glória que há em seu aumento e propagação; a segunda, relativa a quais sejam as ações e obras específicas que tenham sido postas em prática // e empreendidas para o progresso do conhecimento, e também a quais defeitos e imperfeições encontro em tais ações específicas; a fim de que,

---

5 Hermes Trimegisto portava os títulos de rei, sacerdote e filósofo.

O progresso do conhecimento

embora eu não possa aconselhar à Vossa Majestade positiva ou afirmativamente, ou expor à vossa consideração matéria bem composta, possa, em troca, estimular vossas régias reflexões a visitar o excelente tesouro de vossa própria mente, e dela extrair informações para esse propósito tão conforme à vossa magnanimidade e sabedoria.

I. I. No portal de entrada da primeira dessas partes, para desembaraçar o caminho e, por assim dizer, fazer silêncio para que os testemunhos verdadeiros referentes à dignidade do conhecimento sejam mais bem ouvidos, sem a interrupção de objeções tácitas, creio de bom alvitre livrá-lo dos descréditos e infâmias de que tem sido objeto; procedentes todos eles da ignorância; mas da ignorância severamente disfarçada, mostrando-se ora no zelo e suspeita dos teólogos, ora na severidade e arrogância dos políticos, ora nos erros e imperfeições dos próprios sábios.

2. Ouço os primeiros dizerem que o conhecimento é uma dessas coisas que devem ser admitidas com grande limitação e cautela; que a aspiração a um conhecimento excessivo foram a tentação e o pecado originais, de onde adveio a queda do homem; que o conhecimento tem em si algo da serpente e, portanto, ali onde penetra no homem o faz inflar – *scientia inflat* [conhecimento incha];[6] que Salomão censura: *Fazer livros é um trabalho sem fim e muita leitura desgasta o corpo;*[7] e também em outra passagem: *Demasiada sabedoria traz demasiado desgosto;*[8] que São

---

6 I Coríntios 8,1.
7 Eclesiastes 12,12.
8 Eclesiastes 1,18.

Francis Bacon

Paulo adverte: *Não nos deixemos corromper pela vã filosofia;*[9] que a experiência demonstra como homens doutos foram heresiarcas, como tempos doutos foram inclinados ao ateísmo, e como a contemplação de causas segundas tira o mérito de nossa dependência de Deus, que é a causa primeira.

3. Para revelar, pois, a ignorância e o erro desta opinião e o equívoco de seu fundamento, pode-se muito bem evidenciar que esses homens não observam ou consideram que não foi o conhecimento puro da natureza e universalidade, conhecimento a cuja luz o homem deu nomes às outras criaturas no Paraíso, conforme eram trazidas diante de si,[10] de acordo com // suas propriedades, o que deu ocasião à queda; mas sim o conhecimento orgulhoso do bem e do mal, com uma intenção no homem de dar-se uma lei a si mesmo e não mais depender dos mandamentos de Deus, que foi a forma da tentação. Tampouco há alguma quantidade de conhecimento, por grande que seja, que possa fazer inchar a mente do homem; pois nada pode preencher, e muito menos dilatar, o espírito do homem, a não ser Deus e a contemplação de Deus; e por isso Salomão, falando dos dois sentidos principais da inquisição, o olho e o ouvido, afirma que o olho nunca se sacia de ver, nem o ouvido de ouvir;[11] e se não há plenitude, então o continente é maior que o conteúdo: assim também do próprio conhecimento e da mente do homem, para os quais os sentidos não passam de informantes, ele diz estas palavras, colocadas depois do calendário ou efemérides que faz das diversidades dos tempos e

---

9 ICoríntios 8,1.

10 Gênesis 2,19-20.

11 Eclesiastes 1,8.

O progresso do conhecimento

estações para todas ações e propósitos; e conclui assim: *Deus fez todas as coisas belas, ou apropriadas, cada uma para sua estação: também colocou o mundo no coração do homem, mas o homem não pode descobrir as obras que Deus fez do princípio ao fim:*[12] declarando sem obscuridade que Deus moldou a mente do homem como um espelho ou vidro capaz de refletir a imagem do universo, e feliz de receber a impressão dele, como o olho é feliz de receber luz; e que não apenas se deleita com a contemplação da variedade das coisas e as vicissitudes dos tempos, como também se eleva para descobrir e discernir as ordenanças e decretos que através de todas essas mudanças são infalivelmente observados. E embora ele insinue que a lei ou suma suprema da natureza, que ele denomina *a obra que Deus faz do princípio ao fim*, é impossível de ser descoberta pelo homem, ele, contudo, não menoscaba a capacidade da mente, mas o põe como algo que pode ser atribuído a impedimentos tais como a brevidade da vida, a má conjunção de esforços, a transmissão defeituosa do conhecimento de mão em mão, e muitas outras inconveniências a que a condição do homem está sujeita. Pois que nenhuma parcela do mundo está vedada à inquisição e invenção do homem, ele decreta em outra passagem, quando diz: *O espírito do homem é como a lâmpada de Deus, com a qual ele esquadrinha a interioridade de todos os segredos.*[13] Sendo, pois, tais a capacidade e o alcance da mente humana, é manifesto que não há perigo algum de que a proporção ou quantidade de conhecimento, por grande que seja, a faça inchar // ou sair de si; não, mas sim que é qualidade do conhecimento, tanto se é mais como se é menos, se é tomado

---

12 Eclesiastes 3,11.
13 Provérbios 20,27.

sem seu corretivo próprio, que traga em si algo de veneno ou malignidade, e alguns efeitos desse veneno, que são ventosidade ou inchaço. Esse tempero corretivo, cuja adição torna o conhecimento tão soberano, é a Caridade, que o apóstolo imediatamente agrega à cláusula citada, pois diz: *o conhecimento incha, mas a caridade constrói*,[14] não diferentemente do que declara em outra passagem: *Se eu falasse* (diz ele) *com as línguas dos homens e dos anjos, e não tivesse caridade, seria como um címbalo que ressoa;*[15] não porque falar com as línguas dos homens e dos anjos não seja coisa excelente, mas porque, se se separa da caridade e não se aplica ao bem dos homens e da humanidade, é mais glória ressonante e indigna que virtude meritória e substancial. E quanto àquela censura de Salomão referente ao excesso no escrever e ler livros e à ansiedade de espírito que redunda do conhecimento, e à admoestação de São Paulo de que *não nos deixemos seduzir pela vã filosofia*; entendam-se bem essas passagens e se verá que expõem de maneira excelente as verdadeiras fronteiras e limites em que se encerra e circunscreve o conhecimento humano; e isso ainda sem tanta constrição ou restrição, mas que ele pode compreender toda a natureza universal das coisas. Pois essas limitações são três. A primeira, *que não situemos nossa felicidade no conhecimento a ponto de esquecer nossa mortalidade*. A segunda, *que apliquemos nosso conhecimento de modo que nos dê repouso e contentamento, e não inquietude ou insatisfação*. A terceira, *que não tenhamos a presunção de, pela contemplação da natureza, alcançar os mistérios de Deus*. Pois no tocante à primeira, Salomão se explica excelentemente em outra passagem do mesmo livro, onde

---

14 I Coríntios 8,1.

15 I Coríntios 13,1.

O *progresso do conhecimento*

diz: *Eu vi que o conhecimento se separa da ignorância como a luz das trevas, e que os olhos do homem sábio vigiam à sua frente, enquanto o tolo perambula nas trevas: mas também aprendi que a mesma mortalidade alcança a ambos.*[16] E quanto à segunda, certo é que não há vexame ou preocupação que resulte do conhecimento, de outro modo que meramente por acidente; pois todo conhecimento e assombro (que é a semente do conhecimento) é uma impressão de prazer em si: mas quando os homens sucumbem em formar conclusões a partir de seu conhecimento, aplicando-o a seu afã particular, e deste modo ministrando a si mesmos // temores covardes ou desejos imoderados, brota esse excesso de cuidados e perturbações da mente mencionados: pois então o conhecimento já não é *Lumen siccum* [uma luz seca] da qual disse Heráclito o profundo: *Lumen siccum optima anima* [a luz seca é a melhor alma];[17] mas torna-se *Lumen madidum* ou *maceratum* [uma luz carregada de umidade], impregnando-se nos humores das afeições. E quanto ao terceiro ponto, ele merece ser um pouco mais meditado e não visto com ligeireza: pois se algum homem vir a crer, pela visão e inquirição dessas coisas sensíveis e materiais, que obtém a luz necessária para descobrir por si mesmo a natureza ou vontade de Deus, então de fato estaria corrompido pela vã filosofia: pois a contemplação das criaturas e obras de Deus produz (com respeito às obras e criaturas mesmas) conhecimento; mas com respeito a Deus, nenhum conhecimento perfeito, mas assombro, que é conhecimento fragmentado. Por isso, disse muito acertada-

267

---

16 Eclesiastes 2,13-14.
17 Fragmento 118.

Francis Bacon

mente alguém da escola de Platão:[18] *Que o sentido do homem traz uma semelhança com o sol, que, como vemos, descobre e revela todo o globo terrestre; mas também obscurece e oculta as estrelas e o globo celeste: assim o sentido descobre as coisas naturais, mas obscurece e cerra as divinas.* Daí que seja certo ter ocorrido que vários grandes e doutos homens tenham sido heréticos, ao pretenderem voar até os segredos da Deidade com as asas de cera dos sentidos. E quanto ao conceito de que conhecimento em demasia incline o homem ao ateísmo, e de que a ignorância das causas segundas favoreça uma dependência mais devota de Deus, que é a causa primeira: em primeiro lugar seria bom perguntar o que Jó perguntou a seus amigos: *Mentiríeis por Deus, como faz um homem por outro, para agradá-lo?*[19] Pois certo é que Deus nada realiza na natureza a não ser através de causas segundas; e se se afirma crer outra coisa, é mera impostura, como se com isso se favorecesse a Deus; e não é senão oferecer ao autor da verdade o sacrifício impuro de uma mentira. Mas, além disso, é uma verdade segura e confirmada pela experiência, que um conhecimento pequeno ou superficial de filosofia pode inclinar a mente do homem ao ateísmo, mas que um avanço subsequente a traz // de volta para a religião. Pois no umbral da filosofia, quando as causas segundas, que estão próximas aos sentidos, se oferecem à mente do homem, se esta se detém e ali permanece, ela pode induzir certo esquecimento da causa mais elevada; mas quando um homem vai mais adiante e vê a dependência das causas e as obras da Providência, então, de acordo com a alegoria dos

---

18 Fílon de Alexandria, *De Somnis* [*Dos sonhos*], p.41.
19 Jó 13,7.

O progresso do conhecimento

poetas, ele facilmente acreditará que o elo mais elevado da cadeia da natureza certamente deve estar atado ao pé do trono de Júpiter.[20] Para concluir, pois, que homem algum, por um fraco conceito de sobriedade ou mal aplicada moderação, pense ou mantenha que se pode pesquisar demasiado longe ou ser versado em demasia no livro da palavra de Deus ou no livro das obras de Deus, em teologia ou em filosofia; mas antes aspirem os homens a um avanço ou progresso ilimitados em ambas; cuidando, isso sim, de aplicá-las à caridade, e não ao envaidecimento; ao uso, e não à ostentação; e também de não misturar ou confundir imprudentemente esses saberes entre si.

II. 1. E quanto às injúrias que o saber recebe dos políticos, são elas desta natureza: que o saber amolece o ânimo dos homens e os torna mais ineptos para a honra e o exercício das armas; que ele danifica e perverte os ânimos dos homens para os assuntos de governo e da política, tornando-os demasiado curiosos e irresolutos pela variedade de leituras, ou demasiado peremptórios ou inflexíveis pelo rigor das normas e axiomas, ou demasiado imoderados e arrogantes em razão da grandeza dos exemplos, ou demasiado incompatíveis com seus tempos e deles divorciados por causa da dessemelhança dos exemplos; ou, quando menos, que separa os esforços dos homens da ação e dos negócios e os leva a um amor ao ócio e à privacidade; e que introduz nos Estados um relaxamento da disciplina, quando todos estão mais dispostos a discutir de que a obedecer e a executar. Por essa ideia Catão, apelidado o Censor, de fato um dos homens mais prudentes de todos os tempos, quando

---

20 *Ilíada*, VIII, 19.

Carneades, o filósofo, foi em embaixada à Roma, e todos os jovens romanos começaram a congregar-se em torno dele, seduzidos pela doçura e majestade de sua eloquência e saber, aconselhou abertamente no Senado que ele fosse despachado rapidamente, caso contrário infectaria e cativaria as mentes e os ânimos da juventude e, inadvertidamente, ocasionaria uma alteração dos usos e costumes do Estado.[21] Essa mesma ideia ou disposição levou Virgílio, // empregando sua pena em benefício de seu país e em prejuízo de sua própria profissão, a estabelecer um tipo de separação entre política e governo e artes e ciências, nesses versos tão conhecidos, onde atribui e reivindica os primeiros para os romanos e estas últimas aos gregos: *Tu regere imperio populos, Romane, memento: Hae tibi erunt artes etc.*, [Tu, romano, pensa em reinar sobre as nações: essas serão tuas artes.][22]

Assim também vemos que Anito, o acusador de Sócrates, apresentou como um artigo de ônus e acusação contra ele que, com a variedade e força de seus discursos e debates, afastava os jovens da devida reverência às leis e aos costumes de sua pátria; e que ensinava uma ciência perigosa e perniciosa, que fazia que o pior parecesse o melhor e suprimia a verdade com a força da eloquência e do discurso.[23]

2. Mas essas e outras imputações semelhantes têm mais um aspecto de gravidade do que qualquer base de justiça: pois a experiência demonstra que tanto em pessoas como em épocas tem havido uma junção e concordância do saber e das armas,

---

21 Plutarco, *Marco Catão*, XXII.

22 *Eneida*, VI, 851-2.

23 Platão, *Apologia de Sócrates*, 23d.

O progresso do conhecimento

florescendo e atingindo a excelência nos mesmos homens e nas mesmas épocas. Pois, quanto a homens, não pode haver igual nem melhor exemplo que estes dois: Alexandre, o Grande e Júlio César, o ditador, dos quais o primeiro foi discípulo de Aristóteles em filosofia, e o segundo foi rival de Cícero em eloquência; ou, no caso de se preferir estudiosos que foram grandes generais a generais que foram grandes estudiosos, tome-se Epaminondas, o tebano, ou Xenofonte, o ateniense, dos quais aquele foi o primeiro que abateu o poder de Esparta, e este o primeiro que abriu o caminho para a derrocada da monarquia da Pérsia. E esta convergência é ainda mais visível em épocas do que em pessoas, conquanto uma época é um objeto maior do que um homem. Pois tanto no Egito, como na Assíria, Pérsia, Grécia e Roma, as mesmas épocas que são célebres pelas armas são também as mais admiradas pelo saber, de modo que os maiores autores e filósofos e os maiores capitães e governantes viveram nas mesmas épocas. Nem pode ser de outra maneira: pois assim como no homem a robustez do corpo e a do espírito chegam aproximadamente na mesma idade, salvo que a do corpo chegue um pouco antes, assim nos Estados, as armas e o saber, dos quais aquelas correspondem ao corpo e este à alma do homem, têm uma convergência ou sequência próxima no tempo.

3. E no que diz respeito à política e ao governo, é muito improvável que o saber possa prejudicá-los mais do que favorecê-los. Vemos que se tem por erro confiar um corpo natural a médicos empíricos, que comumente dispõem de umas quantas receitas agradáveis com as quais se mostram confiantes e temerários, mas não conhecem nem as causas das enfermidades, nem as compleições dos pacientes, nem o perigo dos

acidentes, nem o verdadeiro método das curas. Vemos que é um erro semelhante confiar em advogados e homens de leis que são apenas praticantes e não baseiam sua atuação em seus livros, e muitas vezes se veem facilmente surpreendidos quando o assunto vai além de sua experiência, para o prejuízo das causas com que lidam. Pela mesma razão há de ter consequências duvidosas se os Estados são administrados por estadistas empíricos, entre os quais não haja suficientes homens de sólida instrução. E pelo contrário, quase não há exemplo que contradiga o princípio de que nunca houve governo desastroso que estivesse em mãos de governantes doutos. Pois, apesar do costume dos políticos de desacreditar e menosprezar os doutos, dando-lhes a qualificação de *pedantes*,[24] os anais do tempo mostram que os governos de príncipes menores de idade (não obstante os inumeráveis inconvenientes dessa situação) têm sido melhores que os dos príncipes de idade madura, e precisamente por essa circunstância que se pretende vituperar, a saber, que nessas ocasiões o Estado estivesse em mãos de *pedantes*: pois assim esteve o Estado romano durante os cinco primeiros anos, tão exaltados, da menoridade de Nero, nas mãos de Sêneca, um *pedante*; assim esteve novamente pelo espaço de dez anos ou mais, durante a menoridade de Gordiano, o Jovem, com grande aplauso e satisfação geral, nas mãos de Misiteo, um *pedante*;[25] assim o esteve antes disso, na menoridade de Alexandre Severo, com semelhante felicidade, em mãos não muito diversas, porque então governaram as mulheres com o

---

24 Aqui no sentido antigo de preceptores.

25 Gordiano III, o Piedoso, imperador romano de 238 a 234, durante cinco anos foi aconselhado por Misiteo, prefeito do pretório.

O progresso do conhecimento

auxílio de mestres e preceptores.[26] Além disso, que se observe o governo dos bispos de Roma, por exemplo os de Pio V e Sixto V em nossos tempos, que quando ascenderam ao papado não eram tidos senão como frades pedantes, e se verá que tais papas fazem coisas de maior envergadura e agem segundo // princípios de Estado mais acertados do que aqueles outros que chegam ao papado vindos de uma educação e formação nos assuntos de Estado e nas cortes dos príncipes. Pois embora os homens de formação intelectual falhem às vezes em questões de conveniência e adaptação às condições do presente, que é o que os italianos denominam *ragioni di stato* [razões de Estado], das quais o citado Pio V não podia nem ouvir falar com paciência, tachando-as de invenções contrárias à religião e às virtudes morais; por outro lado, e para compensá-lo, são excelentes em tudo o que diz respeito a religião, justiça, honra e moralidade, coisas estas que se fossem devida e atentamente tratadas, pouca necessidade haveria das outras, como não há de medicina num corpo são ou bem nutrido. Nem pode tampouco a experiência de vida de um só homem fornecer exemplos e precedentes o bastante para orientar sua vida; pois, assim como ocorre às vezes que o neto ou outro descendente se assemelhe ao antepassado mais do que seu próprio filho, do mesmo modo ocorre amiúde que os eventos do presente guardem maior semelhança com casos antigos do que com os de tempos mais recentes ou imediatos; e, por fim, o engenho de um só homem pode tão pouco diante do saber como os recursos de um só diante de um fundo comum.

---

26 Alexandre Severo ocupou o trono imperial em 222. Foi assessorado no governo por sua mãe Julia Mamea, sua avó, Julia Maesa e vários jurisconsultos, entre eles Ulpiano.

Francis Bacon

4. E quanto a essas seduções ou indisposições particulares do espírito para a política e o governo, das que se quer responsabilizar o saber, se se admitisse que ocorre tal coisa, seria preciso lembrar ao mesmo tempo com quanta maior força subministra o saber medicina ou remédio contra essas tentações do que ocasiões delas. Pois se sub-repticiamente torna os homens perplexos e irresolutos, em troca, com conceitos claros, lhes ensina quando e sobre que fundamento assumir resolução, e como ter as coisas em suspenso sem prejuízo até assumi-la. E se os torna inflexíveis e rigorosos, também lhes ensina quais coisas são, por sua natureza, demonstrativas, e quais são conjeturais; bem como o uso de distinções e exceções, e a latitude dos princípios e regras. E se conduz a erro pela desproporção ou dissimilitude dos exemplos, ensina também a força das circunstâncias, os erros de comparações, e as precauções a serem tomadas na hora da aplicação; de modo que em tudo isso, mais pode retificar do que conduzir a engano. E esses medicamentos os administra ao espírito com muito maior potência pela vivacidade e penetração dos exemplos. Pois considerem-se os erros de Clemente VII, tão vivamente descritos por Guicciardine, que esteve a seu serviço, ou // os de Cícero, pintados por seu próprio pincel em suas cartas a Ático, e evitar-se-á ser irresoluto. Observem-se os erros de Focio, e guardar-se-á de ser obstinado ou inflexível. Leia-se a fábula de Ixion[27] e se evitará ser nebuloso ou deixar-se levar pela imaginação. Contemplem-se os erros de Catão, o Segundo, e nunca se contará entre os antípodas, que andam em oposição a este mundo.

---

27 Píndaro, *Odes Píticas*, II, 21.

O progresso do conhecimento

5. E quanto à ideia de que o saber inclina os homens ao ócio e ao retiro, e os torna preguiçosos, seria estranho que aquilo que acostuma a mente a movimento e agitação perpétuos induzisse à preguiça; enquanto, ao contrário, pode-se afirmar sem faltar à verdade que nenhum tipo de homem ama a atividade por si mesma, a não ser os doutos; pois outros a amam por lucro, como o empregado que ama o trabalho pelo salário; ou por afã de honras, porque os eleva aos olhos dos homens, e reaviva sua reputação, que de outro modo se gastaria; ou porque os leva a pensar em sua fortuna, e lhes dá ocasião de prazer e desprazer; ou porque exercita alguma faculdade de que se orgulham, e assim os tem de bom humor e contentes consigo mesmos, ou porque de outro modo serve a seus fins. De modo que, assim como se diz que o valor de alguns está nos olhos de quem os fita, assim a indústria destes está nos olhos dos demais, ou quando menos na conformidade a seus próprios desígnios pessoais; somente os doutos amam a atividade como ação conforme a natureza, tão conveniente à saúde do espírito quanto o exercício à saúde do corpo, comprazendo-se na ação mesma e não no que esta lhes reporte; de modo que de todos os homens são os mais infatigáveis, se se trata de alguma atividade capaz de atrair ou prender seu espírito.

6. E se alguém é ativo para a leitura e o estudo, mas ocioso para o negócio e a ação, isso nasce de alguma debilidade do corpo ou brandura do espírito, como diz Sêneca: *Quidam tam sunt umbratiles, ut putent in turbido esse quicquid in luce est* [Alguns estão tão acostumados à sombra que tudo que é claro lhes parece turvo],[28] e não do saber. Pode bem ocorrer que essa condição

---

28 *Epistulae Morales ad Lucilium* [*Cartas morais a Lucílio*], III, 6.

273 na natureza de alguém // o leve a consagrar-se ao saber, mas não é o saber o que engendra essa condição em sua natureza.

7. E que o saber demande demasiado tempo ou ócio, respondo que o homem mais ativo ou ocupado que tenha havido ou possa haver tem (indiscutivelmente) muitos momentos vagos de lazer, enquanto espera as ocasiões e os resultados de seus negócios (a não ser que seja lento para despachar seus assuntos, ou frívola e indignamente se empenhe em intrometer-se em coisas que outros podem fazer melhor do que ele); e então a questão está em como devem ser preenchidos e gastos esses intervalos de tempo livre, se em prazeres ou em estudos. Como bem respondeu Demóstenes a seu adversário Ésquines, que era homem dado ao prazer, e lhe disse *que seus discursos tinham cheiro de lâmpada: De fato* (disse Demóstenes) *há uma grande diferença entre as coisas que tu e eu fazemos à luz da lâmpada.*[29] De modo que não há que se temer que o saber desaloje o negócio; antes bem sustentará e defenderá a integridade do espírito diante da ociosidade e do prazer, que de outro modo poderiam introduzir-se sub-repticiamente para prejuízo de ambos.

8. No que diz respeito a essa outra ideia de que o saber enfraqueça a reverência devida às leis e ao governo, sem dúvida é mera detração e calúnia sem sombra de verdade. Pois dizer que o hábito cego de obediência é mais segura lealdade que o sentido do dever ensinado e entendido, é afirmar que um cego pode pisar mais seguro guiado por um guia que um homem são de vista iluminado por uma luz. E está fora de toda discussão que o saber torna os espíritos mansos, nobres, dúcteis

---

29 Plutarco, *Demóstenes*, VIII. Demóstenes se dirige, de fato, a Píteas e não a Ésquines.

O progresso do conhecimento

e dóceis ao governo, enquanto a ignorância os torna contumazes, refratários e sediciosos: e a evidência do tempo confirma-o, se se considera que os tempos mais bárbaros, toscos e ignaros têm sido os mais sujeitos a distúrbios, sedições e altercações.

9. E quanto ao julgamento de Catão, o Censor, bem castigado foi por sua blasfêmia contra o saber, e na mesma espécie em que ofendera: pois quando estava com mais de sessenta anos de idade, foi tomado por um intenso desejo de voltar à escola e aprender a língua grega, para poder ler os autores gregos; o que demonstra que sua censura anterior do saber grego brotava mais de gravidade afetada que de convicção interna.[30] E no que toca aos versos de Virgílio, embora tivesse lhe agradado desafiar o // mundo reservando aos romanos a arte do império, e deixando aos outros as artes de súditos, contudo é manifesto que os romanos não alcançaram o apogeu de seu império sem antes alcançar o de outras artes; pois na época dos dois primeiros Césares, que foi quando a arte de governar conheceu sua maior perfeição, viveram Virgílio Maro, o melhor poeta; Tito Lívio, o melhor historiador, e Marco Cícero, o melhor, ou segundo, orador de quantos se recordam. Quanto à acusação de Sócrates, há que se levar em conta o momento em que foi lançada, que foi sob os trinta tiranos,[31] as pessoas mais vis, sanguinárias e cobiçosas que jamais governaram; e, nem bem havia passado aquela revolução de Estado, quando Sócrates, de quem eles haviam feito um criminoso, se tornou um herói, e sua memória acumula honras divinas e humanas; e

---

30 Plutarco, *Marco Catão*.
31 Na verdade, o processo de Sócrates se deu sob a democracia restaurada depois do governo dos trinta tiranos.

33

aqueles seus discursos, dos que antes se havia dito que corrompiam os costumes, foram depois reconhecidos como remédios soberanos da mente e dos costumes, e como tais são tidos desde então até hoje. Sirva isto, pois, de resposta aos políticos que, em sua jocosa severidade ou gravidade simulada, se atreveram a lançar acusações contra o saber; refutação esta que, não obstante, não seria necessária no presente (salvo que não sabemos se nossos trabalhos terão continuidade em outras épocas), em vista do amor e da reverência ao saber que o exemplo e favor de dois príncipes tão doutos, a rainha Elizabeth e Vossa Majestade, sendo como Cástor e Pólux, *lucida sidera* [astros luminosos], estrelas de luz excelente e benigníssima influência, infundiram em todos os homens de posição e autoridade em nossa nação.

III. 1. Passamos agora àquele terceiro tipo de descrédito ou diminuição de crédito do saber, que emana dos próprios doutos, e que é o mais fortemente arraigado. Ele procede ou de sua fortuna, ou de seus costumes, ou da natureza de seus estudos. O primeiro não está em seu poder, e o segundo é acidental, logo propriamente haveria que se referir somente ao terceiro. Como, porém, não estamos lidando com verdadeira medida, mas com estima e ideia vulgares, não será demais que falemos um pouco das duas primeiras causas. Assim, pois, as detrações que sofre o saber pela fortuna ou condição dos doutos têm relação, ou bem com sua escassez de meios, ou bem com a privacidade de sua vida e a mesquinhez de seus empregos.

275 // 2. No que concerne à necessidade, e que é o caso de doutos geralmente começarem com pouco e não enriquece-

O *progresso do conhecimento*

rem tão rapidamente como outros homens, porque não orientam seus trabalhos principalmente ao lucro e ao ganho, quem melhor poderia desenvolver o tópico do elogio da pobreza seria um desses frades a quem tanto atribuiu Maquiavel nesta questão, ao dizer que *tempos atrás haveria chegado a seu fim o reinado do clero, se a estima e reverência para com a pobreza dos frades não tivesse compensado o escândalo das superfluidades e excessos dos bispos e prelados.*[32] Do mesmo modo, poder-se-ia dizer que a prosperidade e o refinamento dos príncipes e dos grandes homens há muito teriam se tornado rudeza e barbárie, se a pobreza do saber não tivesse conservado o sentido da civilidade e da vida honrada. Mas, sem necessidade de recorrer a essas vantagens, é algo digno de nota o quão reverenciada e honrada foi a pobreza de fortuna durante algumas épocas do Estado romano, que, não obstante, era um Estado sem paradoxos. Pois vemos que Tito Lívio diz em seu prefácio: *Caeterum aut me amornegotii suscepti fallit, aut nulla unquan respublica nec major, nec sanctior, nec bonis exemplis ditior fuit; nec in quam tam serae avaritia luxuriaque immigraverint; nec ubi tantus ac tam diu paupertati ac parsimoniae honos fuerit* [Se o amor pela tarefa que me propus não me engana, jamais houve república maior, mais religiosa, nem mais rica em bons exemplos que a romana, nem que durante tanto tempo resistisse à avareza e ao afã de ostentação, nem que tanto honrasse a pobreza e a austeridade]. Vemos também, quando o Estado romano já havia degenerado, como aquele que tomou a si aconselhar Júlio César, depois de sua vitória, por onde iniciar sua restauração do Estado, assinala como questão mais importante acabar com o apreço à riqueza: *Verum haec et omnia mala pariter cum honore*

---

32 *Discurso sobre a primeira década de Tito Lívio,* III, 1.

Francis Bacon

pecuniae desinent; si neque magistratus neque alia vulgo cupienda, venalia erunt [Mas estes e todos os demais males cessarão (diz ele) quando cessar o culto ao dinheiro, quando nem as magistraturas nem as demais coisas que o vulgo ambiciona estejam à venda].[33] Para concluir este ponto, segundo foi dito com verdade que *rubor est virtutis color* [o rubor é a cor da virtude],[34] embora às vezes proceda do vício, é igualmente lícito dizer que *paupertas est virtutis fortuna* [a pobreza é a fortuna da virtude], // embora às vezes possa proceder da má administração e do acaso. Sem dúvida, Salomão afirmou o mesmo, em forma de censura, *Qui festinat ad divitias non erit insons* [O que corre atrás da riqueza não será inocente][35] e de preceito: *Compra a verdade e não a vendas, e faz o mesmo com a sabedoria e o conhecimento*,[36] julgando que haveria que se gastar os meios no saber, e não ser aplicado o saber para aumentar os meios. E quanto ao retiro ou obscuridade (pois como tal pode considerar o vulgo) da vida dos contemplativos, é tão comum o tema de elogiar a vida em retiro, isenta de sensualidade e lassidão, em comparação com a vida mundana e com desvantagem para esta no que se refere a segurança, liberdade, prazer e dignidade, ou quando menos isenção de indignidade, que não há homem que não o trate bem, tão consoante é sua expressão com as ideias dos homens e tão logo concordam em aprová-lo. Acrescentarei apenas isto, que os homens doutos que vivem esquecidos nos Estados, e ocultos dos olhares dos demais, são como as imagens de Cassius e Brutus no funeral de Junia: dos quais, por não estarem

---

33 Salústio, *Ad Caesarem senem de republica oratio* [*Discurso da República ao velho César*], VIII, 3.

34 Diógenes Laércio, *Diógenes*, VI, 54.

35 Provérbios 28,22.

36 Provérbios 23,23.

O *progresso do conhecimento*

representados, como muitos outros estavam, Tácito disse: *Eo ipso praefulgebant, quod non visebantur* [Destacavam-se precisamente porque não se os via].[37]

3. E quanto à humildade do emprego, o que mais se brande para desprezá-los é que comumente se lhes encomenda a tutela da juventude, e sendo esta idade a de menor autoridade, se deduz daí a pouca estima daqueles empregos com que a juventude se relaciona, e que se relacionam com a juventude. Mas o quão injusto é esse desprezo (se queremos ver as coisas não conforme a opinião vulgar, mas segundo os ditames da razão) se demonstra em que vemos os homens mais cuidadosos com o que põem num vaso novo do que em outro já endurecido pelo uso, e com a terra em que põem uma planta nova do que outra já crescida, de modo que é nas épocas e tempos mais débeis de todas as coisas que se costuma prestar as maiores atenções e auxílios. E queremos ouvir os rabinos hebreus? *Vossos jovens verão visões e vossos velhos sonharão sonhos:*[38] com o que querem dizer que a juventude é a idade mais estimável, pois as visões são manifestações de Deus mais imediatas que os sonhos. E note-se que, por mais que as condições de vida dos *pedantes* tenham sido ridicularizadas nos teatros, apresentando-os como símios de imitação dos tiranos, e que a ligeireza ou negligência moderna // não preste a devida atenção à escolha de mestres e preceptores, ainda a sabedoria antiga dos melhores tempos sempre se lamentou de que os Estados se mostraram demasiado ocupados em suas leis e demasiado negligentes quanto à educação. Esta parte excelente da disciplina

---

37 *Anais*, III, 76.
38 Joel 2,28.

antiga foi de certo modo ressuscitada nos últimos tempos pelos colégios dos jesuítas; dos quais, embora em face de sua superstição eu possa dizer *quo meliores, eo deteriores* [quanto melhores, piores], não obstante observando estes e alguns outros pontos relativos ao saber humano e assuntos morais, eu possa dizer como disse Agesilau a seu inimigo Farnabaces, *talis quum sis, utinam noster esses* [vendo como és, gostaria que fosses dos nossos].[39] E até aqui no que diz respeito ao descrédito procedente das fortunas dos doutos.

4. No tocante a seus costumes, são coisa pessoal e individual, e sem dúvida há entre eles, como em outras profissões, gente de todo tipo; o que não impede que seja verdade o que dizem, que *abeunt studia in mores*,[40] que os estudos têm influência e efeito sobre os costumes de quem os cultiva.

5. Mas com exame atento e imparcial, eu de minha parte não vejo que dos costumes dos doutos possa seguir-se desonra alguma para o saber, isto é, daquelas que lhes são inerentes como tais; como não seja uma falta (que foi a suposta falta de Demóstenes, Cícero, Catão, o Segundo, Sêneca e muitos outros) consistente em que, porque os tempos sobre os quais leem sejam comumente melhores do que os tempos em que vivem, e que os deveres que se ensinam melhores do que os que se praticam, eles às vezes contendem demasiado para levar as coisas à sua perfeição, e para corrigir a corrupção dos costumes com propósitos honestos ou exemplos de demasiada elevação. Não obstante, sobre isto há advertências suficientes em sua própria esfera. Pois Sólon, quando se lhe perguntou se

---

39 Plutarco, *Agesilau*, XII.
40 Ovídio, *Heroídas*, XV, 83.

O progresso do conhecimento

havia dado a seus cidadãos as melhores leis, respondeu prudentemente: *Sim, das que estavam dispostos // a acatar;*[41] e Platão, vendo que não podia estar de acordo com os costumes corruptos de seu país, se negou a ostentar posição ou cargo algum, dizendo que *havia que se tratar a pátria como os pais, isto é, com persuasões humildes e não com altercações;*[42] e a mesma advertência fez o conselheiro de César: *Non ad vetera instituta revocans quae jampridem corruptis moribus ludibrio sunt* [Não retornando às velhas normas, que pela corrupção de nossos costumes há muito caíram em decrédito];[43] e Cícero assinala diretamente este erro em Catão, o Segundo, quando escreve a seu amigo Ático: *Cato optime sentit, sed nocet interdum reipublicae; loquitur enim tanquam im republica Platonis, non tanquam in faece Romuli* [Catão, embora animado pelas melhores intenções, às vezes prejudica o país, pois fala como se estivesse na república de Platão, e não na escória de Rômulo];[44] e o mesmo Cícero desculpa e explica a inclinação dos filósofos a ir demasiado longe e ser demasiado exigentes em suas prescrições, ao dizer: *Isti ipsi praeceptores virtutis et magistri videntur fines officiorum Paulo longius quam natura vellet protulisse, ut cum ad ultimum animo contendissemus, ibi tamen ubi oportet, consisteremus* [que eles haviam posto os pontos de dever um tanto mais alto que a natureza suportaria; implicando permitir falhas, e que nossos esforços visando a além do alvo e sendo insuficientes, deveriam cair sobre o lugar certo];[45] e, não obstante, ele mesmo poderia ter dito: *Monitis sum minor ipse meis*

---

41 Plutarco, *Sólon*, XV.
42 Platão, *Carta VII*, 331.
43 Salústio, *Ad Caesarem...*, V, 4.
44 *Ad Atticum* [*Para Ático*], II, I.
45 Cícero, *Pro Murena* [*Para Murena*], XXXI, 65.

[Nem eu mesmo sigo meus conselhos],[46] pois esta foi sua própria falta, embora não em grau tão extremo.

6. Também em outra falta, muito semelhante à anterior, incorreram os homens doutos, que consiste em ter valorizado mais a conservação, o bem e a honra de sua pátria ou de seu senhor do que a sua própria fortuna ou segurança. Pois assim falou Demóstenes aos atenienses: *Notem que os conselhos que lhes dou não são tais que com eles eu me ache grande entre vocês, e vocês pequenos entre os gregos; mas são de tal natureza que às vezes não é bom para mim dá-los, mas é sempre bom para vocês segui-los.*[47] E assim Sêneca, depois de consagrar aquele *quinquennium Neronis*[48] à eterna glória dos governantes doutos, persistiu em sua conduta honesta e leal de conselhos bons e livres depois que seu senhor chegara a ser extremamente corrupto em seu governo. E assim há de ser, porque o saber infunde no espírito dos homens um sentido verdadeiro da fragilidade de // suas pessoas, da instabilidade de suas fortunas, e da dignidade de sua alma e vocação, de modo que lhes resulta impossível crer que nenhum engrandecimento de sua fortuna pessoal possa ser fim verdadeiro ou digno de seu ser ou estado; e portanto estão desejosos de prestar contas a Deus, e igualmente a seus senhores sob Deus (como são os reis e Estados a que servem), com estas palavras: *Ecce tibi lucrefeci* ["olhe, isto ganhei para ti"], e não *Ecce mihi lucrefeci* ["olhe, isto ganhei para mim"].[49] Visto que a classe mais corrupta de meros políticos, que não têm seus pensamentos estabelecidos pelo

---

46 Ovídio, *Ars amandi* [*A arte de amar*], II, 548.
47 Demóstenes, *De Chersoneso* [*De Quersoneso*], 71.
48 Quinquênio de Nero: o tempo durante o qual Sêneca inspirou sua política.
49 Cf. Mateus 25,20.

O progresso do conhecimento

saber no amor e na consideração do dever, nem olham nunca para a universalidade, mas referem todas as coisas a si mesmos, e se situam no centro do mundo, como se tudo tivesse que confluir neles e em suas fortunas, não se inquietando nunca, em nenhuma tempestade, com o que possa ocorrer com a nave do Estado, contanto que eles possam salvar-se no escaler de sua própria fortuna; enquanto os que sentem o peso do dever, e conhecem os limites do egoísmo, soem ser fiéis a seus postos e obrigações, ainda que com perigo. E se permanecem incólumes em meio a altercações sediciosas e violentas, mais se deve à reverência que muitas vezes as duas partes enfrentadas prestam à honestidade, que a nenhuma duplicidade de seu comportamento. Mas, pelo que se refere a este vivo sentido e firme sujeição ao dever que o saber infunde no espírito, por mais que a fortuna possa pô-lo à prova, e muitos na profundidade de seus princípios corruptos desprezá-lo, contudo é coisa estimada por todos e, portanto, requer tanto menos defesa ou desculpa.

7. Outra falta de que comumente incide sobre os doutos, e que pode ser mais facilmente defendida que sinceramente negada, é que às vezes não sabem aplicar-se às pessoas particulares. Esta incapacidade de aplicação precisa nasce de duas causas: a primeira, que a amplitude de sua mente apenas pode reduzir-se à observação ou exame apurado da natureza e costumes de uma só pessoa; pois é opinião de amante, e não de sábio, a de que *satis magnum alter alteri theatrum sumus* [cada um de nós é espetáculo suficiente para o outro].[50] Apesar do que, reconheço que quem não é capaz de contrair a visão de seu espírito do mesmo modo que o dispersa e dilata, carece de uma grande

---

50 Sêneca, *Epistulae Morales ad Lucilium*, VII, 11.

faculdade. Mas há uma segunda causa, que não é incapacidade, mas sim negação de distinguir e julgar. Pois os limites honestos e justos da observação de uma pessoa por outra não se estendem além de compreendê-la o bastante para não a ofender, // ou para poder lhe dar conselho leal, ou para manter-se em guarda e cautela razoáveis em relação a ela; mas indagar muito no outro, com o objetivo de saber manipulá-lo ou conduzi-lo ou governar-lhe, é coisa que procede de um coração dúplice e calculador, não inteiro e franco; o qual se na amizade é falta de integridade, para com príncipes ou superiores é falta de lealdade. Pois o costume do Levante, de que os súditos se abstenham de fixar a vista sobre os príncipes, é bárbara como cerimônia exterior, mas acertada em seu sentido: pois não devem os homens, mediante observações astutas e torcidas, penetrar nos corações dos reis, que a Escritura declarou inescrutáveis.

8. Há ainda outra falta (com a qual concluirei esta parte) que amiúde se adverte nos doutos e que consiste em que muitas vezes não guardam compostura e discrição em sua conduta e porte, e cometem erros em coisas insignificantes e ordinárias, de modo que os espíritos mais vulgares os julgam em assuntos maiores por aquilo de que os veem carentes nos menores. Mas esta dedução com frequência engana, e sobre isto remeto às palavras de Temístocles, arrogante e grosseiramente aplicadas a si mesmo por sua boca, mas pertinentes e justas se se aplicam a esta questão em geral; quando, ao ser convidado a tocar um alaúde, disse que *não sabia tocar, mas sim fazer de uma pequena aldeia um grande Estado*.[51] Assim, sem dúvida, há muitos que, sendo bem-vistos

---

51 Plutarco, *Temístocles*, II. Cícero, *Tusculanae Disputationes* [*Questões Tusculanas*], I, 2.

O progresso do conhecimento

nos passos do governo e da política, falham no detalhe sem importância. Remeto também ao que disse Platão de seu mestre Sócrates, a quem comparou com os frascos das farmácias, que por fora mostravam macacos, corujas e figuras grotescas, mas dentro encerravam licores e preparados soberanos e preciosos: reconhecendo que visto exteriormente não carecia de ligeirezas e deformidades superficiais, mas interiormente estava repleto de virtudes e faculdades excelentes.[52] E isto é suficiente pelo que diz respeito aos costumes dos doutos.

9. Não obstante o dito, não é meu propósito dar por boas algumas atitudes baixas e indignas, com as quais diversos cultivadores do saber se excederam e envileceram: como no caso daqueles filósofos sicofantas que nos últimos tempos do Estado romano ficavam na casa dos // grandes, e que eram pouco mais que solenes parasitas; dos quais faz Luciano um gracioso retrato na figura daquele filósofo que a grande dama levou a passeio em sua carruagem, fazendo que ele carregasse seu cãozinho, e, fazendo obsequiosa mas indecorosamente as vezes de pajem, escarneceu e disse que temia que *o filósofo de estoico se convertera em cínico*.[53] Mas, sobre todo o resto, foi a flagrante e palpável adulação com que muitos (não indoutos) degradaram e fizeram mal uso de seus engenhos e suas penas, convertendo (como disse Du Bartas) Hécuba em Helena, e Faustina em Lucrécia,[54] o que mais menoscabou o apreço e estima do saber. Como tampouco há que se elogiar as costumeiras dedicatórias

---

52 Cf. Platão, *Banquete* ou *Simpósio*, 215b.

53 Luciano, *De mercede conductis potentium familiaribus* [*Sobre o trabalho assalariado nas casas dos poderosos*], 34.

54 Guillaume de Salluste, seigneur du Bartas (1544-1590), *La création du monde ou première semaine* [*A criação do mundo ou primeira semana*], "Le second jour".

de livros e escritos a protetores: pois os livros que são dignos desse nome não devem ter mais protetor que a verdade e a razão, e o costume antigo era dedicá-los unicamente a reis e altas personagens, apenas àqueles para quem o argumento da obra fosse apropriado. Estes comportamentos e outros semelhantes mais merecem repreensão que defesa.

10. Não que eu possa desaprovar ou condenar a submissão ou adesão dos doutos aos homens de fortuna. Pois foi boa a resposta dada por Diógenes a alguém que por zombaria lhe perguntou: *Como era que os filósofos seguiam os ricos, e não os ricos aos filósofos?* Ao que respondeu ele sobriamente, mas com perspicácia, que *os primeiros sabiam do que necessitavam, e os segundos não.*[55] E, de caráter semelhante, foi a resposta que deu Aristipo, quando, tendo feito uma petição a Dionísio e não sendo atendido, se arrojou a seus pés, diante do que Dionísio lhe deu audiência e lhe concedeu o que pedia; e depois disso alguma pessoa suscetível no tocante à dignidade da filosofia repreendeu Aristipo por haver rebaixado tanto a profissão de filósofo, arrojando-se aos pés de um tirano por um mero pleito privado; mas ele respondeu que *não era culpa sua, mas de Dionísio, que tinha os ouvidos nos pés.*[56] Nem se reputou fraqueza, mas discrição, daquele que não quis fazer valer seus argumentos diante de Adriano César, desculpando-se ao afirmar que *era razoável ceder diante de quem comandava trinta legiões.*[57] Estas e semelhantes submissões e concessões em matéria de necessidade e conveniência não se podem censurar, pois, embora // exteriormente possam

---

55 Na realidade a resposta é de Aristipo. Ver Diógenes Laércio, *Aristipo*, II, 69.

56 Diógenes Laércio, *Aristipo*, II, 79.

57 Trata-se de Favorino. Cf. Espartiano, *Vida de Adriano*, 15.

O progresso do conhecimento

mostrar certa baixeza, se se as julga corretamente, há que se tomá-las por submissões à ocasião, não à pessoa.

IV. 1. Passo agora àqueles erros e futilidades que se infiltraram nos próprios estudos dos doutos, e que constituem o principal e próprio do presente argumento, com o qual não pretendo justificar os erros, mas sim, censurando-os e pondo-os à parte, justificar o bom e razoável e exonerá-lo das calúnias que deles advêm. Pois vemos que é usual difamar e denegrir aquilo que conserva seu caráter e virtude, valendo-se para isso do corrupto e degenerado, como os pagãos soíam macular e contaminar os cristãos da Igreja primitiva com as faltas e corrupções dos hereges. Não obstante, não entra em minha intenção neste momento fazer uma censura precisa dos erros e defeitos em matéria de saber que estão mais ocultos e remotos da opinião vulgar, mas sim falar somente daqueles que caem sob a observação do vulgo ou estão próximos a ela.

2. Digamos, pois, que são principalmente três as futilidades dos estudos que mais têm prejudicado o saber. Pois consideramos fúteis aquelas coisas que são falsas ou frívolas, aquelas nas quais não há verdade ou utilidade; e consideramos fúteis aquelas pessoas que são crédulas ou curiosas sem motivo; e essa curiosidade se refere à matéria ou às palavras; de modo que, o mesmo na razão que na experiência, temos estas três desordens, por assim chamá-las, do saber: primeiro, o saber fantástico; segundo, o saber contencioso, e por último, o saber delicado: fúteis imaginações, fúteis altercações e fúteis afetações; e por estas últimas vou começar. Martinho Lutero, sem dúvida guiado por uma Providência mais alta, mas refletindo sobre a empresa que havia assumido diante do Bispo de Roma

e das tradições degeneradas da Igreja, e percebendo sua própria solidão, sem encontrar auxílio algum nas opiniões // de
seu tempo, se viu obrigado a despertar toda a Antiguidade, e
a chamar em seu socorro os tempos pretéritos para formar
partido contra o presente; de modo que os autores antigos,
de teologia como de humanidades, que durante longo tempo
estavam adormecidos nas bibliotecas, começaram a ser uni-
versalmente lidos e examinados. Como consequência disto, se
seguiu uma necessidade de estudo mais apurado das línguas
originais em que haviam escrito esses autores, para melhor
entendê-los e com maior vantagem publicar e aplicar suas
palavras. E disto nasceram de novo um deleite em seu estilo e
redação, e uma admiração por esse modo de escrever, que foram
muito fomentados e precipitados pela hostilidade e oposição
que os expositores daquelas opiniões (primitivas mas aparentemente novas) mostravam aos escolásticos; os quais em geral
eram da parte contrária e cujos escritos eram de estilo e forma
totalmente distintos, pois se davam a liberdade de cunhar e
compor termos novos para expressar seu sentido próprio e
evitar o rodeio, sem consideração à pureza, à elegância e, por
assim dizer, à legitimidade da frase ou palavra. E também, em
virtude do muito que então se trabalhou com o povo (do qual
os fariseus soíam dizer: *Execrabilis ista turba quaenon novit legem*
[Esta gente execrável que não conhece a lei], para ganhá-lo
e persuadi-lo, necessariamente o que mais subiu de preço e
demanda teve que ser a eloquência e a variedade no discurso,
como meios de acesso mais apropriados e convincentes para a
capacidade do vulgo. De modo que a confluência destas quatro
causas: a admiração dos autores antigos, o ódio aos escolásticos, o estudo exato das línguas e a eficácia da predicação,

O progresso do conhecimento

deu origem a um estudo ardente da eloquência e facilidade da palavra, que começaram então a florescer. Isto rapidamente chegou a excesso, pois se começou a prestar maior atenção às palavras que ao conteúdo, e à escolha da expressão, e à composição redonda e clara da frase, e à doce cadência das cláusulas, e à variação e ilustração das obras com tropos e figuras do que ao peso do assunto, ao valor do tema, à argumentação correta e ao juízo profundo. Então veio a ser apreciado o estilo fluido e aquoso de Osório, o bispo de Portugal. Então consagrou Sturm tão dilatados e pacientes estudos a Cícero, o orador e Hermógenes, o retórico, além de seus próprios livros sobre os períodos, a imitação e temas semelhantes. Então Car de Cambridge e Ascham, com suas lições e escritos, quase divinizaram Cícero e Demóstenes e atraíram toda a juventude estudiosa àquela classe de saber delicada e polida.[58] Então teve ocasião Erasmo de fazer o eco zombeteiro: *Decem annos consumpsi in legendo Cicerone* [Dez anos consagrei à leitura de Cícero], e o eco respondeu em grego: ονε, *asine* [asno].[59] Então o saber dos escolásticos chegou a ser totalmente desprezado como coisa bárbara. Em suma, toda a inclinação e tendência daquela época foram mais para a abundância do que para o peso.

3. Eis aqui, pois, a primeira desordem do saber, quando se estudam as palavras e não o assunto, a qual, embora eu tivesse

---

58 Jerônimo Osório (1506-1580), bispo de Silves, teólogo e erudito, foi chamado o Cícero português; Johannes Sturm (1507-1589), reformador alemão, ardente defensor do estudo dos clássicos; Hermógenes de Tarso (séc. II) foi autor de um famoso tratado de retórica; Nicholas Carr (1524-1568), professor de grego em Oxford; Roger Ascham (1515-1568), humanista e pedagogo.

59 *Colloquia Familiaria* [*Colóquios*].

apresentado um exemplo dos últimos tempos, tem existido e existirá *secundum majus et minus* em todas as épocas. E como não haveria de resultar isto em descrédito do saber, mesmo para os entendimentos vulgares, quando veem que as obras dos doutos são como a inicial de uma carta-patente ou livro pintado, que embora tenha grandes floreados não é mais do que uma letra? Me parece que o desvario de Pigmalião seja um bom emblema ou retrato desta futilidade: pois as palavras não são senão imagens das coisas, e se estas não estão vivificadas pela razão e pela invenção, enamorar-se delas é o mesmo que se enamorar de um quadro.

4. Não obstante, vestir e adornar a obscuridade, inclusive da própria filosofia, com elocução fácil de entender e agradável, é algo que não se pode condenar precipitadamente. Pois disto temos grandes exemplos em Xenofonte, Cícero, Sêneca, Plutarco e também até certo ponto em Platão, e é de suma utilidade; pois, se para a inquisição severa da verdade e o progresso profundo da filosofia constitui um certo estorvo, porque satisfaz a mente humana demasiado rápido e apaga o desejo de indagação ulterior antes de alcançado o término devido, também é verdade que, se alguém há de fazer uso de tal conhecimento em ocasiões públicas, de conversação, conselho, persuasão, discurso ou coisas semelhantes, então não achará já preparado e disposto nos autores que escrevem deste modo. Mas o excesso disto é tão justamente desprezível, que assim como Hércules, quando viu num templo a imagem de Adônis, o mimado de Vênus, disse com desdém: *Nil sacris es* [Em ti nada há de sagrado],[60] assim tampouco há nenhum dos seguidores de Hércules

---

60 Cf. Erasmo, *Adágios*.

O progresso do conhecimento

no saber, isto é, dos inquisidores da verdade mais severos e laboriosos, que não desdenhe essas // delicadezas e afetações. E isto quanto à primeira enfermidade ou desordem do saber.

5. A segunda, que se segue, é de natureza pior do que a anterior; pois, assim como a substância do conteúdo é melhor que a formosura das palavras, no inverso, o conteúdo fútil é pior que as palavras fúteis; a propósito do que a repreensão de São Paulo parece não somente justa para aqueles tempos, mas profética para os seguintes, e não só apropriada para a teologia, mas extensiva a todo conhecimento: *Devita profanas vocum novitates, et oppositiones falsi nominis scientiae* [Evite a palavra profana, e as oposições da falsa ciência].[61] Pois ele atribui duas marcas ou sinais à ciência suspeita e falsificada: uma, a novidade e estranheza dos termos; outra, o rigor das posições, que por força induz oposições, e com isso disputas e altercações. Sem dúvida alguma, assim como muitas substâncias são por natureza sólidas, apodrecem e se corrompem em vermes, do mesmo modo o conhecimento bom e correto tem a propriedade de apodrecer e dissolver-se em incontáveis questões sutis, ociosas, insanas e, por assim dizer, vermiculares, que têm de fato, uma certa animação e vivacidade, mas nenhuma correção nem bondade. Este tipo de saber degenerado prevaleceu sobretudo entre os escolásticos, os quais, providos de engenho afiado e robusto, e abundância de tempo livre, mas pequena variedade de leituras, pois estavam encerrados seus entendimentos nas celas de uns poucos autores (principalmente Aristóteles, seu ditador), como o estavam suas pessoas nas celas de monastérios e colégios; e conhecendo

---

61 I Timóteo 6,20.

Francis Bacon

pouca história natural ou dos tempos, com reduzida quantidade de matéria e agitação infinita do engenho nos teceram essas laboriosas teias de saber que achamos em seus livros. Pois o engenho e a mente humana, se trabalham sobre matéria, que é a contemplação das criaturas de Deus, trabalham conforme o material, e isso mesmo os contém; mas se trabalham sobre si como a aranha trabalha em sua teia, então sua atividade // não tem fim, e produzem, com efeito, teias de aranha de saber, admiráveis pela finura do fio e da obra, mas sem substância nem proveito.

6. Esta sutileza ou curiosidade inútil é de dois tipos, segundo esteja no próprio tema tratado, quando é uma especulação ou controvérsia infrutífera (das quais há não poucas, tanto em teologia como em filosofia), ou na maneira ou no método de tratar o conhecimento, que entre eles era este: sobre cada posição ou asserção particular compor objeções, e a essas objeções, soluções; soluções que em sua maior parte não eram contestações, mas distinções, sendo assim que a robustez de todas as ciências está, como a robustez do feixe de lenha do ancião, na amarra. Pois a harmonia de uma ciência, onde cada parte sustém a outra, é e deve ser a verdadeira e pronta refutação e supressão de todas as objeções de tipo menor, mas, ao contrário, se se toma cada axioma, como as varas que compõem o feixe, uma por uma, pode-se querelar com elas e dobrá-las e parti-las à vontade; de modo que, o mesmo que se disse de Sêneca: *Verborum minutiis rerum frangit pondera* [Destrói a substância das coisas com minúcias verbais],[62] pode-se dizer dos escolásticos: *Quaestionum minutiis scientiarum frangunt soliditatem* [Destroem a

---

62 Quintiliano, *Institutio oratoria* [*A educação oratória*], X, I, 130.

O progresso do conhecimento

solidez das ciências com minúcias dialéticas]. Pois não seria melhor, em um grande espaço, uma grande luz, ou um candelabro de muitos braços, do que ir percorrendo cada um de seus cantos com uma lamparina? E tal é seu método, que não se apoia tanto na evidência provada mediante argumentações, autoridades, similitudes, exemplos, como em contestações e soluções particulares para cada escrúpulo, cavilação e objeção, engendrando quase sempre uma dificuldade nova assim que se resolve outra: o mesmo que, na comparação anterior, ao levar a luz a um canto se escurecem os demais. Diria-se, portanto, que temos a viva imagem deste tipo de filosofia ou conhecimento na fábula e ficção de Scila, que em sua parte superior se transformou numa formosa donzela, mas *Candida succinctam latrantibus inguina monstris* [havia monstros ladradores em torno de suas ancas];[63] também as generalidades dos escolásticos são a princípio boas e agradáveis, mas quando depois se desce a suas distinções e conclusões, se vê que acabam, não num frutífero ventre para utilidade e benefício da vida humana, mas sim // em disputas monstruosas e questões ladradoras. Forçoso é, pois, que o conhecimento desta qualidade seja alvo do desprezo popular, porque o povo tende a desinteressar-se pela verdade quando vê controvérsias e altercações, e a pensar que se os disputantes não se encontram nunca é porque estão todos extraviados; e ao ver tanta contenda sobre sutilezas e matéria de nenhuma utilidade nem importância, caem facilmente naquele juízo de Dionísio de Siracusa, *Verba ista sunt senum otiosorum* [Isso é palavreado de anciãos ociosos].[64]

63 Virgílio, *Éclogas*, VI, 75.
64 Diógenes Laércio, *Platão*, III, 18.

51

7. Não obstante, é seguro que, se à sua grande sede de verdade e exercício incansável do engenho, tivessem unido aqueles escolásticos uma variedade e universalidade suficiente de leituras e contemplação, teriam sido excelentes luzes, com grande progresso de todo saber e conhecimento. Mas que, sendo assim, são, com efeito, grandes empreendedores e furiosos por tanto estar no escuro. Mas assim como na inquisição da verdade divina sua soberba os inclinou a abandonar o oráculo das obras de Deus e a dissipar-se na mistura de suas próprias invenções, assim também, na inquisição da natureza abandonaram o oráculo das obras de Deus e adoraram as imagens enganosas e deformadas que o espelho desigual de suas próprias mentes, ou de uns quantos autores ou princípios prestigiosos, lhes apresentavam. E isto quanto à segunda enfermidade do saber.

8. Quanto ao terceiro vício ou enfermidade do saber, que é o referente ao engano ou falsidade, é o pior de todos, pois destrói a forma essencial do conhecimento, que não é outra coisa que uma apresentação da verdade: pois a verdade do ser e a verdade do saber são uma mesma, e não diferem entre si mais que o facho luminoso direto e o facho luminoso refletido. Este vício, pois, se ramifica em duas classes: o deleite em enganar e a propensão a ser enganado, a impostura e a credulidade; que, embora aparentemente sejam de natureza diversa, parecendo que o primeiro procede da astúcia e o segundo da simplicidade, contudo é certo que quase sempre coincidem. Pois, como assinala o verso,

Percontatorem fugito, nam garrulus idem est
[Foge do homem curioso, porque é também charlatão],[65]

---

65 Horácio, *Epístolas*, I, XVIII, 69.

O progresso do conhecimento

o curioso é charlatão, e pela mesma razão o crédulo é enganador; segundo se vê nos rumores, que aquele que // facilmente neles crê, com igual facilidade os aumenta e lhes acrescenta algo de sua lavra; o que assinala prudentemente Tácito quando diz: *Fingunt simul creduntque* [Assim que acreditam, inventam],[66] tão grande é a afinidade que há entre a ficção e a crença.

9. Essa prontidão para crer, e aceitar ou admitir coisas de pouca autoridade ou garantia, é de dois tipos, segundo o objeto: pois ou bem é uma credulidade para as histórias (como dizem os homens de leis, os fatos), ou bem para matérias de arte e opinião. No que diz respeito à primeira, temos mostras desse erro e de seus inconvenientes na história eclesiástica, que com demasiada facilidade recebeu e registrou notícias e narrativas de milagres realizados por mártires, eremitas ou monges do deserto e outros santos homens, e suas relíquias, santuários, capelas e imagens; relatos estes que, embora durante algum tempo tivessem tido aceitação, pela ignorância do povo, simplicidade supersticiosa de alguns e tolerância política de outros, que os tinham simplesmente por poesia divina, não obstante, passado um certo período, quando a névoa começou a se dissipar, se revelaram contos de velhas, imposturas do clero, ilusões dos espíritos e emblemas do Anticristo, para grande escândalo e detrimento da religião.

10. Assim também na história natural vemos que não se tem feito uso do juízo e discriminação devidos, segundo pode-se constatar nos escritos de Plínio, Cardano, Alberto e vários dos árabes, que estão carregados de muita matéria fabulosa, com grande menoscabo do crédito dado à filosofia natural

---

66 *Anais*, V, 10.

Francis Bacon

pelos espíritos sérios e sóbrios. No que é digna de nota a prudência e integridade de Aristóteles, que, tendo feito uma história tão diligente e apurada dos seres vivos, não mesclou nela matéria vã ou fictícia e, em troca, pôs em outro livro todas as narrativas prodigiosas que julgou merecedoras de ser registradas;[67] entendendo muito sabiamente que a matéria de verdade manifesta, aquela sobre a qual haveriam de se erigir observações e normas, não devia misturar-se ou enfraquecer-se com matéria duvidosa, e, por outra parte, que as // raridades e notícias que parecem incríveis não devem ser excluídas da memória dos homens.

11. E quanto à facilidade para dar crédito às artes e opiniões, é também de dois tipos: ou quando muita crença é atribuída às próprias artes, ou a certos autores em alguma arte. As ciências que em si têm tido melhor inteligência e acordo com a imaginação do homem do que com sua razão são três: a astrologia, a magia natural e a alquimia; ciências cujos fins ou pretensões, não obstante, são nobres. Pois a astrologia pretende descobrir essa correspondência ou concatenação que há entre o globo superior e o inferior; a magia natural pretende chamar e conduzir a filosofia natural da variedade de especulações à magnitude de obras, e a alquimia pretende separar todas aquelas partes não similares dos corpos que nas mesclas da natureza estão incorporadas. Mas as vias e procedimentos encaminhados a esses fins, tanto na teoria como na prática, estão cheios de erro e futilidade, que os próprios grandes professores destes saberes têm tentado velar e ocultar mediante

---

67 Presumivelmente, o primeiro é a *Historia Animalium* [*História dos Animais*]; o segundo, o *De mirabilibus auscultationibus* [*Das maravilhosas coisas ouvidas*].

O progresso do conhecimento

escritos enigmáticos e remetendo-se a tradições auriculares e outros subterfúgios semelhantes, para escapar à acusação de impostura. Apesar disso, a alquimia deve com justiça ser comparada ao agricultor de que fala a fábula de Esopo, que ao morrer disse aos seus filhos que lhes havia deixado ouro enterrado sob seu vinhedo; e eles, cavando todo o terreno, não acharam ouro algum, mas por efeito de tudo que haviam removido e cavado na terra em redor das raízes das cepas, no ano seguinte se beneficiaram de uma grande colheita; assim também é indubitável que a busca e o afã de fazer ouro têm dado à luz grande número de bons e frutíferos inventos e experimentos, tanto no tocante à revelação da natureza como à utilidade para a vida humana.

12. Quanto ao excessivo crédito outorgado a autores das ciências, fazendo deles ditadores aos quais não se poderia replicar, ao invés de conselheiros, o dano que disto têm recebido as ciências é incalculável, pois é o que principalmente as tem tido prostradas e estancadas, sem crescimento nem progresso. Porque disto tem resultado que, assim como nas artes mecânicas o primeiro inventor é o que menos avança, e o tempo acrescenta e aperfeiçoa, // em troca, nas ciências o primeiro autor é o que chega mais longe, e o tempo danifica e corrompe. Vemos assim que a artilharia, a navegação, a imprensa e outras coisas semelhantes tiveram princípios toscos, e logo com o tempo foram melhoradas e refinadas, mas, ao contrário, as filosofias e ciências de Aristóteles, Platão, Demócrito, Hipócrates, Euclides, Arquimedes, mostraram sumo vigor a princípio, e com o tempo degeneraram e se degradaram; e a razão disto não é outra senão que no primeiro muitos engenhos e trabalhos têm contribuído para uma só coisa, e no segundo muitos engenhos

e trabalhos se gastaram no engenho de algum, o qual muitas vezes mais aviltaram do que ilustraram. Pois da mesma forma que a água não sobe a altura maior do que o nível do primeiro manancial de onde brota, assim o conhecimento derivado de Aristóteles, e não submetido a livre exame, não voltará a alçar--se por cima do conhecimento de Aristóteles. Por isso, embora seja acertada a regra de que *Oportet discentem credere* [O que está aprendendo deve crer],[68] há contudo de acompanhá-la desta outra, *Oportet edoctum judicare* [O que aprendeu deve julgar], pois os discípulos só devem aos mestres uma fé temporal e uma suspensão do próprio juízo até estarem plenamente instruídos, não uma submissão absoluta ou um cativeiro perpétuo. Assim pois, para concluir este ponto, não direi mais senão que se dê aos grandes autores o que lhes corresponde, sempre que com isto não se prive ao tempo, que é o autor dos autores, do que por sua vez lhe corresponde, que é o ir desvelando progressivamente a verdade. Com o dito ficam vistas estas três enfermidades do saber, além das quais há algumas outras, mais humores mórbidos que enfermidades já formadas, mas não tão secretos e interiores que escapem à observação e ao vitupério populares, e que por conseguinte não devem ser passados por cima.

V. 1. O primeiro é a preocupação excessiva por dois extremos, um a Antiguidade e outro a Novidade; no qual parece como se os filhos do tempo tivessem herdado o caráter e malícia do pai. Pois assim como ele devora seus filhos, assim buscam eles devorar-se e anular-se entre si, não podendo a antiguidade tolerar que haja novos acréscimos, nem a novidade

---

68 Aristóteles, *Sobre as refutações sofísticas* [*Sophistici Elenchi*], II 165b.

O *progresso do conhecimento*

contentar-se em acrescentar, se ao mesmo tempo não suprime o anterior. A reta direção neste assunto está sem dúvida no conselho do profeta: *State super vias antiquas, et videte quaenan sit via recta et bona, et ambulate in ea* [Pare nos caminhos antigos, e veja qual é o // reto e bom, e caminhe por ele].[69] A antiguidade merece que se lhe preste a reverência de apoiar-se nela e dali ver qual é o melhor caminho; mas uma vez descoberto este, há que se avançar. E, na verdade, *antiquitas saeculi juventus mundi* [A antiguidade dos séculos é a juventude do mundo].[70] Os verdadeiros tempos antigos são estes, nos quais o mundo é antigo, não aqueles que consideramos antigos *ordine retrogrado*, contando a partir de nós para trás.

2. Outro erro, induzido pelo primeiro, é a desconfiança de que já não reste nada por descobrir, nada que o mundo tenha deixado de perceber e passado por alto durante tanto tempo; como se houvesse que fazer ao tempo a mesma crítica que faz Luciano a Júpiter e a outros dos deuses pagãos, a propósito dos quais se maravilha que antanho engendraram tantos filhos e nenhum em sua época, e se pergunta se serão já septuagenários ou estarão refreados pela lei *Pappia* ditada contra o matrimônio dos velhos.[71] Assim, parece como se se temesse que o tempo não fosse mais capaz de ter filhos e gerar, sendo assim que comumente vemos a ligeireza e inconstância dos juízos dos homens que, até que algo se faça, se perguntam se poderá fazer-se, e assim que está feito se perguntam de novo como não se terá feito antes: como vemos na expedição de

---

69 Jeremias 6,16.

70 Cf. *Novum Organum*, I, 84.

71 Esta observação é de Sêneca, segundo Lactâncio, *De divinis institutionibus* [*Instituições divinas*], I, 26, 13.

57

Alexandre à Ásia, que, a princípio, foi julgada como empresa vasta e impossível, e depois agradou a Lívio não dizer dela mais do que *nil aliud quam bene ausus vana contemnere* [não foi senão atrever-se a desprezar coisas vãs].[72] E outro tanto sucedeu a Colombo na navegação para o Ocidente. Mas em assuntos intelectuais isto é muito mais frequente, como pode se ver na maioria das proposições de Euclides, que até serem demonstradas parecem estranhas, mas, uma vez demonstradas, a mente as aceita mediante um tipo de retroação (como dizem os juristas), como se as conhecesse de antes.

3. Outro erro, que também tem alguma afinidade com o primeiro, é a ideia de que, das opiniões ou seitas anteriores, após diversidade e exame, tem prevalecido a melhor e eclipsado as demais; de modo que, se se empreendesse uma pesquisa nova, provavelmente acabaria em algo anteriormente rejeitado, e por rejeição caído no esquecimento; como se a multidão, ou os mais sábios em prol da multidão, não estivessem dispostos a pôr em circulação antes o popular e superficial que o substancial e profundo; pois o certo é que o // tempo parece ser semelhante a um rio ou correnteza, que faz chegar até nós o que é leve e inchado, e afunda e submerge o pesado e sólido.

4. Outro erro, de natureza diversa da de todos os anteriores, é a redução prematura e peremptória do conhecimento a artes e métodos, a partir da qual as ciências soem receber pouco ou nenhum aumento. Pois assim como os jovens, uma vez perfeitamente feitos e formados, é raro que continuem crescendo, assim também o conhecimento, enquanto está em aforismos e observações, está em tempo de crescimento; mas

---

72 *Ad Urbe Condita* [*As Décadas*], IX, XVII, 16.

O progresso do conhecimento

uma vez encerrado em métodos precisos, poderá talvez ser mais polido e ilustrado, e acomodado ao uso e à prática, mas não aumenta mais de volume e substância.

5. Outro erro, que segue o último mencionado, reside em que, após a distribuição em artes e ciências particulares, se abandonou a universalidade, ou *philosophia prima*, com o que forçosamente há de cessar e deter-se todo avanço. Pois não é possível fazer nenhuma observação perfeita a partir de um terreno plano, nem tampouco descobrir as partes mais profundas e remotas de nenhuma ciência se se está apenas no nível desta mesma ciência, e não se sobe a outra superior.

6. Outro erro procedeu de uma reverência exclusiva e uma espécie de adoração do espírito e entendimento humanos, por efeito do que os homens se retiraram demasiado da contemplação da natureza e das observações da experiência, e têm estado dando voltas e voltas em torno de suas próprias razão e ideias. Sobre estes intelectualistas, que, não obstante, são tomados como os filósofos mais sublimes e excelsos, deu Heráclito uma justa censura, ao dizer que *os homens buscam a verdade em seus pequenos mundos particulares, e não no mundo grande e comum;*[73] porque desdenham soletrar, e deste modo ir lendo pouco a pouco no livro das obras de Deus, e, ao contrário, com contínua meditação e agitação de espírito urgem e, por assim dizer, invocam, seus próprios espíritos a adivinhar e dar-lhes oráculos, no que se veem merecidamente defraudados.

7. Outro erro que guarda alguma relação com este último é que amiúde os homens infectaram suas meditações, opiniões

---

73 Sexto Empírico, *Adversus logicos* [*Contra os lógicos*], VII, 133. *Cf. Novum Organum*, I, 42.

e doutrinas com algumas ideias que admiravam muito, ou algumas ciências às quais eram muito apegados, e deram a todas as demais coisas uma tintura que não lhes correspondia, completamente falsa e // imprópria. Assim Platão misturou sua filosofia com teologia, e Aristóteles com lógica, e a segunda escola de Platão, Proclo e os demais, com matemáticas. Pois essas eram as artes que tinham para eles uma espécie de direito de primogenitura. Assim construíram os alquimistas uma filosofia a partir de uns quantos experimentos de seu forno, e nosso compatriota Gilbert, a partir das observações de um ímã. Assim Cícero quando, ao repassar as diferentes opiniões acerca da natureza da alma, encontrou um músico que sustentava que a alma não era outra coisa que harmonia, disse com graça: *Hic ab arte sua non recessit* [Este não saiu dos limites de seu ofício][74] etc. Mas destas ideias fala Aristóteles séria e judiciosamente quando diz: *Qui respiciunt ad pauca de facili pronunciant* [Os que só tomam em consideração umas poucas coisas, facilmente se pronunciam].[75]

8. Outro erro é a impaciência diante da dúvida e a pressa para afirmar sem a devida e madura suspensão do juízo. Pois as duas vias da contemplação se assemelham às duas vias da ação das que frequentemente falam os antigos, a primeira plana e lisa a princípio, e no final impraticável; a outra áspera e trabalhosa na entrada, mas depois fácil e expedita. Assim ocorre com a contemplação: o que começa com certezas, acabará com dúvidas; mas o que se satisfaz a começar com dúvidas, acabará com certezas.

---

74 *Tusculanae Disputationes*, I, X, 20.

75 *De generatione et corruptione* [Sobre a geração e a corrupção], I, 2 316a.

O progresso do conhecimento

9. Outro erro reside no modo de comunicação e transmissão do conhecimento, que quase sempre é magistral e peremptório em vez de franco e fiel, de modo que possa ser antes acreditado, e não mais bem examinado. É verdade que nos compêndios destinados à prática não é preciso desaprovar essa forma; mas no verdadeiro manejo do conhecimento não se deveria cair nem, por um lado, na atitude de Veleio, o epicurista, *nil tam metuens, quam ne dubitare aliqua de re videretur* [nada temia tanto quanto dar a impressão de abrigar dúvidas sobre algo],[76] nem, por outro lado, na dúvida irônica de Sócrates sobre todas as coisas; mas sim expor as coisas sinceramente, com maior ou menor asseveração segundo ao próprio juízo apareçam mais ou menos provadas.

10. Outros erros há no objetivo que os homens se fixam para si, e para o qual orientam seus esforços: pois, sendo assim que os praticantes mais constantes e assíduos de qualquer ciência deveriam aspirar a fazer alguns acréscimos à // sua ciência, o que fazem é consagrar seus trabalhos à obtenção de certos segundos prêmios, como ser um intérprete ou comentador profundo, ser um agudo campeão ou defensor veemente, ser um compilador ou compendiador metódico, e desse modo o patrimônio do conhecimento chega a ser às vezes melhorado, mas raramente aumentado.

11. Mas o maior erro de todos é confundir ou situar indevidamente o fim último ou extremo do conhecimento. Pois os homens entraram em desejo de saber e conhecimento, algumas vezes por uma curiosidade natural e apetite inquisitivo, outras para entreter seus espíritos com variedade e deleite, outras bus-

---

76 Cícero, *De natura deorum* [*Da natureza dos deuses*], I, VIII, 18.

cando ornamento e reputação, e algumas para poder contradizer e vencer em matéria de engenho; e quase sempre por lucro e sustento, e poucas vezes por dar-se sinceramente conta devida de seu dom de raciocínio, para benefício e utilidade dos homens: como se no conhecimento se buscasse um sofá onde dar descanso ao espírito inquisidor e inquieto, ou um terraço, de onde a mente errante e variável possa passear a gozar de bonitas vistas, ou uma torre altiva sobre a qual possa alçar-se o espírito orgulhoso, ou um forte ou lugar dominante para a luta e o combate, ou uma tenda para ganho e venda, e não um rico armazém para a glória do Criador e melhoria do estado do homem. Pois o que na verdade dignificaria e enalteceria o conhecimento seria que a contemplação e a ação estivessem mais íntima e estreitamente conjuntas e unidas do que têm estado: uma conjunção como a dos planetas mais altos: Saturno, o planeta do repouso e da contemplação, e Júpiter, o planeta da sociedade civil e da ação. Pois bem, ao falar de utilidade e ação não me refiro a esse fim antes mencionado de aplicar o conhecimento ao lucro e proveito profissional, pois não ignoro o muito que isso distrai e interrompe a busca e progresso do conhecimento; como a bola de ouro jogada diante de Atalanta, que enquanto se desvia e se abaixa para apanhá-la, perde a corrida:

Declinat cursus, aurumque volubile tollit
[Se desvia e recolhe a bola de ouro].[77]

Nem me refiro tampouco, segundo se disse de Sócrates, a descer a filosofia do céu para conversar sobre a terra,[78] isto é,

---

77 Ovídio, *Metamorfoses*, X, 667.
78 Cícero, *Tusculanae Disputationes*, V, IV, 10.

O progresso do conhecimento

a deixar de lado a filosofia natural e aplicar o conhecimento somente aos costumes e à política. Mas, do mesmo modo que o céu e a terra conspiram e contribuem para a utilidade e o benefício do homem, assim o fim de ambas as filosofias deveria ser separar e // rejeitar as especulações vãs e tudo o que é vácuo e vazio, e conservar e acrescentar todo o sólido e frutífero: de modo que o conhecimento não venha a ser como uma cortesã, só para o prazer e a futilidade, nem como uma escrava, para adquirir e ganhar em proveito de seu amo, mas sim como uma esposa, para geração, fruto e conforto.

12. Com o dito descrevi e abri, como através de uma dissecação, esses humores mórbidos (os principais deles) que têm não só obstaculizado o avanço do saber, como, além disso, têm dado ocasião a seu vitupério; no que, se fui demasiado franco, há que se lembrar que *fidelia vulnera amantis, sed dolosa oscula malignantis* [leais são as feridas do amigo, mas os beijos do inimigo são enganosos].[79] Isto creio ter ganho, que eu deva ser mais bem acreditado no que digo de elogio, porque procedi tão livremente no que diz respeito à censura. E, contudo, não é meu propósito embarcar numa loa do saber, nem fazer um hino às musas (embora em minha opinião há muito que seus ritos não são devidamente celebrados); mas meu intento é, sem verniz nem exagero, pesar honradamente a dignidade do conhecimento posto na balança com outras coisas, e calibrar seu verdadeiro valor mediante testemunhos e argumentos divinos e humanos.

VI. 1. Em primeiro lugar, pois, busquemos a dignidade do conhecimento em seu arquétipo ou primeiro modelo, que são os atributos e atos de Deus, na medida em que são revelados

---

79 Provérbios 27,6.

ao homem e podem ser observados com sobriedade; e onde não podemos buscá-lo sob o nome de saber, pois todo saber é conhecimento adquirido, e em Deus todo conhecimento é original; e, portanto, temos que buscá-lo sob outro nome, o de sabedoria ou sapiência, como o chamam as Escrituras.

2. É assim, pois, que na obra da criação vemos uma dupla emanação de virtude de Deus, referindo uma mais propriamente ao poder, a outra à sabedoria; expressa a primeira em fazer a subsistência da matéria, e a outra em dispor a beleza da forma. Isto suposto, temos que observar que nada se opõe na história da criação a que a massa e matéria confusa do céu e da terra fosse feita em um momento, e a ordem ou disposição desse caos ou massa fosse obra de seis dias, tal sendo a nota // diferencial que agradou a Deus pôr entre as obras do poder e as obras da sabedoria; com o que coincide que com respeito às primeiras não está escrito que dissera Deus *Faça-se o céu e a terra*, como está escrito para as obras seguintes, mas sim, de fato, que Deus fez o céu e a terra; levando as primeiras o signo de manufatura, as outras de lei, decreto ou resolução.

3. Passando ao que se segue por ordem, de Deus aos espíritos, consideramos, na medida em que se deva dar crédito à hierarquia celeste desse suposto Dionísio senador de Atenas, que outorga o primeiro lugar ou grau aos anjos do amor, aos quais se chamam Querubins; o segundo aos anjos da luz, aos quais se chamam Serafins; e o terceiro e subsequentes lugares aos tronos, principados e demais, que são todos anjos de poder e ministério, de modo que os anjos de conhecimento e iluminação se situam antes dos de ofício e dominação.

4. Descendo dos espíritos e formas intelectuais às formas sensíveis e materiais, lemos que a primeira forma que foi criada

O progresso do conhecimento

foi a luz, que tem uma relação e correspondência na natureza e nas coisas corpóreas com o conhecimento nos espíritos e nas coisas incorpóreas.

5. Também na distribuição dos dias vemos que aquele em que Deus descansou e contemplou suas próprias obras foi enaltecido por sobre todos aqueles outros em que as havia efetuado.

6. Terminada a criação, nos é dito que o homem foi colocado no jardim para trabalhar nele, não podendo ser outro o trabalho que se lhe assinalava que trabalho de contemplação, isto é, aquele orientado somente a exercício e experimento, e não a satisfazer uma necessidade; pois, não havendo então rebeldia da criatura nem suor de seu rosto, forçosamente a ocupação do homem teve que ser matéria de deleite no experimento e não matéria de esforço para a utilidade. Assim, as primeiras ações que o homem levou a cabo no Paraíso consistiram nas duas partes supremas do conhecimento: a visão das criaturas e a imposição de nomes.[80] Quanto ao conhecimento que induziu à queda, foi, como mencionamos antes, não o natural da criatura, mas a moral do bem e do mal, partindo do suposto de que os mandamentos ou proibições de Deus não eram os originários do bem e do mal, mas // que estes tinham outros princípios que o homem aspirou a conhecer, para desse modo desligar-se completamente de Deus e depender unicamente de si mesmo.

7. Passando adiante, no primeiro acontecimento ou evento posterior à queda do homem, vemos (dado que as Escrituras contêm infinitos mistérios, sem violar em nada a verdade da história ou do texto literal) uma imagem dos dois estados, o

---

80 Gênesis 2,19.

contemplativo e o ativo, representados nas pessoas de Abel e Caim, e nos dois ofícios mais simples e primitivos da vida: o de pastor (que, em razão de seu ócio, descansa, e, vivendo à vista do céu, é imagem viva da vida contemplativa) e o de agricultor; e aí vemos novamente que o favor e a eleição de Deus foram para o pastor e não para o lavrador da terra.

8. Assim também na idade anterior ao dilúvio, os santos testemunhos contidos nesses poucos memoriais, que no mesmo lugar estão consignados e registrados, se dignaram a mencionar e honrar o nome dos inventores e autores da música e do trabalho dos metais. Na idade posterior ao dilúvio, o primeiro grande juízo de Deus sobre a ambição do homem foi a confusão de línguas, com o qual ficou gravemente impedido o livre comércio e intercâmbio de saber e conhecimentos.

9. Descendo a Moisés, o legislador e primeiro instrumento de escrever de Deus, assinalaremos que as Escrituras o adornam com o acréscimo e elogio de que *era versado em toda a sabedoria dos egípcios,*[81] nação que sabemos que foi uma das escolas mais antigas do mundo; pois assim apresenta Platão o sacerdote egípcio dizendo a Sólon: *Vós gregos são sempre crianças, não tendes conhecimento da Antiguidade nem antiguidade de conhecimento.*[82] Dai uma olhada na lei cerimonial de Moisés: encontrareis aí, além da prefiguração de Cristo, o distintivo ou sinal do povo de Deus, o exercício e inculcação da obediência e outras aplicações e frutos divinos deste, que alguns dos rabinos têm observado, mediante estudo proveitoso e profundo, uns um sentido ou conteúdo natural, outros moral, das cerimônias e ritos. Assim na lei sobre a lepra,

---

81 Atos 7,22.
82 *Timeu,* 22b.

onde diz: *Se a brancura cobriu toda a carne, o enfermo será declarado puro; mas se resta alguma carne inteira, será encerrado por impuro*,[83] um deles observa um princípio da natureza, que a putrefação é mais contagiosa antes do amadurecimento que depois, e outro observa uma tese da filosofia moral, que os homens entregues ao vício não // corrompem tanto os costumes como aqueles outros que são metade bons e metade maus. É assim como neste e em muitos outros lugares dessa lei se encontra, além do sentido teológico, muita filosofia disseminada.

10. Também esse excelente livro de Jó, se se examina diligentemente, se achará prenhe e cheio de filosofia natural, como, por exemplo, sobre cosmografia e a esfericidade do mundo: *Qui extendit aquilonem super vacuum, et appendit terram super nihilum* [Que estendeu o Setentrião sobre o vazio, e suspendeu a terra sobre o nada],[84] onde manifestamente se alude ao fato de estar suspensa a terra, ao polo norte e à finitude ou convexidade do céu. Também em questão de astronomia: *Spiritus ejus ornavit coelos, et obstetricante manu ejus eductus est Coluber tortuosus* [Seu Espírito adornou os céus, sua mão fez nascer a Serpente tortuosa].[85] E em outro lugar: *Nunquid conjungere valebis micantes stellas Pleiadas, aut gyrum Arcturi poteris dissipare?* [Podes tu atar as luzentes estrelas das Plêiades, ou desatar as cordas de Orion?],[86] onde se assinala com grande elegância a fixidez das estrelas, que permanecem sempre a igual distância. E em outro lugar: *Qui facit Arcturum, et Oriona, et Hyadas, et interiora Austri* [Que

---

83 Levítico 13,12-14.
84 Jó 26,7.
85 Jó 26,13.
86 Jó 38,31.

criou a Ursa e Orion, as Plêiades e as Câmaras do Sul],[87] onde novamente fica registrada a depressão do polo sul, chamando-o os segredos do sul, porque as estrelas meridionais não estão visíveis naquela região. Sobre a geração: *Annon sicut lac mulsisti me, et sicut caesum coagulasti me?* [Não me bateste como leite e me coalhaste como queijo?][88] etc. Sobre minerais: *Habet argentum venarum suarum principia: et Auro locus est in quo conflatur, ferrum de terra tollitur, et lapis solutus calore in aes vertitur* [Há para a prata uma mina, e um lugar onde o ouro se purifica; da terra se extrai o ferro, e o cobre da pedra fundida],[89] e assim sucessivamente nesse capítulo.

11. Assim também na pessoa do rei Salomão, vemos o dom da sabedoria e do conhecimento, tanto na petição de Salomão como no consentimento de Deus a ela, preferido a toda outra felicidade terrena e temporal. Graças a essa concessão ou mercê de Deus, Salomão foi capaz não só de escrever essas excelentes parábolas ou aforismos de filosofia divina e moral, como também de compilar uma história de todos os // vegetais, do cedro que cresce na montanha ao musgo da parede (que não é senão algo rudimentar entre putrefação e erva), e também de tudo o que respira ou se move. Além disso, esse mesmo rei Salomão, embora saliente por seus tesouros e edifícios magníficos, seus barcos e navegação, seus servidores e séquito, sua fama e renome etc., contudo não reivindicou para si nenhuma dessas glórias, mas somente a glória da inquisição da verdade: pois disse expressamente, *A glória de Deus é ocultar uma coisa, mas*

---

87 Jó 9,9.
88 Jó 10,10.
89 Jó 28,1-2.

O progresso do conhecimento

a do rei é descobri-la;[90] como se, à maneira do jogo inocente das crianças, a Divina Majestade se deleitasse em ocultar suas obras para que depois estas fossem descobertas; e como se os reis não pudessem aspirar a honra mais alta que a de ser companheiros de Deus nesse jogo, considerando o grande domínio que têm sobre engenhos e meios, por efeito do qual nada deve necessariamente estar-lhes oculto.

12. Não se alterou tampouco a prescrição de Deus nos tempos seguintes à vinda de nosso Salvador ao mundo: pois nosso Salvador mesmo mostrou primeiro seu poder para submeter a ignorância, com os sacerdotes e doutores da Lei, antes de mostrá-lo para submeter a natureza com seus milagres. E a vinda do Espírito Santo teve sua principal figura e expressão na similitude e dom de línguas, que não são outra coisa que *vehicula scientiae*.

13. Assim na eleição daqueles instrumentos que agradaram a Deus utilizar para a implantação da fé, embora a princípio empregasse pessoas inteiramente indoutas salvo por inspiração, para manifestar com maior evidência sua ação imediata e rebaixar toda sabedoria ou conhecimento humano; entretanto, nem bem havia cumprido aquele seu propósito, na seguinte mudança e sucessão dos tempos enviou ao mundo sua verdade divina atendida por outros saberes como serventes ou donzelas, e assim vemos que a pena de São Paulo, único instruído entre os apóstolos, foi a mais empregada nas escrituras do Novo Testamento.

14. Deparamos também com o fato de que muitos dos antigos bispos e padres da Igreja foram sumamente versados

---

90 Provérbios 25,2.

e peritos em todo o saber dos pagãos, a ponto de que o edito do imperador Juliano, pelo qual se proibia aos cristãos o acesso às escolas, lições ou exercícios do saber, // foi tido e contado como estratagema e maquinação mais perniciosa contra a fé cristã do que todas as sanguinárias perseguições de seus predecessores.[91] Nem puderam tampouco a emulação e os ciúmes de Gregório, primeiro desse nome e bispo de Roma, jamais serem conceituados como piedade e devoção, mas, pelo contrário, foram tachados de arbitrariedade, malevolência e pusilanimidade, mesmo entre os homens piedosos, no que pretendiam obliterar e extinguir a memória da Antiguidade pagã e seus autores. Ao contrário, foi a Igreja cristã que, entre as invasões dos scitas pelo noroeste e dos sarracenos pelo leste, conservou em seu sagrado seio e regaço as relíquias preciosas inclusive do saber pagão, que de outro modo se haveriam extinguido como se jamais tivesse havido tal coisa.

15. E temos em vista que, em nossa época e na de nossos pais, quando agradou a Deus pedir contas à Igreja de Roma por seus costumes e cerimônias degenerados, e doutrinas daninhas e compostas para respaldar esses mesmos abusos, ao mesmo tempo foi ordenado pela Divina Providência que deveria haver uma renovação e novo florescimento de todos os demais conhecimentos; e por outro lado vemos os jesuítas que, em parte por si mesmos e em parte por emulação e provocação de seu exemplo, avivaram e robusteceram muito o estado do saber; vemos, digo, quanto notável serviço e reparação fizeram na sede romana.

---

91 *Epistola ad Jamblichus*. Gibbon, *The Decline and Fall of the Roman Empire* [*A queda do Império Romano*], II, 23.

O progresso do conhecimento

16. Pelo qual, e para concluir esta parte, convém observar que há dois ofícios e serviços principais, além do ornamento e da ilustração, que a filosofia e o saber humano prestam à fé e à religião. O primeiro reside em que são incitações eficazes à exaltação da glória de Deus. Pois, sendo assim que os Salmos e outras Escrituras nos convidam amiúde a considerar e ampliar as grandes e maravilhosas obras de Deus, se unicamente nos contentássemos com a contemplação do exterior delas tal como primeiro se oferecem aos nossos sentidos, faríamos à majestade de Deus uma injúria semelhante a que faríamos a um excelente joalheiro se julgássemos ou discriminássemos seu estoque somente pelo que tem exposto em sua loja na rua.

301 O segundo está // em que ministram um auxílio e preservativo singular contra a incredulidade e o erro. Pois diz nosso Salvador: *Errais por não conhecer as Escrituras nem o poder de Deus,*[92] pondo diante de nós dois livros ou volumes que temos que estudar se quisermos nos assegurar contra o erro; primeiro as Escrituras, que revelam a vontade de Deus, e então as criaturas que manifestam seu poder; das quais as segundas são uma chave das primeiras não só porque pelas noções gerais da razão e das normas de discurso abrem nosso entendimento para que conceba o sentido verdadeiro das Escrituras, mas principalmente porque abrem nossa fé, ao levar-nos a meditar devidamente sobre a onipotência de Deus, que principalmente está impressa e gravada sobre suas obras. Até aqui, pois, pelo que diz respeito ao testemunho e à evidência divinos acerca da verdadeira dignidade e valor do saber.

---

92 Mateus 22,29.

Francis Bacon

VII. 1. Quanto às provas humanas, este é um campo tão amplo que numa obra do caráter e brevidade da presente vale mais fazer uma seleção do que se aduza do que abarcar toda a diversidade delas. Em primeiro lugar, pois, digamos que dos graus de honra humana entre os pagãos era maior o obter a veneração e adoração devida a um deus. Isto para os cristãos é como o fruto proibido. Mas falamos agora separadamente do testemunho humano, segundo o qual aquilo que os gregos chamavam *apotheosis* [apoteose], e os latinos *relatio inter divos* [inclusão entre os deuses], era a honra suprema que podia o homem atribuir ao homem, especialmente quando era outorgado não por um decreto formal ou edito do Estado, como era costume entre os imperadores romanos, mas por um assentimento e crença interiores. Esta honra, sendo tão elevada, tinha também um grau ou termo médio, pois acima das honras humanas se consideravam as heroicas e as divinas, na atribuição e distribuição das quais vemos que a Antiguidade estabelecia esta diferença: que, enquanto os fundadores e unificadores de Estados e cidades, legisladores, extirpadores de tiranos, pais da pátria e outras pessoas eminentes no civil não eram honrados senão com o título de herói ou semideus, como se fez com Hércules, Teseu, Minos, Rômulo etc., por outro lado, os inventores e autores de novas artes, bens e melhorias para a vida humana eram sempre incluídos entre os próprios deuses, e assim o foram Ceres, Baco, Mercúrio, Apolo e outros, e com justiça, pois o mérito dos primeiros fica circunscrito a uma época ou nação, e é como as chuvas fecundas que embora sejam boas e proveitosas servem apenas para essa estação, e para a // extensão de terra onde caem; mas o outro é verdadeiramente como os dons do céu, que são permanentes e universais.

O progresso do conhecimento

Assim, o primeiro está mesclado de luta e perturbação, mas o segundo tem o caráter genuíno da presença divina que chega em *aura leni* [brisa suave], sem ruído nem agitação.

2. Nem é certamente esse outro mérito do saber que consiste em reprimir as discórdias que nascem entre os homens, muito inferior ao primeiro, isto é, ao alívio das necessidades que brotam da natureza. Este mérito foi vivamente representado pelos antigos naquela relação simulada do teatro de Orfeu, onde todos os animais e aves se congregaram e, esquecendo seus diversos apetites, uns das presas, outros de prazer, outros de luta, todos juntos escutavam placidamente os ares e acordes da harpa: nem bem cessava o som da qual, ou era abafado por algum ruído mais forte, quando cada animal retornava à sua natureza própria; com o que se descreve acertadamente a natureza e condição dos homens, que estão cheios de desejos selvagens e indomados de lucro, luxúria, vingança, e que, enquanto dão ouvidos aos preceitos, às leis, à religião, docemente comovidos pela eloquência e persuasão de livros, sermões, exortações, então mantêm a sociedade e a paz; mas se esses instrumentos emudecem, ou a sedição e o tumulto não deixam ouvi-los, tudo se dissolve em anarquia e confusão.

3. Isto se manifesta mais claramente quando os próprios reis, ou as pessoas de autoridade abaixo deles, ou outros governantes de comunidades e povoados, são pessoas de saber. Pois, embora possa parecer que foi parcial para com sua profissão aquele que disse que *o povo e os Estados seriam felizes quando os reis fossem filósofos ou os filósofos reis,*[93] a experiência demonstra que sob príncipes e governantes doutos têm sido sempre os

---

93 Platão, *República*, V, 473c-d.

melhores tempos. Pois, embora os reis sejam imperfeitos em suas paixões e costumes, se estão iluminados pelo saber, terão essas ideias de religião, política e moral que os preservam e refreiam de quaisquer erros e excessos ruinosos e fatais, sussurrando-lhes sempre ao ouvido, quando os conselheiros e servidores emudecem e guardam silêncio. Do mesmo modo, os senadores ou conselheiros doutos procedem sobre princípios mais seguros e sólidos que esses outros que são apenas homens de experiência: // aqueles advertem dos perigos de longe, mas estes não os descobrem até tê-los próximos, e se fiam então na agilidade de seu engenho para desviá-los ou evitá-los.

4. Essa felicidade dos tempos sob príncipes doutos (da qual, para nos atermos à lei da brevidade, utilizaremos os exemplos mais salientes e seletos) tem sua melhor manifestação na época transcorrida desde a morte do imperador Domiciano até o reinado de Cômodo, que compreende uma sucessão de seis príncipes, todos eles doutos ou singulares favorecedores e promotores do saber: época esta que, nos aspectos temporais, foi a mais ditosa e florescente de que desfrutou o Império Romano (que era então modelo do mundo inteiro), segundo foi revelado e prefigurado a Domiciano num sonho que teve na noite antes de ser assassinado. Pois lhe pareceu que por trás e sobre seus ombros haviam crescido um pescoço e uma cabeça de ouro,[94] o que justamente veio a cumprir-se naqueles tempos áureos que se seguiram, e de cujos príncipes vamos fazer um apanhado; pois embora seja matéria sabida, e possa ser julgada mais própria de um discurso retórico que adequada para um tratado envolvido como este, contudo não quero

---

94 Suetônio, *Vida de Domiciano*, XXIII.

O progresso do conhecimento

omiti-la, porque é pertinente para o tema que agora nos ocupa, *neque semper arcum tendit Apollo* [e sempre traz Apolo o arco tenso],[95] e porque apenas nomeá-los seria seco e precipitado.

O primeiro foi Nerva, da índole excelente de cujo governo nos dá Cornélio Tácito um retrato vivo condensado numa só observação: *Postquam divus Nerva res olim insociabiles miscuisset, imperium et libertatem* [Nerva uniu duas coisas comumente incompatíveis, a autoridade e a liberdade].[96] E em sinal de seu saber, o último ato de seu breve reinado de que se conserva memória é uma instrução a seu filho adotivo Trajano, motivada por algum descontentamento interior diante da ingratidão dos tempos e encerrada num verso de Homero:

Telis, Phoebe, tuis lacrymas ulciscere nostras
[Com tuas flechas, Febo, vinga nossas lágrimas].[97]

304   // 5. Trajano, que o seguiu, não foi douto em sua pessoa; mas, se estivermos atentos às palavras de nosso Salvador, que diz: *Quem recebe um profeta na qualidade de profeta, recompensa de profeta terá*,[98] ele merece ser posto entre os príncipes mais doutos, pois não houve maior administrador nem benfeitor do saber: fundador de famosas bibliotecas, constante promotor de homens instruídos a cargos públicos e interlocutor assíduo de professores e preceptores doutos, dos quais se sabia que eram os que então desfrutavam de maior autoridade na corte. Por outro lado, o quanto foram admirados e celebrados a virtude e o governo de Trajano, é algo que seguramente nenhum testemunho

---

95 Horácio, *Odes*, II, X, 19-20.
96 *Agrícola*, III.
97 *Ilíada*, I, 42.
98 Mateus 10,41.

da história séria e fidedigna apresenta com maior vivacidade que essa lenda de Gregório Magno, Bispo de Roma, que se fez notar pela extrema inveja que sentia por toda excelência pagã; e entretanto se diz dele que, por amor e estima das virtudes morais de Trajano, dirigiu a Deus preces apaixonadas e ferventes para que tirasse sua alma do inferno; e que o conseguiu, com a advertência de que não fizesse mais petições desse tipo.[99] Também em tempos deste príncipe foram interrompidas as perseguições aos cristãos, segundo certifica Plínio, o Segundo, homem de grande saber e favorecido por Trajano.[100]

6. Adriano, seu sucessor, foi o homem mais curioso da história, e o mais universal inquisidor; tanto que se assinalou como erro de seu espírito o querer saber tudo, e não reservar-se para as coisas mais dignas, caindo no mesmo capricho que muito antes mostrara Felipe da Macedônia, que, quando quis superar e ficar por cima de um músico excelente numa discussão sobre música, foi bem contestado por este: *Não permita Deus, senhor* (disse ele), *que tenhas tão má fortuna que conheceis estas coisas melhor do que eu.*[101] // Agradou também a Deus servir-se da curiosidade deste imperador como um induzimento à paz de sua Igreja naqueles dias. Pois venerando ele a Cristo, não como Deus ou Salvador, mas como prodígio ou novidade, e tendo seu retrato em sua galeria emparelhado ao de Apolônio[102] (com o qual em sua vã imaginação pensava que tinha alguma afinidade), isso

---

99 Dante Alighieri, *Divina Comédia*, Purgatório, X, 73 ss.

100 Cf. Plínio, o Moço, *Epístolas*, X, 97.

101 Plutarco, *Regum et imperatorum apophthegmata* [*Máximas dos reis e imperadores*], 179, 29.

102 Segundo Spedding, tratava-se não de Adriano, mas de Alexandre Severo. O Apolônio citado é Apolônio de Tiana, neopitagórico do século I, venerado como um deus depois de morto.

O progresso do conhecimento

serviu para mitigar o ódio intenso que o nome de cristão suscitava então, de modo que a Igreja teve paz em seu tempo. E no que diz respeito a seu governo civil, se não igualou o de Trajano em glória de armas ou perfeição da justiça, o superou, contudo, quanto ao desvelo pelo bem-estar de seus súditos. Pois Trajano ergueu muitos monumentos e edifícios famosos, tantos que Constantino, o Grande, em emulação, o chamava de *Parietaria*, flor de muro, por estar seu nome em tantos muros; mas suas construções e obras eram mais de glória e triunfo que de utilidade e necessidade. Mas Adriano passou todo seu reinado, que foi pacífico, percorrendo e inspecionando o Império Romano, dando ordens e assinando recursos onde quer que fosse para reedificar cidades, vilas e fortalezas deterioradas, conter rios e correntezas, fazer pontes e passagens, dotar de novas ordenanças e constituições cidades e comunidades, outorgar isenções e criar corporações; de modo que toda sua época foi uma autêntica restauração de todos os lapsos e deteriorações de épocas anteriores.

7. Antonino Pio, que o sucedeu, foi um príncipe sumamente instruído, dotado do engenho paciente e sutil de um escolástico, a ponto de que entre o vulgo (que não perdoa nenhuma virtude) era chamado *cymini sector*, trinchador ou divisor de sementes de cominho, que são sementes das menores, tal era a paciência e resolução que tinha para penetrar as menores e mais precisas diferenças das coisas. Isso era sem dúvida fruto da extraordinária tranquilidade e serenidade de seu espírito, pois, não se vendo de modo algum embaraçado ou sobrecarregado por temores, remorsos nem dúvidas, mas antes destacando-se como um dos homens de mais pura bondade, sem fingimento nem afetação, que já reinaram ou // viveram, tinha

seu espírito sempre atento e íntegro. Aproximou-se também um grau a mais do cristianismo, e chegou a ser, como disse Agripa a São Paulo, *meio cristão*,[103] tendo em boa opinião a religião e lei dos cristãos, e não só fazendo cessar sua perseguição, como favorecendo seu avanço.

8. Sucederam-no os primeiros *Divi fratres*, os dois irmãos adotivos Lúcio Cômodo Vero, filho de Elio Vero, que era muito aficionado do saber mais ameno, e chamava o poeta Marcial seu Virgílio; e Marco Aurélio Antonino, que obscureceu seu colega e lhe sobreviveu longo tempo, e que foi chamado o Filósofo. E este, assim como superou todos os demais em saber, assim também os superou em perfeição de todas as virtudes régias; a ponto que o imperador Juliano, em seu livro intitulado *Caesares*, que era como um libelo ou sátira para zombar de todos seus predecessores, imaginou que estavam todos convidados a um banquete dos deuses, e o bufão Sileno, sentado à área menos privilegiada da mesa, ia zombando de cada um segundo entravam; mas ao entrar Marco, o Filósofo, Sileno ficou confuso e perturbado, não sabendo do que escarnecê-lo, até que finalmente fez alusão à sua paciência para com sua mulher. E a virtude deste príncipe, com a de seu predecessor, fez o nome de Antonino tão sagrado no mundo que, no que pese ser sumamente desonrado em Cômodo, Caracala e Heliogábalo, que o levaram todos, entretanto, quando Alexandre Severo o recusou por não pertencer à família, o Senado disse unanimemente: *Quomodo Augustus, sic et Antoninus* [Como Augusto, assim Antonino]; tão célebre e venerado era o nome destes dois príncipes naqueles tempos, que quiseram tê-lo como

---

103 Atos 26,28.

O progresso do conhecimento

acréscimo perpétuo ao tratamento de todos os imperadores. Também na época deste imperador esteve a Igreja quase sempre em paz; de modo que nesta sequência de seis príncipes vemos os efeitos benéficos do saber no ofício de soberano, pintados sobre o maior painel do mundo.

9. Mas, se se quer uma placa ou pintura de menor volume (não ousando falar de Vossa Majestade, que vive), em meu juízo a mais excelente é a da rainha Elizabeth, vossa predecessora imediata nesta parte da Grã-Bretanha: soberana tal que, se Plutarco // vivesse hoje para escrever vidas paralelas, creio que lhe seria difícil achar para ela paralelo entre as mulheres. Esta dama estava adornada de erudição singular a seu sexo, e rara mesmo entre os príncipes varões, quer falemos de saber de línguas ou de ciências, moderno ou antigo, teologia ou humanidades. E até o último ano de sua vida, ela teve o costume de reservar horas fixas para a leitura, como dificilmente faria um jovem estudante de universidade com mais assiduidade e compenetração. E quanto a seu governo, estou seguro de não exagerar se afirmo que esta parte da ilha jamais teve 45 anos melhores, e isso não porque os tempos foram tranquilos, mas pela prudência de seu regimento. Pois se se consideram, de um lado, o estabelecimento da verdade na religião, a constante paz e segurança, a reta administração da justiça, o uso temperado da prerrogativa, nem muito solto nem muito forçado, o estado florescente do saber, em afinidade com tão excelente protetora, o bom estado das riquezas e recursos, tanto da coroa como de seus súditos; e de outro lado se consideram as diferenças em matéria de religião, os distúrbios dos países vizinhos, a ambição da Espanha e a oposição de Roma; e, acrescentando, que a rainha estava só e abandonada a seus próprios

meios; considerados, digo, estas coisas, assim como não poderia eu ter escolhido exemplo mais recente ou apropriado, assim também creio que não poderia escolhê-lo mais notável ou eminente para o propósito que agora nos ocupa, que é o referente à conjunção de saber no príncipe e bem-estar no povo.

10. Não se creia tampouco que o saber só tem influência e operação sobre o mérito civil e a virtude moral, e as artes ou temperatura da paz e do governo pacífico; pois não são menores seu poder e eficácia em relação à virtude e potência marcial e militar, segundo se manifesta notavelmente nos exemplos de Alexandre, o Grande e César, o ditador, que mencionamos antes, mas que agora estamos em lugar adequado para retomar: cujas virtudes e feitos de guerra não é preciso assinalar ou enumerar, // pois têm sido o assombro da história em sua espécie; mas de sua inclinação ao saber, e perfeição alcançada neste, é pertinente dizer algo.

11. Alexandre foi criado e educado pelo grande filósofo Aristóteles, que lhe dedicou vários de seus livros de filosofia. Teve em sua companhia[104] Calístenes e outras personagens doutas, que moravam em seu acampamento e o seguiam em todas suas viagens e conquistas. Quanto valor e estima concedia ao saber é algo que se manifesta notavelmente nestes três detalhes: primeiro, na inveja que ele dizia sentir de Aquiles, por ter tido um trompete tão bom de suas façanhas como os versos de Homero; segundo, na sentença ou solução que deu sobre a precisa caixa de Dario, que foi encontrada entre suas joias e que, ao surgir a dúvida de que coisa seria digna de ser posta nela, ele opinou que seriam as obras de Homero; terceiro,

---

104 Cf. Plutarco, *Alexandre*.

em sua carta a Aristóteles, depois que este publicou seus livros sobre a natureza, carta onde o repreende por tornar públicos os segredos ou mistérios da filosofia e lhe dá a entender que ele mesmo tem em maior apreço superar os outros em saber e conhecimento do que em poder e mando. E o uso que fazia do saber é algo que aparece, ou melhor, resplandece, em todos seus discursos e respostas, que estão plenos de ciência e aplicação da ciência, e isso em toda variedade.

12. Também aqui pode parecer escolástico e um tanto ocioso repetir coisas que todo mundo sabe; mas, já que o tema que estou tratando me conduz a isso, me alegro que se veja o quanto estou disposto a adular (se se chamar assim) um Alexandre ou um César ou um Antonino, que faz muitas centenas de anos que estão mortos, como a alguém que esteja vivo: pois é a exposição da glória do saber o que me proponho, não o capricho de cantar as façanhas de ninguém. Observe-se, pois, o que ele declarou a propósito de Diógenes, e veja-se se isso não responde a um dos maiores problemas da filosofia moral, o de se a maior felicidade reside em desfrutar das coisas exteriores ou desdenhá-las; pois quando viu Diógenes tão completamente satisfeito com tão pouco, disse aos que escarneciam dele: *Se eu não fosse Alexandre, gostaria de ser Diógenes*. Sêneca o inverte e diz: *Plus erat quod hic nollet accipere, quam quod ille posset dare* [Eram mais as coisas que Diógenes // havia recusado, que as que Alexandre poderia ter dado ou desfrutado].[105]

13. Observe-se também aquilo que costumava dizer, que *em duas coisas, sobretudo, sentia sua mortalidade, no sonho e na concupiscência*; e veja-se se não é uma sentença extraída do mais profundo

---

105 Sêneca, *De beneficiis* [*Dos benefícios*], V, 5.

da filosofia natural, e que mais se esperaria encontrar na boca de um Aristóteles ou de um Demócrito do que na de um Alexandre.

14. Veja-se também a humanidade e poesia daquela outra frase sua, quando, estando ferido e sangrando, chamou a um de seus aduladores que costumava atribuir-lhe honras divinas, e disse: *Olhe, este é sangue verdadeiro; não é um licor como esse que Homero disse que fluiu da mão de Vênus ao ser trespassada por Diomedes.*[106]

15. Veja-se também sua vivacidade para refutar a lógica, no que disse a Cassandro sobre uma queixa apresentada contra seu pai Antípater; pois dizendo-lhe Alexandre: *Acreditas que esses homens tenham vindo de tão longe para queixar-se se não tivessem justo motivo de desgosto?* e respondendo Cassandro: *Sim, pois justamente por isso pensariam não ser desmentidos*; Alexandre então, começando a rir, disse: *Eis aqui as sutilezas de Aristóteles, tomar a questão dos dois lados, o pró e o contra* etc.

Mas note-se igualmente o quão bem ele podia usar a mesma arte que censurava para servir-se dela, quando, nutrindo um ressentimento oculto contra Calístenes porque este se opunha à nova cerimônia de sua adoração, e estando certa noite num festim em que também estava presente Calístenes, alguém propôs depois da ceia que Calístenes, que era homem eloquente, para os entreter falasse sobre algum tema ou propósito de sua escolha; o que Calístenes fez, escolhendo para seu discurso as excelências da nação macedônia, e elogiando-as tão bem que seus ouvintes ficaram entusiasmados. Diante disso, Alexandre, nada satisfeito, disse que *era fácil ser eloquente sobre tema*

---

106 *Ilíada*, V, 340. Cf. Sêneca, *Epistulae Morales ad Lucilium*, LIX, 12.

O progresso do conhecimento

tão bom, e acrescentou: *Mas vire o estilo, e ouçamos o que sabe dizer contra nós*; o que Calístenes fez com tanta malícia e vivacidade que Alexandre o interrompeu dizendo que *a excelência da causa o havia feito eloquente antes, e agora a ojeriza voltava a fazê-lo tal.*

310 // 17. Considere-se também, no que se refere às figuras retóricas, aquele excelente exemplo da metáfora ou imagem com que criticou a Antípater, que era um governante autoritário e tirânico; pois, quando um dos amigos de Antípater elogiava-o diante de Alexandre por sua moderação, e porque não havia caído, como seus outros lugar-tenentes, no luxo persa de vestir-se de púrpura, mas conservava o antigo traje negro da Macedônia, Alexandre lhe disse: *Está certo, mas Antípater é todo púrpura por dentro.*[107] Ou naquela outra ocasião, quando Parmênio aproximou-se dele na planície de Arbelas e, mostrando-lhe a incomensurável multidão de seus inimigos, especialmente tal como apareciam sob o infinito número de luzes, que se assemelhavam a um novo firmamento de estrelas, lhe aconselhou atacá-los à noite, ao que respondeu *que ele não roubaria a vitória.*

18. Quanto à política, medite-se sobre aquela significativa distinção, tão utilizada depois, por todas as épocas, que fez entre seus dois amigos Heféstio e Cratero, quando disse que um amava Alexandre e o outro amava o rei, onde se descreve a principal diferença que há entre os melhores servidores dos príncipes, que uns por afeto amam sua pessoa e outros por lealdade amam sua coroa.

19. Pondere-se também sobre aquela excelente censura de um erro muito comum entre os conselheiros dos príncipes, que é aconselhar a seus senhores conforme sua mentalidade e

---

107 Plutarco, *Regum et imperatorum apophthegmata*, 180, 17.

fortuna próprias, e não conforme as daqueles; quando, tendo Parmênio dito em vista dos grandes oferecimentos de Dario: *Eu sem dúvida aceitaria esses oferecimentos se fosse Alexandre*, disse-lhe Alexandre: *Eu também, se fosse Parmênio*.

20. Finalmente, medite-se sobre aquela rápida e aguda réplica que deu quando, tendo repartido tão grandes presentes entre seus amigos e servidores, e ao perguntarem o que reservava para si, respondeu: *A esperança*; medite-se, digo, se não havia feito bem suas contas, pois a esperança deve ser a parte de todos que se propõem grandes empresas. Pois essa foi a parte de César quando foi pela primeira vez à Gália, estando completamente arruinado por suas dádivas. E essa foi igualmente a parte daquele nobre príncipe, embora dominado pela ambição, o duque Henry de Guise, de quem se usava dizer que era o maior usurário da França, porque havia convertido toda sua propriedade em obrigações.

21. Concluindo, pois: do mesmo modo que certos críticos costumam dizer hiperbolicamente *que se todas as ciências se perdessem, se as poderia encontrar em Virgílio*, assim sem dúvida se pode dizer verdadeiramente que nas poucas declarações que // temos deste príncipe estão as marcas e pegadas do saber; a admiração do qual, quando o considero não como Alexandre, o Grande, mas como o discípulo de Aristóteles, me levou demasiado longe.

22. Quanto a Júlio César, a excelência de seu saber não precisa ser arguida de sua educação, nem de sua companhia, nem de suas declarações, porque ela mesma se demonstra no mais alto grau em seus escritos e obras, dos quais alguns se conservaram e permanecem, e outros infelizmente pereceram. Em primeiro lugar, vemos que nos ficou essa excelente história

O *progresso do conhecimento*

de suas próprias guerras, na qual ele pôs somente o título de comentário, e na qual todas as épocas seguintes admiraram a solidez e peso do conteúdo, e as passagens realistas e vivas descrições de ações e pessoas, expressas com a maior propriedade de termos e clareza de exposição que se possa desejar; e que isso não foi efeito de um dom natural, mas de estudo e aplicação, dá testemunho essa sua obra intitulada *De analogia*, que é uma filosofia da gramática, na qual se propôs fazer da *vox ad placitum* uma *vox ad licitum*, e converter a fala usual em fala congruente, tomando, por assim dizer, o retrato das palavras da vida da razão.[108]

23. Também nos chegou dele, como um monumento a seu poder e a seu saber, o cômputo então reformado do ano, onde bem se manifesta que tinha como tão glorioso para sua pessoa observar e conhecer a lei dos céus como dar lei aos homens na terra.

24. Assim também em seu livro *Anti-Catão* se aprecia claramente que aspirava tanto à vitória do engenho como à vitória militar; pois nele trava combate com o campeão máximo da pena que havia então: Cícero, o orador.[109]

25. Do mesmo modo, no livro de *Apotegmas* por ele recolhidos, vemos que teve por mais honroso fazer de si mesmo coletor de algumas anotações de sentenças sábias e substanciosas de outros, do que fazer de cada um de seus próprios ditos um apotegma ou oráculo, como pretendem os príncipes vaidosos, acostumados à adulação.[110] Apesar disso, se enumerássemos

---

108 Esta obra se perdeu e Bacon aqui apenas conjectura.
109 Plutarco, *Júlio César*, LIV.
110 Cícero, *Ad familiares* [*Aos familiares*], IX, XVI, 4.

várias de suas enunciações como fizemos com as de Alexandre, se veria que na verdade são como aquelas a que alude Salomão, quando diz: *Verba sapientum tamquam aculei, et tamquam clavi // in altum defixi* [As palavras dos sábios são como aguilhoadas, e como cravos bem cravados];[111] delas citarei apenas três, não tão deleitáveis por sua elegância como admiráveis por seu vigor e eficácia.

26. Quanto à primeira, há razão para considerar mestre nas palavras quem com uma só foi capaz de dominar um motim de seu exército; e isso aconteceu como se segue. Os romanos, quando os generais falavam ao exército, empregavam a palavra *Milites* [Soldados]; mas quando os magistrados falavam ao povo empregavam a palavra *Quirites* [Cidadãos]. Os soldados estavam em tumulto, e indisciplinadamente solicitavam ser licenciados, não porque o desejassem, mas com a ideia de que para dissuadi-los, César se veria obrigado a lhes outorgar outras concessões. Ele então, decidido a não ceder, após um breve silêncio começou seu discurso dizendo: *Ego, Quirites*, com o que já os admitia como licenciados; diante do que eles ficaram tão surpreendidos, contrariados e confusos, que não lhe permitiram seguir adiante, renunciando antes às suas demandas e a única coisa que pediram foi para voltar a ser chamados pelo nome de *Milites*.[112]

27. O segundo dito foi assim: César almejava extremamente o título de rei, e uns tantos o esperaram passar para proclamá-lo tal por aclamação popular. E ele, percebendo o clamor débil e pobre, não se deixou levar e agiu como se tives-

---

111 Eclesiastes 12,11.
112 Suetônio, *Júlio César*, LXX.

O progresso do conhecimento

sem se enganado com seu nome: *Non Rex sum, sed Caesar* [Não me chamo Rei, mas César];[113] frase que, se se a examina, se verá que mal se pode expressar todo o sentido e substância que contém. Pois, em primeiro lugar, era uma recusa do título, mas não expressa a sério; e denotava também uma confiança e grandeza de ânimo infinitas, como se presumisse que o de César era o maior título; mas, sobretudo, foram palavras muito condizentes a seu próprio propósito, como se o Estado quisesse disputá-lo só um nome que traziam famílias de poucos meios: porque Rex era um sobrenome entre os romanos, como o é King entre os ingleses.

28. O último dito que mencionarei foi dirigido a Metelo, quando César, declarada a guerra, tomou posse da cidade de Roma; e entrando então no tesouro para levar o dinheiro ali acumulado, Metelo, que era tribuno, o proibiu; ante o que César disse que se não desistisse de sua atitude, o deixaria morto ali mesmo; e logo, refreando-se, acrescentou: *Jovem, mais me custa dizê-lo do que fazê-lo. Adolescens, durius est mihi hoc dicere quam facere.*[114] Frase composta do maior terror e da maior clemência que podem proceder da boca humana.

313 // 29. Mas, voltando atrás e para concluir com César, digamos que é evidente que ele mesmo conhecia a superioridade de seu saber, e se valia dela, segundo se vê em certa ocasião em que, tendo alguém comentado o quão era estranha a resolução de Lúcio Sila de renunciar à sua ditadura, ele, por zombaria e para sua própria vantagem, respondeu *que Sila não era apto em letras, e portanto não sabia ditar.*[115]

---

113 Suetônio, *Júlio César*, LXXIX.
114 Plutarco, *Júlio César*, XXXV.
115 Suetônio, *Júlio César*, LXXVII.

Francis Bacon

30. E aqui seria próprio que deixássemos este ponto, tocante à confluência de virtude militar e saber (pois, que exemplo poderia se apresentar que não se desmereceria depois dos de Alexandre e César?), se não fosse em atenção a uma curiosa circunstância que encontro em outro caso, como foi a passagem tão súbita do extremo menosprezo à admiração extrema; e o caso se refere ao filósofo Xenofonte, da escola de Sócrates, que marchou para a Ásia na expedição de Ciro, o Jovem, contra o rei Ataxerxes. Este Xenofonte era então muito jovem, e nunca presenciara guerras; nem tinha tampouco comando algum no exército, indo como mero voluntário, pelo amor e a companhia de seu amigo Proxeno. Se achava presente quando Falino trouxe mensagem do grande rei aos gregos, após Ciro ter sido morto no campo de batalha e terem ficado eles reduzidos a um punhado de homens desamparados no meio dos territórios do rei, separados de seu país por muitos rios navegáveis e muitas centenas de milhas. A mensagem indicava que deviam render as armas e se submeterem à misericórdia do rei. Antes de dar resposta, vários membros do exército discutiram familiarmente com Falino, e entre eles Xenofonte disse: *Falino, já não nos restam mais do que duas coisas, nossas armas e nosso ânimo; e, se rendermos as armas, como empregaremos o ânimo?* E Falino, sorrindo, lhe disse: *Se não me engano sois ateniense, jovem cavaleiro; e creio que estudas filosofia, e é bonito o que dizeis; mas estás muito errado se pensas que vosso ânimo pode resistir ao poder do rei.*[116] Aqui estava o menosprezo; a admiração veio depois, quando aquele jovem estudioso ou filósofo, depois de todos os capitães serem assassinados à traição quando estavam em parlamento, conduziu a pé os

---

116 Xenofonte, *Anábasis*, II, I, 12.

O progresso do conhecimento

dez mil atravessando todas as terras altas do rei e os levou ilesos da Babilônia até a Grécia, apesar de todas as forças do rei, para assombro do mundo e alento dos gregos de épocas posteriores para invadir o // reino da Pérsia, como depois foi projetado por Jasão, o Tessálio, tentado por Agesilau, o Espartano, e conseguido por Alexandre, o Macedônio, todos baseando-se na ação daquele jovem estudioso.

VIII. I. Passando agora da virtude imperial e militar à virtude moral e privada, em primeiro lugar diremos ser verdade certa a que está contida nos versos:

Scilicet ingenuas didicisse fideliter artes
Emollit mores, nec sinit esse feros;
[Certamente, o estudo fiel das artes liberais suaviza e humaniza a conduta].[117]

Liberta os espíritos da selvageria, da barbárie e da fúria; mas na realidade o acento deveria cair em *fideliter* [deve ser uma proficiência *verdadeira*], pois o saber escasso e superficial opera mais o efeito contrário. Liberta de toda ligeireza, temeridade e insolência, mediante a sugestão abundante de dúvidas e dificuldades de toda espécie, e acostumando o espírito a ponderar as razões de um e outro lado, e a recusar os primeiros oferecimentos e imaginações da mente, e a não aceitar nada que não esteja examinado e provado. Liberta da vã admiração de qualquer coisa, que é a raiz de toda fraqueza. Pois todas as coisas admiradas, o são, ou bem porque são novas, ou bem porque são grandes. Quanto à novidade, ninguém que tenha

---

117 Ovídio, *Epistulae Ex Ponto* [*Cartas Pônticas*], II, IX, 47-48.

penetrado a fundo no saber ou na contemplação deixará de achar gravado em seu coração *Nil novi super terram* [Não há nada novo sobre a terra];[118] nem pode maravilhar-se diante do jogo das marionetes ninguém que passe por trás da cortina e perceba o movimento. E quanto à magnitude, do mesmo modo que quando Alexandre, o Grande, já habituado aos grandes exércitos e às grandes conquistas de espaçosas províncias na Ásia, recebeu cartas da Grécia sobre alguns dos combates e operações que ali haviam ocorrido, e que se referiam a uma passagem, um forte ou uma cidade murada, disse que *lhe parecia que o informavam das batalhas das rãs contra os ratos, que relatavam as antigas histórias;*[119] assim indubitavelmente se se medita muito sobre a moldura universal da natureza, a terra e os homens que há sobre ela (excetuando a divindade das almas) não parecerão muito mais que um formigueiro, onde umas formigas levam grãos, e outras levam suas crias, e outras vão sem nada, e todas se agitam de cá para lá sobre um montículo de pó. Liberta ou alivia do medo da morte ou da fortuna adversa, que é um // dos maiores impedimentos postos à virtude e causa de fraquezas da conduta. Pois aquele que tem seu espírito bem curtido na consideração da mortalidade e natureza corruptível das coisas, facilmente concordará com Epíteto, que saiu um dia e viu uma mulher chorando por seu cântaro de barro que se quebrara, e saiu no dia seguinte e viu uma mulher chorando por seu filho que havia morrido, diante do que disse: *Heri vidi fragilem frangi, hodie vidi mortalem mori* [Ontem vi romper-se o frágil, hoje vi morrer o mortal].[120] E por isso Virgílio, de maneira excelente

315

---

118 Eclesiastes I,9.
119 Plutarco, *Agesilau*, XV.
120 Epíteto, *Encheiridion* [*Manual*], 33.

O progresso do conhecimento

e profunda, pôs lado a lado o conhecimento das causas e a conquista de todos os temores, como *concomitantia*:

> *Felix qui potuit rerum cognoscere causas,*
> *Quique metus omnes et inexorabile fatum*
> *Subjecit pedibus, strepitumque Acherontis avari.*
> [Feliz quem conhece as causas
> De tudo o que é: sereno ele permanece, acima
> De todos os medos, acima do Destino inexorável
> E do fragor do insaciável Aqueronte.][121]

2. Seria demasiado longo discorrer sobre os remédios particulares que o saber administra a todas as enfermidades da mente, ora purgando os maus humores, ora abrindo as obstruções, ora ajudando a digestão, ora aumentando o apetite, ora sanando suas feridas e ulcerações etc.; assim, pois, concluirei com aquilo que tem *rationem totius*, que é o que predispõe a constituição mental a não se fixar ou se assentar em seus defeitos, mas a ser sempre capaz e suscetível de crescimento e reforma. Pois o homem inculto não sabe o que é adentrar-se em si mesmo ou chamar a si mesmo às contas, nem o prazer dessa *suavissima vita, indies sentire se fieri meliorem* [dulcíssima vida daquele que a cada dia sente que vai se fazendo melhor]. As boas qualidades que possua, aprenderá a mostrá-las ao máximo e a usá-las corretamente, mas não muito a aumentá-las; os defeitos que possua, aprenderá a ocultá-los e disfarçá-los, mas não muito a emendá-los; como o mau ceifador, que todo o tempo ceifa e nunca afia sua segadeira; enquanto com o homem

---

121 *Geórgicas*, II, 490-492.

culto não sucede tal coisa, pois ele sempre entremeia a correção e emenda de seu espírito ao uso e emprego dele. Ademais, em geral e resumindo, o certo é que *veritas* e *bonitas* não diferem entre si mais que o selo e a impressão: pois // a verdade imprime bondade, e são as nuvens do erro as que descem nas tempestades das paixões e perturbações.

3. Da virtude moral passemos ao tema do poder e comando, e pensemos se, corretamente considerado, há o que se possa comparar com aquele com que o conhecimento investe e coroa a natureza humana. Vemos que a dignidade do domínio é conforme a dignidade do dominado: ter domínio sobre animais, como têm os pastores, é coisa desdenhável; tê-lo sobre crianças como têm os mestres-escolas, é algo de pouco lustro; tê-lo sobre condenados é mais opróbrio que honra. Tampouco é muito melhor o domínio dos tiranos, sobre pessoas que renunciaram à grandeza de ânimo; e por isso se pensou sempre que os cargos tivessem mais doçura nas monarquias e comunidades que nas tiranias, porque então o domínio se estende mais sobre as vontades dos homens e não somente sobre suas ações e serviços. E por isso quando Virgílio se adianta a atribuir a César Augusto a maior das honras humanas, o faz com estas palavras:

Victorque volentes
Per populos dat jura, viamque affectat Olympo.
[Avançando adiante em conquistas, à sua vontade
A povos propensos ele dá leis, e forja
Através dos mais dignos feitos na terra seu caminho ao
Olimpo.][122]

---

122 *Geórgicas*, IV, 561-562.

O progresso do conhecimento

Entretanto, o domínio que outorga o conhecimento é ainda mais alto que o domínio sobre a vontade: porque é um domínio sobre a razão, a fé e o entendimento do homem, que são a parte mais elevada do espírito, e que à própria vontade dão lei. Pois não há poder sobre a terra que instale um trono ou uma cadeira de Estado nos espíritos e almas dos homens, em suas cogitações, imaginações, opiniões e crenças, se não o do conhecimento e do saber. E daí o detestável e extremado gozo que embriaga os heresiarcas, falsos profetas e impostores, quando descobrem ter potestade sobre a fé e consciência dos homens: tão grande que, uma vez que hajam provado, raramente se verá que tortura ou perseguição alguma possa induzi-los a renunciar a ele ou abandoná-lo. Mas, assim como isto é o que o autor do Apocalipse chama abismo ou profundeza de Satã,[123] do mesmo modo por argumento // de contrários a justa e legítima soberania sobre o entendimento humano, fundada na força da verdade corretamente interpretada, é o que mais se assemelha à potestade divina.

4. Quanto à fortuna e progresso, a beneficência do conhecimento não é tão limitada que só dê fortuna aos Estados e comunidades, mas dá também às pessoas particulares. Pois bem se assinalou há muito tempo que Homero deu sustento a mais homens que Sila ou César ou Augusto, apesar de suas dádivas e doações e distribuições de terras a tantas legiões. E sem dúvida é difícil dizer se foram as armas ou o saber que fez progredir mais. E no caso da soberania, vemos que se as armas ou a linhagem têm arrebatado o reino, é o saber que tem conduzido o sacerdócio, que sempre manteve certa rivalidade com o império.

---

123 Apocalipse 2,24.

Francis Bacon

5. Assim, no que diz respeito ao prazer e deleite que dão o conhecimento e o saber, diremos que ultrapassam aos demais em natureza: pois se os prazeres dos afetos superam tanto os dos sentidos quanto a consequência do desejo ou da vitória supera uma canção ou um jantar, não deveriam em consequência os prazeres do intelecto ou entendimento superar os dos afetos? Vemos que em todos os demais prazeres há saciedade e que depois de provados perdem seu frescor: o que bem demonstra que não são prazeres, mas simulacros de prazer, e que era a novidade o que agradava, não a qualidade. Daí que vemos homens voluptuosos se tornarem frades, e príncipes ambiciosos se tornarem melancólicos. Mas do conhecimento não há saciedade, mas a satisfação e o apetite dele se vão alternando perpetuamente, e por isso parece ser bom em si mesmo, sem falácia nem acidente. Tampouco pequenos são o efeito e contentamento que dá à mente humana esse prazer que Lucrécio descreve elegantemente,

suave mari magno, turbantibus aequora ventis etc.

É uma visão de deleite (diz ele) *estar ou caminhar sobre a orla, e ver um navio zarpando pela tempestade; ou estar numa torre fortificada, e ver a batalha se desenrolar na planície. Mas nada se pode comparar ao prazer de ter o espírito composto, assentado e fortificado na certeza da verdade, e // dali distinguir e contemplar os erros, as perturbações, os afãs e os extravios dos demais.*[124]

6. Finalmente, deixando os argumentos vulgares, de que pelo saber o homem supera o homem naquilo em que o homem supera os animais, que pelo saber o homem ascende aos

---

124 *De rerum natura* [*Da natureza das coisas*], II, 1-10.

O progresso do conhecimento

céus e seus movimentos, como corporalmente não pode fazê-lo etc., concluamos com a dignidade e excelência do conhecimento e do saber naquilo a que mais aspira a natureza humana, que é a imortalidade ou permanência: pois a isso tende a geração e formação de linhagens e famílias; a isso tendem os edifícios, fundações e monumentos; a isso tende o desejo de memória, fama e celebridade, e de fato a suma de todos os demais desejos humanos. Vemos, assim, até que ponto os monumentos do engenho e do saber são mais duradouros que os monumentos do poder ou das mãos. Pois não se conservaram os versos de Homero dois mil e quinhentos anos ou mais, sem a perda de uma sílaba ou letra, caindo em ruínas ou sendo demolidos, entretanto, incontáveis palácios, templos, castelos, cidades? Não é possível ter efígies ou estátuas de Ciro, Alexandre, César, nem dos reis ou altos personagens de épocas muito mais recentes: porque os originais não permanecem, e às cópias, forçosamente há de lhes faltar vida e verdade. Mas às imagens das inteligências e do conhecimento humano ficam nos livros, subtraídas dos estragos do tempo e capazes de perpétua renovação. Nem sequer é apropriado chamá-las imagens, porque não cessam de engendrar e lançar suas sementes nas mentes de outros, provocando e causando infinitas ações e opiniões nas épocas sucessivas. De modo que, se tão nobre se acreditou ser a invenção do navio, que transporta riquezas e artigos de um lugar a outro, e na participação de seus frutos associa entre si as regiões mais remotas, quanto mais haveria de se enaltecer as letras, que à maneira de naves cruzam os vastos mares do tempo, e fazem com que épocas tão distantes participem umas da sabedoria, das luzes e das invenções das outras? Mais ainda, vemos que alguns dos filósofos menos religiosos e mais imersos

Francis Bacon

nos sentidos, e que em geral negaram a imortalidade da alma, chegaram contudo a esta conclusão, que quaisquer movimentos que o espírito do homem pudesse realizar e executar sem os órgãos corporais, pensavam poder permanecer depois da morte; que são unicamente os do entendimento, não os do afeto: tão imortal e incorruptível lhes parecia o

319 conhecimento. Mas nós, que // por revelação divina sabemos que não só o entendimento, mas os afetos purificados, não só o espírito, mas o corpo modificado, devem ser elevados à imortalidade, desdenhamos esses rudimentos dos sentidos. Não obstante, há que se recordar a propósito deste último ponto, e em outros lugares se necessário, que na demonstração da dignidade do conhecimento ou saber separei desde o começo o testemunho divino do humano, e tal é o método que tenho seguido, tratando os dois separadamente.

7. Não pretendo, não obstante, e sei que seria impossível por mais alegações que apresentasse a meu favor, inverter o juízo do galo de Esopo, que preferiu o grão de cevada à pedra preciosa; ou de Midas, que chamado a escolher entre Apolo, presidente das musas, e Pã, deus dos rebanhos, escolheu a opulência; ou de Páris, que preferiu a beleza e o amor à sabedoria e ao poder; ou de Agripina, *occidat matrem, modo imperet* [que mate a sua mãe se com isso há de reinar],[125] que optou pelo império ainda que com a condição mais detestável; ou de Ulisses, *qui vetulam praetulit imortalitati* [que preferiu uma velha à imortalidade],[126] e que é figura daqueles que a qualquer excelência

---

125 Tácito, *Anais*, XIV, 9.

126 Cícero, *De oratore* [*Do orador*], I, XLIV, 196, a velha a que o autor se refere é Ítaca.

O progresso do conhecimento

antepõem o costume e o hábito, nem muitíssimos outros juízos populares semelhantes a estes. Pois estas coisas continuam como têm sido; mas também seguirá aquilo em que o saber tem se apoiado sempre, e que não falha: *Justificata est sapientia a filiis suis* [A sabedoria se justifica por seus filhos].[127]

---

127 Mateus 11,19.

*Livro segundo de Francis Bacon
sobre a proficiência e o progresso
do conhecimento divino e humano*

Ao Rei

321 // I. Poderia parecer mais apropriado embora amiúde aconteça de outro modo, excelente Rei, que aqueles que são frutíferos no engendrar, e em seus descendentes têm a previsão de sua imortalidade, são também os mais cuidadosos do bom estado dos tempos futuros, os quais sabem que hão de transmitir e confiar suas mais queridas promessas. A rainha Elizabeth foi transeunte no mundo, se se considera sua vida solteira, e uma benesse para seus tempos; mas a impressão de seu bom governo, unida à sua feliz memória, não carece de certo efeito que a sobrevive. Mas à Vossa Majestade, a quem Deus bendisse já com tanta régia prole, digna de suceder-vos e representar-vos para sempre, e cujo juvenil e fértil tálamo promete ainda muitas renovações semelhantes, cumpre e corresponde ser perito não só nas partes transitórias do bom governo, como também naquelas empresas que por sua natureza são permanentes e perpétuas. Entre as quais (se o afeto não me ofusca) não há nenhuma mais digna que o contínuo enriquecimento do mundo com conhecimentos retos e frutíferos: pois que razão há para que alguns poucos autores prestigiosos se elevem à maneira

101

de colunas de Hércules, para além das quais não se pode viajar e descobrir, quando em Vossa Majestade temos uma estrela tão luminosa e benigna // para guiar-nos e dar-nos fortuna? Voltando, pois, para onde nos detivemos, resta considerar de que índole são essas empresas que têm sido assumidas e executadas por reis e outros para o aumento e progresso do conhecimento, das quais me proponho falar ativamente, sem digressão nem amplificação.

2. Assentemos, pois, esta base, que a dificuldade de toda obra pode ser superada pela amplitude da recompensa, pela retidão da direção e pela conjunção dos esforços. A primeira multiplica o esforço, a segunda evita o erro e a terceira compensa a fraqueza humana. Mas o principal é a direção, pois *Claudus in via antevertit cursorem extra viam* [O coxo que vai pelo caminho adianta o corredor que vai por fora dele], e Salomão o formula de excelente maneira: *Se o ferro não está afiado, requer maior força; mas é a sabedoria o que prevalece;*[1] com o que quer dizer que a invenção ou escolha do meio é mais efetivo que qualquer reforço ou acumulação de esforços. Se digo isto é porque (sem menoscabo da nobre intenção de quantos têm servido ao estado do saber), observo, contudo, que suas obras e ações têm buscado mais a magnificência e a memória que o progresso e a proficiência, e têm tendido mais a incrementar a massa do saber na multidão dos doutos do que a retificar ou elevar as próprias ciências.

3. As obras ou ações de mérito concernentes ao saber se referem a três objetos: os lugares de erudição, os livros de erudição e as pessoas dos doutos. Pois assim como a água, seja

---

1 Eclesiastes 10,10.

O progresso do conhecimento

orvalho do céu ou fontes de mananciais da terra, se dispersa e perde no solo se não se a recolhe em algum receptáculo onde por união possa acomodar-se e manter-se, e com esse fim a indústria humana tem projetado e construído fontes, condutos, cisternas e tanques, que tem sido costume embelezar e adornar com realizações magníficas e majestosas, uma vez que são úteis e necessárias; do mesmo modo este excelente licor que é o conhecimento, seja que desça da divina inspiração ou brote do sentido humano, logo pereceria e se desvaneceria no esquecimento se não fosse conservado em livros, comunicações, lições e lugares destinados a essa finalidade, tais como universidades, colégios e escolas, onde se o recebe e se lhe dá guarida.

323   // 4. As obras relativas às sedes e lugares de erudição são quatro: instituições e edifícios, fundações com rendas, fundações com franquias e privilégios, disposições e ordenanças de governo; todas elas tendentes a obter o sossego e o recolhimento, e a ausência de cuidados e preocupações, em lugares que devem ser muito semelhantes aos que Virgílio prescreve para a vida das abelhas:

> *Principio sedes apibus statioque petenda,*
> *Quo neque sit ventis aditus* etc.
> [Primeiro para suas abelhas busca um lugar fixo,
> ao abrigo dos ventos].[2]

5. As obras tocantes aos livros são duas: em primeiro lugar, bibliotecas, que são como os santuários onde se conservam e

---

2 *Geórgicas*, IV, 8-9.

103

repousam todas as relíquias dos santos antigos, plenas de virtude verdadeira e sem engano nem impostura; em segundo lugar, as novas edições de autores, com impressões mais corretas, traduções mais fiéis, glosas mais proveitosas, anotações mais diligentes etc.

6. As obras concernentes às pessoas dos doutos (além de favorecê-los e apoiá-los em geral) são duas: a recompensa e designação de professores das ciências já existentes e formadas, e a recompensa e designação de autores e pesquisadores de todas as partes do saber insuficientemente trabalhadas e cultivadas.

7. Estas são, brevemente enumeradas, as obras e ações em que têm se destacado muitos grandes príncipes e outras figuras valorosas. Quanto à comemoração de alguns em particular, lembro o que disse Cícero ao dar as graças em geral: *Difficile non aliquem, ingratum quemquam praeterire* [Seria difícil não omitir algum, e omiti-lo seria ingratidão].[3] Melhor faremos, como dizem as Escrituras, em olhar a parte do caminho que ainda temos pela frente, do que voltar a vista ao que já foi percorrido.[4]

8. Em primeiro lugar, pois, direi que entre tantas grandes instituições de ensino como há na Europa, parece-me estranho que todas estejam dedicadas às profissões, e nenhuma tenha liberdade para tratar das artes e ciências em geral. Pois quem julga que o saber deve aplicar-se à ação, julga bem; mas neste caso se cai no erro descrito na antiga fábula,[5] em que as partes restantes do corpo supunham que o estômago estivesse

---

3 *Post reditum in Senatu* [*Após o retorno ao Senado*], XII, 30.
4 Filipenses 3,13.
5 Tito Lívio, *Ad urbe condita*, II, 32.

O progresso do conhecimento

324 ocioso porque não // desempenhava funções de movimento, como fazem os membros, nem de sensação, como faz a cabeça; e no entanto é o estômago que digere e distribui para todas as demais. Assim, se alguém pensa que a filosofia e o conhecimento do universal são estudos ociosos, é alguém que não tem em conta que todas as profissões se servem e suprem deles. E nisto me parece ver uma causa de peso que tem obstruído o progresso do conhecimento, porque estes conhecimentos fundamentais não têm sido estudados senão de passagem. Mas, se se quer que uma árvore dê mais frutos do que costuma dar, não é o que se faça aos ramos, mas o revolver a terra e pôr humo novo em redor das raízes o que resolverá. Nem há que se esquecer tampouco que essa dedicação das instituições e dotações ao saber professoral não só têm tido um aspecto e influência malignos sobre o crescimento das ciências, como ademais têm sido prejudicial para os Estados e governos. Pois daí procede que os príncipes encontrem escassez de homens capacitados para servi-los nos assuntos de Estado, porque não há nos colégios uma educação livre com a qual os que tiverem esta inclinação possam dedicar-se às histórias, às línguas modernas, aos livros de política e temas civis, e outras coisas semelhantes que lhes facultariam para o serviço do Estado.

9. E visto que os fundadores de colégios plantam e os fundadores de cursos de aulas regam, é conforme à ordem que falemos do defeito que há nas aulas públicas, a saber, a pequenez e ruindade do salário ou da recompensa que na maioria dos lugares lhes é atribuída, sejam aulas de arte ou de profissões. Pois para o progresso das ciências é necessário que os professores sejam escolhidos entre os homens mais capazes e eficientes, como corresponde a quem é encomendado não um

105

uso transitório delas, mas sua geração e propagação. Isto não será possível se sua condição e remuneração não são tais que possam persuadir o mais capacitado a dedicar todo seu esforço e permanecer toda sua vida nessa função e serviço; e, portanto, há de guardar proporção com a mediocridade ou competência de melhoria que cabe esperar de uma profissão ou da prática de uma profissão. De modo que, se se quer que as ciências floresçam, há que se observar a lei militar de Davi, que era *que os que permaneciam nos carros tivessem a mesma parte que os que entravam em combate*,[6] pois de outro modo os carros seriam

325 // mal atendidos. Assim, os professores das ciências são, efetivamente, os guardiães das reservas e provisões de ciência de que se servem os homens de ação e, por conseguinte, deveriam ter ganhos iguais a estes; do contrário, se os que são os pais na ciência são da classe mais fraca ou estão mal mantidos,

Et patrum invalidi referent jejunia nati
[Na débil progênie se refletirá o jejum de seus pais].[7]

10. Outro defeito noto, a propósito do qual seria preciso o auxílio de um desses alquimistas que instam aos homens a vender seus livros e fazer fornos; a deixar e repudiar Minerva e as musas como virgens estéreis, e a confiar em Vulcano. Mas é certo que para o estudo profundo, frutífero e operativo de muitas ciências, e em especial da filosofia natural e da medicina, os livros não são os únicos instrumentos; e nisto não tem faltado totalmente a providência humana, pois vemos que com

6 1Samuel 30,24.
7 Virgílio, *Geórgicas*, III, 118.

O progresso do conhecimento

os livros se têm utilizado esferas, globos, astrolábios, mapas etc., como aparatos necessários para a astronomia e a cosmografia; vemos também que alguns lugares destinados ao estudo da medicina têm anexado a comodidade de jardins com todo tipo de amostras, e dispõem também de cadáveres para as dissecações. Mas isto se faz com poucas coisas. Em geral, dificilmente se fará avanço importante no desvelamento da natureza se não se designam fundos para gastos de experimentação, quer se trate de experimentos de Vulcano ou de Dédalo, de forno ou de máquina, ou de qualquer outra espécie; portanto, assim como os secretários e espiões dos príncipes e Estados apresentam faturas pelos serviços de inteligência, do mesmo se deverá contar com que os espiões e informantes da natureza apresentem as suas, ou do contrário se estará mal informado.

11. E se Alexandre designou a Aristóteles tesouros tão liberais para pagar caçadores, caçadores de aves, pescadores etc., com o fim de compilar uma história na natureza,[8] muito mais o merecem os que trabalham nas artes da natureza.

12. Outro defeito que observo é uma negligência e descuido, nas // consultas dos reitores das universidades, e nas inspeções dos príncipes ou superiores, para tomar em consideração e examinar se as aulas, exercícios e outras coisas habitualmente associadas ao saber, iniciadas em tempos antigos e desde então mantidas, estão bem instituídas ou não, e sobre isso fundamentar uma emenda ou reforma daquilo que pareça inadequado. Pois uma das máximas mais sábias e principescas de Vossa Majestade é a de que *em todos os usos e precedentes se examinem*

---

8 Plínio, *História Natural*, VIII, 17.

os tempos em que se iniciaram; pois se se revelar que foram fracos ou igno-
rantes, isso menoscaba a autoridade do uso e o torna suspeito. Portanto,
sendo que quase todos os usos e as ordenanças das universidades procedem de épocas mais obscuras, tanto mais necessário
se faz reexaminá-los. Sobre isto assinalarei, para pôr algum
exemplo, um par de coisas das mais evidentes e sabidas. Uma
é um costume que, embora antigo e geral, me parece equivo-
cado: que consiste em que os estudantes das universidades
ascendem muito depressa e demasiado imaturos à lógica e à
retórica, artes mais próprias de graduados do que de crianças e
noviços. Pois, se se bem observa, são estas duas as mais graves
das ciências, sendo artes de artes, a primeira para julgamento,
a segunda para ornamento, e são as regras e direções sobre
como expor e dispor a matéria; e, por conseguinte, que mentes
vazias e jejunas de matéria, e que não recolheram o que Cícero
chama *silva* e *supellex*, conteúdo e variedade, comecem por estas
artes (como se fosse preciso aprender a pesar, medir ou pintar
o vento), não tem outro efeito que o de que a sabedoria que
encerram, que é grande e universal, caia quase em objeto de
desprezo, e degenere em sofística pueril e afetação ridícula. E,
além disso, sua aprendizagem inoportuna tem trazido como
consequência seu ensino superficial e sem proveito, como
corresponde à capacidade das crianças. Outra coisa é uma
falta que encontro nos exercícios empregados nas universidades, que divorciam demasiadamente invenção e memória:
pois seus discursos são, ou bem premeditados *in verbis concep-*
tis, onde não se deixa nada à invenção, ou bem *extemporâneos*,
onde se deixa pouco à memória; enquanto na vida e na ação
o que menos se usa é um ou outro, empregando-se, isto sim,
combinações de premeditação e invenção, notas e memória.

O progresso do conhecimento

De modo que neste caso o exercício não se ajusta à prática, nem a imagem à vida; e o que sempre é certo nos exercícios é compô-los tão próximos quanto possível da // prática real, pois de outro modo pervertem os movimentos e faculdades da mente, e não os preparam. A verdade do que dizemos se faz patente quando os estudiosos passam a praticar as profissões e outras atividades da vida civil: pois quando se lançam a isso logo descobrem essa carência eles mesmos, e antes os demais. Mas esta parte, tocante à emenda das disposições e ordenanças das universidades, a concluirei com esta cláusula da carta de César a Oppio e Balbo: *Hoc quemadmodum fieri possit, nonnula mihi in mentem veniunt, et multa reperiri possunt; de iis rebus rogo vos ut cogitationem suscipiatis* [Quanto a como se pode fazer isto, me ocorreram algumas ideias, e podem encontrar-se muitas mais. Rogo-vos que reflitam um pouco sobre o assunto].[9]

13. Outro defeito que observo toca a um nível um pouco mais alto que o anterior. Pois assim como o progresso do conhecimento depende em grande medida das ordenanças e regime das universidades dentro dos Estados e reinos, conheceria ainda maior avanço se houvesse mais inteligência mútua entre as universidades da Europa do que há agora. Vemos que há muitas ordens e fundações que, embora estejam divididas entre diversas soberanias e territórios, procuram manter entre si uma espécie de contrato, fraternidade e correspondência mútua, a ponto de ter Provinciais e Generais. E sem dúvida, assim como a natureza cria fraternidade nas famílias, e as artes mecânicas originam fraternidades nas comunidades, e o fato de serem ungidos por Deus instaura uma fraternidade

---

9 Cícero, *Ad Atticum*, IX, 7c.

entre os reis e bispos, do mesmo modo não pode deixar de haver uma fraternidade no saber e nas luzes, por relação com essa paternidade que se atribui a Deus, a quem se chama o Pai das iluminações ou luzes.

14. O último defeito que assinalarei é que não tem havido, ou tem havido muito raramente, designação pública de escritores ou pesquisadores referentes àquelas partes do conhecimento que podem parecer insuficientemente trabalhadas ou assumidas; o que induz à realização de uma observação ou exame de quais partes do saber têm sido cultivadas e quais outras omitidas, pois a presunção de riqueza é uma das causas da pobreza, e a grande quantidade de livros mais dá ideia de superfluidade que de carência; excesso este, porém, que não há de ser remediado deixando de fazer livros, mas sim fazendo mais // livros bons, que como a serpente de Moisés possam devorar as serpentes dos feiticeiros.[10]

15. A eliminação de todos os defeitos aqui enumerados, salvo o último, e também a parte ativa do último, que é a designação de escritores, são *opera basilica* [obras para um rei], a respeito das quais os esforços de um particular não podem ser senão como imagem posta numa encruzilhada, que poderá assinalar o caminho, mas não o percorrer. Mas da parte indutora do último, que é passar em revista o saber, pode ser iniciada com meios privados. Por isso procurarei em seguida dar uma visão geral e fiel do saber, examinando que partes deste continuam virgens e desatendidas, e não melhoradas e transformadas pela indústria humana, a fim de que esse esquema assim traçado e registrado sirva tanto para ministrar luz a toda

---

10 Êxodo 7,12. A serpente era de Aarão.

O progresso do conhecimento

designação pública como para estimular os esforços privados. A este respeito, não obstante, a intenção que agora me move é a de assinalar unicamente as omissões e deficiências, sem fazer refutação alguma dos erros ou tratamentos incompletos: pois uma coisa é declarar qual campo está sem cultivar, e outra corrigir o mau cultivo do cultivado.

Ao propor-me e empreender semelhante obra, não ignoro a magnitude do que pretendo e tento, nem sou insensível à minha própria fraqueza para sustentar meu propósito; mas tenho a esperança de que, sem meu amor extremado ao saber me levar demasiado longe, me seja concedida a atenuante do afeto, pois *não é dado ao homem amar e ser sábio*. Bem sei que não posso usar de outra liberdade de juízo que a que devo deixar aos outros, e de minha parte me será indiferente executar eu mesmo ou aceitar de outro esse dever de humanidade que é *nam qui erranti comiter monstrat viam* [colocar o errante no caminho certo][11] etc. Prevejo assim que, das coisas que aponte e registre como deficiências e omissões, muitos pensarão e objetarão que algumas estão já feitas e existem, que outras não passam de curiosidades e algo de pouca utilidade, e outras demasiado difíceis e quase impossíveis de abarcar e fazer. Sobre as duas primeiras objeções, remeto-me aos particulares. Quanto à última, tocante à impossibilidade, sustento que há que considerar possível aquilo que possa ser feito por alguém, mas não por qualquer um; e que // possa ser feito por muitos, embora não por um; e que possa ser feito no transcurso do tempo, embora não dentro do espaço da vida de um só; e que possa ser feito por designação pública, embora não por esforço

---

11 Ênio, citado por Cícero, *De officiis* [*Dos deveres*], I, 16.

privado. Contudo, se alguém tomar para si o dito de Salomão: *Dicit piger, leo est in via* [Diz o preguiçoso: há um leão no caminho],[12] antes que o dito de Virgílio: *Possunt quia posse videntur* [Podem porque creem poder],[13] ficarei satisfeito com que a meus trabalhos não se conceda maior estima que ao melhor tipo de desejos: pois assim como é mister certo conhecimento para fazer uma pergunta que não seja inadequada, do mesmo modo também se requer bom sentido para forjar um desejo que não seja absurdo.

I. 1. As partes do conhecimento humano fazem referência às três partes do entendimento humano, que é a sede do saber: a História à sua Memória, a Poesia à sua Imaginação e a Filosofia à sua Razão. O saber divino se distribui de igual modo, pois o espírito do homem é o mesmo, embora a revelação do oráculo e do sentido sejam diferentes; de modo que a teologia se compõe também de História da Igreja, Parábolas, que são a poesia divina, e Doutrina ou preceitos sagrados. Pois, no que diz respeito a essa parte que parece ser extra, que é a Profecia, não é outra coisa que história divina, que em relação à humana possui o privilégio de ser possível de narração não só depois dos fatos, como também antes deles.

2. A História é Natural, Civil, Eclesiástica e Literária; das quais as três primeiras eu as aceito como estão, mas a quarta me parece deficiente. Pois ninguém chamou a si a tarefa de descrever e apresentar o estado geral do saber ao longo das épocas, como fizeram muitos com as obras da natureza e do

---

12 Provérbios 26,13.
13 *Eneida*, V, 231.

O progresso do conhecimento

330 Estado civil e eclesiástico; sem o que // parece-me ser a história do mundo como a estátua de Polifemo com o olho arrancado, carente daquela parte que melhor revela o espírito e caráter do personagem. Não ignoro, contudo, que em diversas ciências particulares, como as dos jurisconsultos, matemáticos, retóricos, filósofos, há escritos alguns breves memoriais das escolas, autores e livros, como também há algumas relações improdutivas sobre a invenção de artes ou procedimentos. Mas uma história correta do saber, onde se contenham as antiguidades e origens dos conhecimentos, e suas seitas; suas invenções, suas tradições; suas diferentes administrações e seus cultivos; seus florescimentos, suas oposições, decadências, diminuições, esquecimentos, desaparições, com as causas e ocasiões destes, e todos os demais eventos relacionados com o saber, ao longo das idades do mundo, isso posso afirmar com certeza que não existe. A utilidade e finalidade dessa obra não se baseariam tanto, a meu entender, em satisfazer a curiosidade dos amantes do saber, quanto num propósito mais sério e grave, que dito em poucas palavras, seria tornar sábios os doutos no uso e administração do saber. Pois as obras de Santo Agostinho ou de Santo Ambrósio não tornam tão sábio um clérigo como a história eclesiástica bem lida e meditada, e o mesmo ocorre com o saber.

3. A História da Natureza é de três tipos: da natureza em seu curso normal, da natureza em seus erros ou variações e da natureza alterada ou trabalhada; isto é, história das Criaturas, história das Maravilhas e história das Artes. A primeira existe sem dúvida, e bem-feita; as duas últimas têm recebido um tratamento tão fraco e improdutivo que me inclino a considerá-las deficientes. Pois não encontro uma compilação suficiente

Francis Bacon

ou competente das obras da natureza que se separam e desviam do curso ordinário das gerações, produções e movimentos, quer se trate de singularidades locais ou regionais, ou de produtos estranhos do tempo e do acaso, ou de efeitos de propriedades até agora desconhecidas, ou de exceções a tipos gerais. É verdade que encontro numerosos livros de experimentos e segredos fabulosos, e frívolas imposturas para agradar e // chamar a atenção; mas uma coleção substanciosa e rigorosa dos Heteróclitos ou Irregularidades da natureza, bem examinada e descrita, isso não encontro, e menos ainda acompanhada de um devido repúdio das fábulas e erros populares; pois, tal como estão agora as coisas, se uma vez chegue a arraigar uma falsidade sobre as coisas naturais, entre o descuido do exame e a submissão à antiguidade, e o emprego da opinião em símiles e ornamentos retóricos, jamais se a descarta.

4. A utilidade de semelhante obra, honrada por um precedente em Aristóteles,[14] não estaria de modo algum em dar gosto ao apetite dos espíritos curiosos e fúteis, como fazem os atuais livros de maravilhas, mas sim por duas razões de grande peso: a primeira, a de corrigir a parcialidade dos axiomas e opiniões, que regularmente se fundamentam apenas em exemplos comuns e familiares; a segunda, porque partindo dos prodígios da natureza é como melhor se descobrem os prodígios da arte e se ascende a eles; pois é seguindo e, por assim dizer, acossando a Natureza em seus extravios, que depois se a pode reconduzir ao mesmo lugar. Tampouco sou da opinião de que desta História das Maravilhas se devam excluir as narrações

---

14 Trata-se do *De mirabilibus auscultationibus*, erroneamente atribuída a Aristóteles.

O progresso do conhecimento

supersticiosas de feitiços, bruxarias, sonhos, adivinhações e coisas semelhantes, onde haja segurança e demonstração clara dos fatos. Pois não é, contudo, conhecido em que casos e até que pontos os efeitos atribuídos à superstição participam de causas naturais; e, portanto, embora se deva condenar a prática de tais coisas, ainda assim de seu estudo e consideração pode--se obter luz, não só para discernir o que nelas pode haver de delituoso, mas também para melhor desvelar a natureza. Nem se deve ter escrúpulo em adiantar-se nestas coisas para a indagação da verdade, como Vossa Majestade tem demonstrado com seu próprio exemplo: pois com os dois claros olhos da religião e da filosofia natural, haveis dirigido olhares profundos e sábios a essas sombras, e ainda assim haveis acreditado possuir a natureza do sol, que atravessa poluições e ele mesmo permanece tão puro como antes. Mas vejo conveniência em que essas narrativas que contêm mistura de superstição sejam postas à parte, sem as juntar àquelas outras que sejam inteira e sinceramente naturais. No que diz respeito às narrativas **332** dos // prodígios e milagres das religiões, ou são falsas ou se trata de fatos não naturais, e, portanto, não são pertinentes à história da natureza.

5. Quanto à História da Natureza Trabalhada ou Mecânica, encontro algumas compilações de agricultura, bem como de artes manuais, mas geralmente com desprezo dos experimentos familiares e vulgares. Pois se considera uma espécie de desdouro do saber descer a pesquisar ou meditar sobre questões mecânicas, a não ser que estas se apresentem como coisas recônditas, raridades e sutilezas especiais. Esta arrogância desdenhosa e fútil é justamente ridicularizada por Platão, quando apresenta Hípias, um sofista fanfarrão, em disputa com

Sócrates, verdadeiro e sincero inquisidor da verdade; e tratando-se do tema da beleza, Sócrates, seguindo sua habitual peregrinação de induções, põe primeiro o exemplo de uma donzela formosa, depois o de um cavalo formoso e então o de um vaso formoso bem polido, diante do que Hípias se ofende e diz que, se não fosse descortesia, ele não queria disputar com alguém que recorresse a exemplos tão baixos e vis, ao que Sócrates responde: *Tens razão e te cai bem, sendo como és tão cuidadoso no vestir* etc., e prossegue em tom irônico.[15] Mas o certo é que não são os exemplos mais elevados os que proporcionam informação mais segura, segundo está muito bem expresso na tão conhecida história daquele filósofo que por andar com a vista voltada para as estrelas, caiu na água;[16] pois se tivesse olhado para baixo poderia ter visto as estrelas na água, mas olhando para cima não pôde ver a água nas estrelas. Assim acontece amiúde que as coisas modestas e pequenas levam a descobrir as grandes melhor que as grandes a descobrir as pequenas: por isso Aristóteles faz bem em assinalar que de onde melhor se vê a natureza de cada coisa é em suas porções menores, e por essa razão, quando quer investigar a natureza de uma comunidade, pesquisa primeiro dentro da família, e nas conjugações simples de marido e mulher, pai e filho, amo e criado, que há em qualquer casa,[17] assim também, a natureza desta grande cidade que é o mundo, e de seu funcionamento, há que se começar a buscá-la nas concordâncias modestas e porções pequenas. Vemos assim que esse segredo da natureza, em virtude do qual

---

15 *Hípias Maior*, 288 e 291.
16 Tales de Mileto, segundo Platão, em *Teeteto*, 174a.
17 Na *Política*, I.

O progresso do conhecimento

o ferro tocado com um ímã se volta para o Norte, foi descoberto em agulhas de ferro, não em barras.

6. Mas, se meu juízo tem algum peso, há de se admitir que o uso da História Mecânica é de todos o mais primário e fundamental para a filosofia natural: para uma filosofia natural, isto é, que não se dissipe em vapores de especulação sutil, sublime ou deleitável, // mas que seja operativa para o enriquecimento e benefício da vida humana; pois não só ministrará e sugerirá para o presente muitas práticas engenhosas em todas as indústrias, mediante a conexão e transferência das observações de uma arte à prática de outra, uma vez que as experiências de diversos mistérios sejam submetidas à consideração de uma mesma pessoa, mas que, além disso, dará uma iluminação mais verdadeira e real sobre as causas e axiomas que até agora se alcançou. Pois, do mesmo modo que não se chega a conhecer bem a disposição de um homem até que se o contraria, nem Proteu mudou de forma até que foi preso e amarrado,[18] assim tampouco podem as alterações e variações naturais manifestar-se tão plenamente na liberdade da natureza como nas provas e admoestações da arte.

II. 1. Quanto à História Civil, ela é de três tipos, que não seria impróprio comparar com os três tipos de pinturas ou imagens. Pois das pinturas e imagens vemos que umas estão inacabadas, outras estão completas e outras estão deterioradas. Também das histórias encontramos três tipos: Memoriais, Histórias Completas e Antiguidades; pois os Memoriais são história inacabada, ou os primeiros esboços toscos desta, e as

---

18 Virgílio, *Geórgicas*, IV, 387 ss.

Antiguidades são história deteriorada, ou alguns restos dela que por acaso se salvaram do naufrágio do tempo.

2. Os Memoriais, ou História Preparatória, são de dois tipos, dos quais um compreende o que poderíamos chamar Comentários, e o outro Registros. Os Comentários são anotações de sequências de eventos e ações nus, sem os motivos ou intenções, as decisões, os discursos, os pretextos, as ocasiões e demais acompanhantes da ação; pois tal é a verdadeira natureza do Comentário, embora César, com modéstia entremeada de grandeza, se agradou em dar esse nome à melhor história do mundo. Os Registros são compilações de atividades públicas, tais como decretos de conselho, procedimentos judiciais, declarações e cartas de Estado, discursos etc., sem continuidade ou contextura do fio da narrativa.

334 // 3. As Antiguidades ou Restos de História são, como dissemos, *tanquam tabula naufragii* [como os destroços de um naufrágio], quando alguma pessoa industriosa, com diligência e observação exata e escrupulosa, a partir dos monumentos, nomes, palavras, provérbios, tradições, anotações e documentos privados, fragmentos de história e outras coisas semelhantes, salva e resgata algo do dilúvio do tempo.

4. A estes tipos de histórias imperfeitas não atribuo deficiência alguma, pois são *tanquam imperfecte mista* [coisas de composição imperfeita], e, por conseguinte, qualquer deficiência que nelas se encontre não será senão própria de sua natureza. E quanto a essas corrupções e traças da história, que são os Epítomes, seu uso merece ser banido, conforme têm declarado todos os homens de bom juízo, como coisas que têm carcomido e corroído os corpos sãos de muitas histórias excelentes, e as têm reduzido a refugos vis e inaproveitáveis.

O progresso do conhecimento

5. A História que poderíamos chamar de História Justa e Perfeita é de três tipos, segundo o objeto que expõe ou se propõe apresentar. Ao primeiro chamamos Crônicas, ao segundo Vidas e ao terceiro Narrativas ou Relatos. Destes tipos de História, embora a primeira seja a mais completa e absoluta e a que goza de maior estima e celebridade, a segunda, contudo, é avantajada em proveito e utilidade, e a terceira em veracidade e fidelidade. Pois a História dos Tempos apresenta a magnitude das ações e as faces e comportamentos públicos das pessoas, e passa em silêncio sobre os passos e movimentos mais modestos dos homens e dos assuntos. Mas, sendo a maneira de obrar de Deus suspender os maiores pesos sobre os fios mais finos, *maxima e minimis suspendens*, ocorre que essas histórias retratam mais a pompa dos negócios que seus recursos interiores e verdadeiros. Mas as Vidas, por sua vez, se estão bem escritas, ao se proporem apresentar uma pessoa em que estão misturadas as ações maiores e menores, públicas e privadas, forçosamente hão de conter uma representação mais veraz, natural e animada. Do mesmo modo, forçoso é que as Narrativas e Relatos de ações, como a guerra do Peloponeso, a expedição de Ciro, // o Jovem, a conspiração de Catilina, sejam mais pura e exatamente verazes que as Histórias dos Tempos, porque nelas se podem escolher um tema que não ultrapasse as notícias e informação do autor, enquanto o que empreende a história de uma época, sobretudo se é pouco extensa, não poderá senão deparar com muitos vazios e falhas que será forçado a preencher com conjeturas e com o que dite seu engenho.

6. No que diz respeito à História dos Tempos (me refiro à história civil), a providência de Deus fez a distribuição: pois agradou a Deus ordenar e ilustrar dois Estados exemplares do

Francis Bacon

mundo quanto a armas, saber, virtude moral, política e leis, que são o Estado da Grécia e o Estado de Roma, cujas histórias, ocupando a parte média dos tempos, dividem o resto em antes delas, aquelas histórias que com um só nome poderíamos chamar Antiguidades do Mundo; e depois delas, histórias que poderíamos, deste modo, designar com o nome de História Moderna.

7. Passemos agora a falar das deficiências. Quanto às Antiguidades Pagãs do mundo, é vão declará-las deficientes. Deficientes elas são, sem dúvida, consistindo em sua maior parte de fábulas e fragmentos; mas essa é uma deficiência que não se pode remediar, porque a Antiguidade é como a fama, que *caput inter nubila condit*,[19] sua cabeça está oculta de nossa vista. No que diz respeito à História dos Estados Exemplares, ela existe bem-feita. Nem por isso deixo de desejar que houvesse uma só narrativa perfeita da história da Grécia de Teseu a Filopemen (em cuja época os assuntos da Grécia foram afogados e extintos pelos assuntos de Roma) e de Roma desde Rômulo até Justiniano, de quem legitimamente se pode dizer que foi *ultimus Romanorum*. Nessas sequências históricas, os textos de Tucídides e Xenofonte na primeira, e de Lívio, Salustio, César, Apiano, Tácito e Herodiano na segunda, haveriam de conservar-se íntegros sem abreviação alguma, sendo unicamente complementados e continuados. Mas esta é uma questão de liberalidade, mais para // recomendada que para exigida; e falamos agora de partes do saber complementares, não extraordinárias.

8. Mas no que diz respeito às Histórias Modernas, das quais há umas poucas de muito valor, mas a maioria não chega

---

19 Virgílio, *Eneida*, IV, 177.

O *progresso do conhecimento*

sequer à mediocridade, e deixando o cuidado das estrangeiras aos Estados estrangeiros, porque não quero ser *curiosus in aliena republica* [curioso em república alheia],[20] não posso deixar de assinalar a Vossa Majestade a indignidade da história da Inglaterra em suas principais mostras, e a parcialidade e distorção da Escócia no mais recente e copioso autor que tenho visto;[21] considerando que seria uma honra para Vossa Majestade e uma empresa muito memorável se esta ilha da Grã-Bretanha, do mesmo modo que agora está unida na monarquia para as idades vindouras, assim também o estivesse em uma só história para os tempos pretéritos, à maneira da história sagrada, que vai relatando juntas, como gêmeas, as histórias das Dez Tribos e das Duas Tribos. E, se pode parecer que a amplitude desta tarefa pudesse prejudicar a exatidão de sua execução, há na história da Inglaterra um período excelente de muito menor extensão no tempo que é o que vai desde a União das Rosas até a União dos Reinos;[22] porção de tempo em que, a meu entender, houve mais mudanças inusitadas que tenha conhecido uma monarquia hereditária nesse número de sucessões. Pois se inicia com a obtenção de uma coroa, pelas armas e pelo direito; uma entrada por batalha, um estabelecimento por matrimônio; e em consequência tempos correspondentes, como as águas depois de uma tempestade, cheias de movimento e dilatação, embora sem chegar ao extremo de um

---

20 Cícero, *De officiis*, I, 34.

21 Trata-se do humanista escocês George Buchanan (1506-1582) e sua *Rerum Scoticarum historia* [*Aspectos da história da Escócia*].

22 Da união das casas de Lancaster e York à união das monarquias da Escócia e Inglaterra, sob o próprio James I.

temporal, mas bem passados graças à prudência do piloto, que foi um dos reis mais capazes.[23] Vem depois o reinado de um rei cujas ações, mais bem ou mais mal ordenadas, estiveram muito ligadas aos assuntos da Europa, equilibrando-os e inclinando-os de diversas maneiras, e em cujo tempo começou também aquela grande alteração do Estado eclesiástico, ação que poucas vezes aparece em cena.[24] Então, o reinado de um menor;[25] então uma tentativa de usurpação,[26] embora tivesse ficado apenas em *febris ephemera*; então o reinado de uma rainha casada com um estrangeiro;[27] então // o de outra rainha que vivia só e em celibato, mas de governo tão viril, que teve maior efeito e influência sobre os Estados estrangeiros do que quanto de um modo ou de outro recebeu deles;[28] e agora, finalmente, este felicíssimo e gloriosíssimo evento em que esta ilha da Grã--Bretanha, separada de todo o mundo,[29] se uniu em si mesma; e que aquele oráculo de repouso que foi dado a Enéas, *antiquam exquirite matrem* [busque a mãe antiga][30] se veja executado e cumprido hoje nas nações da Inglaterra e Escócia, que agora aparecem reunidas sob o antigo nome materno de Bretanha, finalizando a toda instabilidade e peregrinação. De modo que, assim como acontece nos corpos pesados, que antes de

---

23 Henrique VII.

24 Henrique VIII.

25 Eduardo VI, que assumiu o trono aos nove anos de idade.

26 A tentativa do Duque de Northumberland de colocar no trono, sucedendo a Eduardo VI, a bisneta de Henrique VII.

27 Maria I Tudor, casada com Felipe II da Espanha.

28 Elizabeth I, que precedeu James I no trono da Inglaterra.

29 Virgílio, *Éclogas*, I, 66.

30 Virgílio, *Eneida*, III, 96.

O progresso do conhecimento

fixar-se e assentar-se experimentam certas trepidações e vacilações, assim parece que pela providência de Deus esta monarquia, antes de ficar assentada em Vossa Majestade e seus descendentes (nos quais espero que tenha ficado estabelecida para sempre), teve que sofrer essas mudanças e variações ao modo de prelúdio.

9. Quanto às Vidas, acho estranho que estes nossos tempos tenham em tão pouca estima suas virtudes, que já não seja frequente escrevê-las. Pois embora não haja muitos príncipes soberanos ou comandantes absolutos, e quase todos os Estados estejam convertidos em monarquias, nem por isso deixa de haver muitos personagens ilustres que merecem algo melhor que a notícia solta ou o elogio estéril. Pois aqui vem a propósito a invenção de um dos poetas recentes,[31] e enriquece bem a ficção antiga: pois imagina ele que na extremidade do fio ou da teia da vida de cada um havia uma pequena medalha contendo o nome da pessoa, e que o Tempo esperava junto às cisalhas, e assim que o fio era cortado, apanhava as medalhas e as levava ao rio Lete; e em torno da margem havia muitos pássaros voando para cima e para baixo, que colhiam as medalhas e as levavam em seus bicos, deixando-as então cair no rio; mas havia aí uns poucos cisnes que, se apanhavam um nome, o levavam a um templo onde era consagrado. E embora muitos homens, mais mortais por suas disposições que por seus corpos, estimem o desejo de renome e memória apenas como uma vaidade e futilidade,

---

31 Ariosto, *Orlando Furioso*, no final do canto XXXIV e começo do XXXV.

Francis Bacon

Animi nil magnae laudis egentes
[Almas que não necessitam grandes louvores];[32]

338 opinião que brota // dessa raiz de que *non prius laudes contempsi-mus, quam laudanda facere desivimus* [não desprezamos o louvor a não ser quando deixamos de fazer coisas louváveis];[33] embora isso não altere o juízo de Salomão, *Memoria justi cum laudibus, at impiorum nomen putrescet* [A memória do justo é bendita, mas o nome dos ímpios apodrece]:[34] a primeira floresce, o segundo se consome em esquecimento imediato, ou se torna mau odor. E por isso, nessa fórmula ou adição, que faz um bom tempo que é bem recebida e empregada, *felicis memoriae piae memoriae, bonae memoriae* [de feliz, de pia, de boa memória], reconhece-mos aquilo que disse Cícero, tomando-o de Demóstenes, que *bona fama propria possessio defunctorum* [o bom nome é só o que possuem os defuntos]:[35] posse da qual não posso deixar de assinalar que em nossos tempos está muito descuidada, no que há uma deficiência.

10. Quanto às Narrativas e Relatos de fatos particulares, também seria de desejar que fossem feitas com maior diligên-cia, pois não há grande ação que não tenha alguma boa pena que a acompanhe. E embora escrever uma boa história seja algo que requer talento pouco comum, como bem se vê pelo escas-so número delas que existem, contudo se as particularidades das ações memoráveis fossem toleravelmente anotadas em seu momento, com maior razão caberia esperar a compilação

---

32 Virgílio, *Eneida*, V. 751.
33 Plínio, o Jovem, *Epístolas*, III, 91.
34 Provérbios 10, 7.
35 Filípicos, IX, V, 10.

O progresso do conhecimento

de uma história das épocas completa, quando surgisse um autor capaz de fazê-la: pois a compilação de tais relatos seria como uma sementeira, na qual se poderia plantar um jardim formoso e magnífico quando disso houvesse ocasião.

11. Ainda há outra modalidade de história que Cornélio Tácito fez, e que não deve ser esquecida, especialmente se é acompanhada dessa aplicação que ele lhe dedicou, que são os Anais e Diários: sendo apropriados aos primeiros os assuntos de Estado, e aos segundos as ações e eventos de menor importância. Pois, não aludindo ele senão de passagem a certos edifícios magníficos, acrescenta: *Cum ex dignitate populi Romani repertum sit, res ilustres annalibus, talia diurnis urbis actis mandare* [Sempre se pensou que fosse o mais conforme com a dignidade do povo romano consignar nos anais apenas os acontecimentos importantes, deixando este tipo de coisa para as gazetas da cidade].[36]

339 Não apenas, pois, // no civil, como no contemplativo, há uma espécie de ordem de precedência. E assim como nada menoscaba mais a dignidade de um Estado que a confusão de graus, assim também a mistura de notícias de triunfos, cerimônias ou novidades com os assuntos de Estado rebaixa não pouco a autoridade de uma história. Mas o uso de um Diário não tem ocorrido apenas na história de épocas, mas também na de pessoas, e de modo principal na de ações; pois os príncipes dos tempos antigos mandavam, como questão a um tempo de honra e de política, que se mantivessem diários do que acontecia no dia a dia. Assim, vemos que a crônica que foi lida diante de Asuero,[37] quando não podia descansar, continha, com

---

36 *Anais*, XIII, 31.
37 Ester 6,1-2.

Francis Bacon

efeito, notícias de eventos, mas que haviam tido lugar em seu próprio tempo, e muito pouco antes; e que no diário da casa de Alexandre era registrado até o menor detalhe, também no referente à sua pessoa e corte;[38] e também nas empresas memoráveis, tais como expedições de guerra, navegações e outras semelhantes, segue estabelecido o costume de levar diários do que sucede a cada momento.

12. Tampouco posso ignorar uma forma de escrito que têm feito alguns homens graves e sábios, a qual contém uma história solta daquelas ações que lhes pareceram dignas de lembrança, com comentários políticos e observações sobre elas, não incorporados à história, mas postos em separado, e como a coisa principal de sua intenção.[39] Essa história meditada me parece mais própria de ser colocada entre os livros de política, dos quais falaremos adiante, do que entre os de história: pois a verdadeira tarefa da história é apresentar os próprios acontecimentos com as deliberações, e deixar as observações e conclusões à liberdade e faculdade de julgamento de cada um. Mas as misturas são coisas irregulares, que não é possível sujeitar à definição.

13. Do mesmo modo, há outro tipo de história muito misturada, // que é a História da Cosmografia, pois se compõe de história natural no tocante às próprias regiões; de história civil, no tocante às habitações, aos regimentos e aos costumes da população; e de matemática, no tocante aos climas e às configurações celestes, parte esta do saber que é a que nos últimos tempos mais tem progredido. Pois pode-se afirmar legitimamente, para honra destes tempos, e em virtuosa emulação

---

38 Plutarco, *Quaestionum convivalium* [*Simpósios*], I, 6.
39 Os *Discorsi* de Maquiavel, por exemplo.

O progresso do conhecimento

da Antiguidade, que neste grande edifício que é o mundo não se haviam aberto janelas até nossa época e de nossos pais, embora se tivesse conhecimento dos antípodas,

> *Nosque ubi primus equis oriens afflavit anhelis,*
> *Illic sera rubens accendit lumina Vesper*
> [E quando sobre nós o sol nascente envia
> seu primeiro alento,
> Para o oeste o rubro Vésper estende
> suas luzes crepusculares],[40]

podia ser por demonstração, e não de fato; e se por viagem, é algo que exige apenas uma travessia da metade do globo. Mas dar a volta em torno da Terra, como fazem os corpos celestes, não se fez nem se tentou até estes últimos tempos, e por isso estes podem com justiça pôr em sua divisa não apenas *plus ultra*, mais além, melhor que o antigo *non ultra*, não mais além, e *imitabile fulmen*, inimitável raio, melhor que o antigo *non imitabile fulmen*,

> *Demens qui nimbus et non imitabile fulmen* etc.
> [Louco que (pretende imitar) a tormenta
> e o raio inimitável],[41]

mas também *imitabile coelum*, imitável céu, tendo conta das muitas viagens memoráveis que, à maneira do céu, já foram feitas ao redor do globo terrestre.

---

40 Virgílio, *Geórgicas*, I, 250-251.
41 Virgílio, *Eneida*, VI, 590.

Francis Bacon

14. E este progresso da navegação e dos descobrimentos pode instaurar também uma esperança do maior progresso e aumento de todas as ciências, porque parece como se Deus tivesse ordenado que fossem coevos, isto é, coincidentes numa mesma época. Pois assim o profeta Daniel, falando dos últimos tempos, anuncia: *Plurimi pertransibunt, et multiplex erit scientia* [Muitos viajarão, e se multiplicará a ciência];[42] como se estivesse disposto que a abertura e o caráter transitável do mundo e o incremento do conhecimento acontecessem nas mesmas épocas, segundo vemos que já se verificou em grande parte, não sendo muito inferior o saber destes últimos tempos ao dos períodos ou das revoluções anteriores a ele, um o dos gregos e outro o dos romanos.

III. 1. A História Eclesiástica tem as mesmas divisões que // a Civil, mas, além disso, no que lhe é próprio, pode se dividir em História da Igreja, com esse nome genérico, História das Profecias e História da Providência. A primeira descreve as vicissitudes da Igreja militante, ora esteja em flutuação, como a arca de Noé, ou em movimento, como a arca no deserto, ou em repouso, como a arca no templo; isto é, o estado da Igreja em perseguição, em caminho e em paz. Esta parte, de modo algum devo qualificar de deficiente, mas gostaria que sua qualidade e fidelidade correspondessem a seu volume e sua quantidade. Mas não me competem agora as censuras, mas sim as omissões.

2. A segunda, que é a História das Profecias, se compõe de duas coisas relacionadas entre si, as profecias e seu cumprimento; assim, pois, a natureza de semelhante obra deveria ser

---

42 Daniel 12,4.

O progresso do conhecimento

tal que cada profecia da Escritura se apresentasse acompanhada do evento que a cumpriu, ao longo das idades do mundo, e isso tanto para melhor confirmar a fé como para iluminar melhor a Igreja no tocante àquelas partes das profecias que ainda não se cumpriram. Não obstante, seria preciso respeitar essa latitude que é própria e usual nas profecias divinas, que participam da natureza de seu autor, para o qual mil anos são como um dia,[43] e que por conseguinte não se cumprem pontualmente e de uma vez, tendo antes um cumprimento progressivo e germinante ao longo de muitas épocas, por mais que seu ápice ou plenitude possa localizar-se numa só época determinada. Este é um trabalho que falta, mas que deve ser feito com prudência, sobriedade e reverência, ou renunciar a fazê-lo.

3. A terceira, que é a História da Providência, contém essa excelente correspondência que há entre a vontade revelada de Deus e sua vontade secreta; a qual, embora seja tão obscura que em sua maior parte não seja legível para o homem natural, nem muitas vezes para os que a contemplam a partir do tabernáculo; contudo às vezes agrada a Deus, para melhor fortalecer-nos e refutar aos que vivem no mundo como sem Deus, escrevê-la num texto tal com letras maiúsculas que, como diz o profeta, *o que passa correndo a possa ler:*[44] que as pessoas meramente sensuais que apressadas passam ao largo junto aos juízos de Deus e nunca desviam ou fixam seu // pensamento neles, ainda assim se vejam obrigadas em seu trânsito e correria a discerni-los. Deste tipo são os eventos e exemplos notáveis dos juízos divinos, seus castigos, salvações e bênçãos. E esta é

---

43 Salmos 90,4.
44 Habacuc 2,2.

uma tarefa a que muitos têm aplicado seus esforços, e que, portanto, não pode ser apresentada como deficiente.

4. Há também outras partes do conhecimento que são apêndices da história. Pois toda a atividade exterior do homem consiste em palavras e atos, e destes a história com propriedade acolhe e retém na memória os fatos, e as palavras como induções e passos condizentes com eles, de modo que há outros livros e escritos que são apropriados para a custódia e recepção das palavras apenas, e estas são por sua vez de três tipos: Orações, Cartas e Discursos Breves ou Sentenças. As Orações são alegações, discursos de conselho, laudatórias, invectivas, apologias, repreensões, orações de protocolo ou cerimônia etc. De Cartas há tanta variedade como ocasiões: anúncios, conselhos, instruções, proposições, petições, recomendações, reprovações, explicativas, de cumprimento, de prazer, de trato, e de todas as demais situações. E as escritas por homens sensatos são, a meu juízo, o melhor de todas as declarações do homem, pois são mais naturais que as orações e discursos públicos, e mais ponderadas que a conversação ou a fala direta. Do mesmo modo, as cartas de negócios de Estado escritas por quem os dirige ou detém os segredos deles são de todas as melhores informações para a história, e para um leitor diligente as melhores histórias em si. Quanto aos Apotegmas, é uma grande perda a daquele livro de César, pois assim como sua história e as poucas cartas que dele temos e cujos apotegmas que eram de sua lavra superam em excelência aos de todos os demais, assim suponho que haveria de ser no caso de sua compilação de apotegmas; pois no que diz respeito às compilações que outros fizeram, ou não tenho gosto para tais questões ou sua seleção não foi acertada. Mas sobre estes três

O progresso do conhecimento

tipos de escritos não vou insistir, pois não tenho deficiências para assinalar a respeito.

5. Até aqui, pois, no que diz respeito à História, que é aquela **343** parte do // saber que corresponde a uma das celas, domicílios ou ofícios da mente humana, isto é, à memória.

VI. 1. A Poesia é uma parte do saber quase sempre restringida quanto à medida das palavras, mas em todos os demais aspectos sumamente livre e, na verdade, é algo próprio da Imaginação; a qual, não estando presa às leis da matéria, pode unir a seu prazer o que a natureza separou, e separar o que a natureza uniu, e desse modo fazer matrimônios ilegais e divórcios das coisas: *Pictoribus atque poetis* etc. [Os pintores e os poetas sempre tiveram permissão para tomar as liberdades que quisessem].[45] Ela é tomada em dois sentidos, conforme diz respeito às palavras ou ao conteúdo. No primeiro sentido, não é senão uma característica do estilo, e se inclui dentro das artes retóricas, e não nos interessa no momento. No segundo, constitui, como dissemos, uma das partes principais do saber, e não é outra coisa que história simulada, que pode ser composta tanto em prosa como em verso.

2. A utilidade dessa história simulada tem consistido em dar alguma sombra de satisfação à mente humana naqueles aspectos em que a natureza das coisas se nega a fazê-lo; porque sendo o mundo em proporção inferior à alma, é agradável ao espírito do homem uma grandeza mais ampla, uma bondade mais perfeita e uma variedade mais completa do que cabe encontrar na natureza das coisas. Por isso, porque os feitos ou

---

45 Horácio, *Ars Poetica* [*Arte Poética*], 9.

Francis Bacon

eventos da história verdadeira não têm essa magnitude que satisfaz a mente do homem, a poesia simula fatos e eventos maiores e mais heroicos; porque a história verdadeira apresenta desenlaces e consequências das ações não demasiado conformes ao que merecem a virtude e o vício, a poesia os simula mais justos quanto à retribuição, e mais de acordo com a providência revelada; porque a história verdadeira apresenta ações e eventos mais comuns e menos permutáveis, a poesia lhes dota de maior raridade e variações mais inesperadas e alternantes. De modo que a poesia serve e contribui à grandeza de ânimo, à moralidade e ao deleite. E por isso sempre se pensou que tivesse em si algo de divina, porque eleva e exalta o espírito, ao submeter as aparências das coisas aos seus desejos // enquanto a razão o conforma e o dobra à natureza das coisas. E vemos também que por essas insinuações e congruências com a natureza e o gosto do homem, unidas à concordância e ao consórcio que tem com a música, a poesia tem gozado de aceitação e estima em tempos rudes e regiões bárbaras, onde outros saberes ficavam excluídos.

3. A divisão da poesia mais conforme com seu caráter próprio (além das que lhe são comuns com a história, como crônicas simuladas, vidas simuladas, e com os apêndices da história, como epístolas simuladas, orações simuladas, e o demais) é a que a distingue em Poesia Narrativa, Representativa[46] e Alusiva. A Narrativa é uma mera imitação da história, com as licenças que já lembramos antes, e comumente escolhendo como temas as guerras e os amores, raramente os assuntos de Estado, e ocasionalmente o prazeroso e o cômico. A Represen-

---

46 Ou dramática.

O progresso do conhecimento

tativa é como uma história visível, e é uma imagem das ações como se estas estivessem presentes, do mesmo modo que a história o é das ações como são na realidade, isto é, passadas. A Alusiva ou Parabólica é uma narrativa aplicada somente a expressar algum propósito ou ideia particular. Este último tipo de sabedoria parabólica foi muito mais usado nos tempos antigos, como testemunham as fábulas de Esopo, as breves sentenças dos Sete e o uso de hieróglifos. E a causa disso foi que então era forçoso que todo raciocínio que fosse mais agudo ou sutil que o vulgar se expressasse dessa maneira, porque os homens daqueles tempos queriam ao mesmo tempo variedade de exemplos e sutileza de ideias; e assim como os hieróglifos foram anteriores às letras, do mesmo modo as parábolas o foram às argumentações; o que não impede que atualmente, e em todas as épocas, conservem muita vida e vigor, porque a razão não pode ser tão perspicaz, nem os exemplos tão aptos.

4. Resta, porém, outra aplicação da poesia parabólica, contrária à que acabamos de mencionar: pois aquela tende a mostrar e ilustrar o que se ensina e comunica, e esta a ocultá-lo e obscurecê-lo; é quando se envolvem em fábulas ou parábolas os segredos e mistérios da religião, da política ou da filosofia. Vemos este uso autorizado na poesia divina. Na poesia pagã vemos que a exposição em fábulas resulta às vezes muito acertada; como naquela // que diz que, ao serem derrotados os gigantes contra os deuses, a Terra, sua mãe, para vingar-se, deu à luz a Fama:

Illam Terra parens, ira irritata deorum,
Extreman, ut perhibent, Coeo Enceladoque sororem
Progenuit

Francis Bacon

[Segundo afirmam, a mãe Terra, enfurecida contra os deuses, a engendrou, a última irmã de Ceo e Encelado];[47]

que, explicada, quer dizer que quando os príncipes e monarcas submeteram os rebeldes reais e declarados, então a malignidade do povo (que é a mãe da rebelião) traz à luz libelos, calúnias e acusações contra o Estado, que é o mesmo que a rebelião, mas mais feminino. Assim, na fábula segundo a qual, havendo conspirado os demais deuses para atar Júpiter, Palas chamou em ajuda dele Briareu com suas cem mãos:[48] que, explicada, significa que as monarquias não devem temer freio algum de sua autoridade absoluta por obra de súditos poderosos, sempre que por sua prudência conservem o afeto do povo, que seguramente se porá a seu lado. Do mesmo modo, na fábula em que Aquiles foi criado pelo centauro Quironte, que era parte homem, parte animal: explicada engenhosa, mas corruptamente, por Maquiavel, no sentido de que na educação e disciplina dos príncipes é tão importante que aprendam a desempenhar o papel do leão, no tocante à violência, quanto o da raposa, no tocante à astúcia, quanto o do homem, no tocante à virtude e justiça.[49] Não obstante, em muitos de tais casos, prefiro crer que o primeiro foi a fábula, e depois se inventou a explicação, e não que antes veio a moral e sobre ela se construiu a fábula. Pois me parece que foi necessidade antiga a de Crisipo, que com grande esforço se dedicou a confirmar as afirmações dos estoicos

---

47 Virgílio, *Eneida*, IV, 178-180. Ceo e Encelado eram dois dos gigantes rebeldes.
48 *Ilíada*, I, 401 ss. Na verdade foi Tétis e não Palas.
49 *O Príncipe*, XVIII.

O *progresso do conhecimento*

com as ficções dos poetas antigos.[50] Quanto a todas as fábulas e ficções dos poetas não terem sido senão capricho e não figura, sobre isso não opino. Sem dúvida, dos poetas que foram conservados, inclusive do próprio Homero (deixando de lado que as escolas tardias dos gregos fizeram dele uma espécie de Escritura), eu afirmaria sem reparo que suas fábulas não tinham esse sentido interior na mente do autor; mas o que pode haver nelas procedente de uma tradição mais primitiva, isso não é fácil de determinar; pois não foi Homero o inventor de muitas delas.

346 // 5. Nesta terceira parte do saber que é a poesia, não posso assinalar deficiência alguma. Pois sendo como a planta que nasce do vigor da terra, sem semente formal, brotou e se estendeu mais que nenhuma outra. Se quisermos ser justos com ela, teremos de dizer que, para a expressão dos afetos, paixões, corrupções e costumes, devemos mais aos poetas do que às obras dos filósofos; e, quanto ao engenho e à eloquência, não muito menos do que às arengas dos oradores. Mas não é bom permanecer tempo demais no teatro. Passemos agora à sede ou palácio judicial da mente, da qual devemos nos aproximar e contemplar com maior relevância e atenção.

V. 1. O conhecimento humano é como as águas, as quais umas descem do alto e outras brotam de baixo; de um lado está informado pela luz da natureza, de outro inspirado pela revelação divina. A luz da natureza consiste nas ideias da mente e nas notícias dos sentidos; porque o conhecimento que o homem recebe do ensino é cumulativo e não original, como a

---

50 Diógenes Laércio, *Crisipo*, VII, 180.

135

Francis Bacon

água, que além de sua própria fonte se nutre de outros mananciais e correntezas. Assim, pois, em conformidade com estas duas iluminações ou origens, o conhecimento se divide primeiro em Teologia e Filosofia.

2. Em Filosofia, pode ocorrer que a contemplação do homem esteja dirigida a Deus, ou se estenda sobre a Natureza, ou se reflita e se volte sobre o próprio Homem. A partir de diversas indagações, emergem três conhecimentos: filosofia Divina, filosofia Natural e filosofia Humana ou Humanidade. Pois todas as coisas estão marcadas e estampadas com este caráter tríplice: o poder de Deus, a diferença da natureza e a utilidade do homem. Mas, dado que as distribuições e divisões do conhecimento não são como as várias linhas que se tocam em ângulo, e assim se reúnem num ponto, mas sim como os ramos de uma árvore, que antes de separar-se e diferenciar-se, confluem num tronco que em sua dimensão e quantidade é inteiro e contínuo, é, assim, conveniente, antes de passar à distribuição citada, estabelecer e constituir uma ciência universal, que, com o nome de *Philosophia Prima*, filosofia primitiva ou suprema, seja como a via principal ou comum que há antes que os caminhos se dividam e separem. // Quanto a se sobre esta ciência devo declarar omitida ou não, estou em dúvida. Pois encontro certa expressão exaltada de Teologia Natural e de diversas partes da Lógica, e daquela parte da Filosofia Natural que se refere aos Princípios, e daquela outra que se refere à Alma ou ao Espírito; tudo isso estranhamente misturado e confundido, mas que, uma vez examinado, mais me parece depredação de outras ciências, elevadas e exaltadas com nomes sublimes, que algo sólido e substancioso em si. Não obstante, não posso ignorar a distinção que é corrente,

O progresso do conhecimento

no sentido de que as mesmas coisas não são senão tratadas em diversos aspectos: por exemplo, que a lógica estuda muitas coisas tal como são em ideia, e esta filosofia tal como são na realidade: a primeira em aparência, a segunda em existência. Mas esta diferença me parece mais dita que mantida. Pois se os que assim dizem tivessem considerado a Quantidade, a Similitude, a Diversidade, e os demais Caracteres Externos das coisas, como filósofos e em sua natureza, suas indagações forçosamente teriam que ser muito diferentes do que são. Pois, ao tratar da Quantidade, fala algum deles da força da união, como e em que medida multiplica a virtude? Dá algum deles a razão de que algumas coisas na natureza sejam tão comuns e existam em tão grande massa, e outras tão raras e em tão pequena quantidade? Ao tratar da Similitude e da Diversidade, sugere algum deles a causa de que o ferro não se mova para o ferro, mais semelhante, mas para o ímã, que o é menos? Por que em todas as variedades de coisas tem que haver certas partículas na natureza, que quase são ambíguas quanto a que tipo se devem atribuir? Mas não há senão um profundo silêncio no tocante à natureza e operação destes Elementos Comuns das coisas, como são na realidade; e apenas uma insistência e reiteração da força e uso delas no discurso ou na argumentação. Por isso, e porque num discurso desta natureza quero evitar toda obscuridade, o que pretendo dizer sobre esta filosofia original ou universal é isto, descrito plana e grosseiramente em forma negativa: *que seja um receptáculo para quantas observações e axiomas proveitosos caiam fora do âmbito das partes especiais da filosofia ou ciências, por serem mais comuns e de um estágio superior.*

3. Pois bem, é indubitável que há muitas observações deste tipo. // Por exemplo, a regra *Si inaequalibus aequalia addas, omnia*

erunt inaequalia [Se a coisas desiguais se acrescentam coisas iguais, as somas serão desiguais] não é um axioma tanto da justiça quanto da matemática? E por acaso não há uma verdadeira correspondência entre a justiça comutativa e distributiva, e a proporção aritmética e geométrica? Esta outra regra, *Quae in eoden tertio conveniunt, et inter se conveniunt* [Duas coisas iguais a uma terceira são iguais entre si], não é uma norma tomada da matemática, mas tão poderosa na lógica que todos os silogismos estão construídos sobre ela? A observação *Omnia mutantur, nil interit* [Nada perece, tudo se transforma][51] não é a ideia filosófica de que o *quantum* da natureza é eterno? E na teologia natural, a de que se requer a mesma onipotência para de algo fazer nada, que se requereu no princípio para de nada fazer algo, ou, segundo a Escritura: *Didici quod omnia opera quae fecit Deus perseverent in perpetuum; non possumus eis quicquam addere nec auferre* [Sei que tudo o que Deus fez durará para sempre; nada pode ser posto, nada pode ser tirado].[52] Essa base sobre a qual fala Maquiavel sábia e extensamente referindo-se aos governos, de que a maneira de dar-lhes estabilidade e duração é reduzi-los *ad principia*, não é norma tão válida na religião e na natureza como na administração civil? Não foi a magia persa uma redução e correspondência dos princípios e arquitetura da natureza às regras e política dos governos? Essa norma do músico, de passar de uma dissonância ou acorde áspero a uma assonância ou acorde doce, não vale igualmente para os afetos? Esse tropo da música que consiste em evitar ou resvalar o término ou cadência, não é igual // ao tropo da retórica de enganar

---

51 Ovídio, *Metamorfoses*, XV, 165.
52 Eclesiastes 3,14.

O progresso do conhecimento

a expectativa? O deleite que proporciona na música a colcheia sobre um registro não é idêntico ao jogo da luz sobre a água?

Spendet tremulo sub lumine pontus
[Brilha o mar sob a trêmula luz].[53]

Os órgãos dos sentidos não são afins aos órgãos de reflexo, o olho ao cristal, o ouvido a uma caverna ou estreito delimitado e fechado? Nem são essas coisas unicamente similitudes, como poderiam pensar os homens de observação estreita, mas as mesmas marcas da natureza, registradas ou impressas sobre assuntos ou matérias diversas. Esta ciência, pois (tal como a entendo), me é lícito qualificá-la de omitida: porque às vezes vejo os engenhos mais profundos, tratando algum argumento em particular, tirarem de vez em quando um balde d'água deste poço para seu uso do momento; mas seu manancial primeiro não me parece que tenha sido visitado, apesar de sua excelente utilidade no sentido tanto do desvelamento da natureza como da abreviação da arte.

VI. 1. Colocada esta ciência, pois, em primeiro lugar, à maneira de mãe comum, como Berecíntia, que teve tão abundante prole celestial,

Omnes coelicolas, omnes supera alta tenentes
[Todos cidadãos do céu, todos habitantes das alturas],[54]

podemos agora voltar à citada distribuição das três filosofias: Divina, Natural e Humana. E no que se refere à Filosofia

---

53 Virgílio, *Eneida*, VII, 9.
54 Virgílio, *Eneida*, VI, 787. Berecíntia era outro nome da deusa Cibele.

Divina ou Teologia Natural, diremos que é esse conhecimento ou rudimento de conhecimento acerca de Deus que se pode obter da contemplação de suas criaturas, conhecimento que, em verdade, se pode chamar divino em relação ao objeto e natural em relação à luz. Os limites deste conhecimento são suficientes para refutar o ateísmo, mas não para informar a religião. Assim, Deus jamais fez um milagre para converter um ateu, porque a luz da natureza teria bastado para fazê-lo confessar a existência de um Deus; mas foram feitos milagres para converter os idólatras e supersticiosos, porque nenhuma luz natural chega a manifestar a vontade e o culto verdadeiro de Deus. Pois, assim como toda obra reflete o poder e a habilidade do trabalhador, e não sua imagem, o mesmo ocorre nas obras de Deus // que mostram a onipotência e a sabedoria do Fazedor, mas não sua imagem. E daí que nisso difira a opinião pagã da verdade sagrada, pois os pagãos acreditavam que o mundo fosse imagem de Deus, e o homem, um compêndio ou imagem condensada do mundo; mas as Escrituras nunca atribuem ao mundo essa honra de ser imagem de Deus, mas sim apenas *obra de suas mãos;*[55] nem falam tampouco de nenhuma outra imagem de Deus, afora o homem. Por conseguinte, inferir da contemplação da natureza e confirmar a existência de Deus, e demonstrar seu poder, providência e bondade, é excelente argumentação, e tem sido excelentemente desenvolvida por várias pessoas. Mas, por outro lado, inferir da contemplação da natureza, ou sobre a base dos conhecimentos humanos, qualquer certeza ou convicção relativa às questões de fé não é, a meu juízo, seguro: *Da fidei quae fidei sunt* [Dá à fé o que é da fé].

---

55 Salmos 8,4.

O progresso do conhecimento

Pois os próprios pagãos chegam a essa conclusão nessa excelente e divina fábula da corrente de ouro, segundo a qual os homens e os deuses não puderam fazer descer Júpiter à terra, mas, ao contrário, Júpiter pode fazê-los subir ao céu.[56] Assim, não devemos tentar baixar ou submeter os mistérios de Deus à nossa razão, mas pelo contrário, elevar e adiantar nossa razão até a verdade divina. De modo que, nesta parte do conhecimento referente à filosofia divina, estou tão longe de observar deficiência, que, antes pelo contrário, observo excesso sobre o qual me permiti uma digressão, pelo extremo preconceito que tanto a religião como a filosofia receberam e podem receber por misturar-se, de onde forçosamente há de sair uma religião herética e uma filosofia imaginária e fabulosa.

2. Não é o que ocorre com a natureza dos anjos e espíritos, que é um apêndice de ambas as teologias, a divina e a natural, e não é nem inescrutável nem proibida; pois embora a Escritura diga que *ninguém os engane com sublime discurso sobre a adoração dos anjos, apontando para o que não conhece*[57] etc., ainda assim se se examina bem esse preceito se pode entender que há somente duas coisas proibidas, a adoração deles e a opinião fantástica acerca deles: exaltá-los mais do que é próprio do grau de criatura, ou exaltar o conhecimento que deles tem o homem mais do que é justo. Mas a indagação sóbria e bem fundada que possa derivar-se das passagens das Sagradas Escrituras, ou das gradações da natureza, não tem posto limites. Assim, quanto aos espíritos degenerados e rebeldes, // ter trato com eles ou servir-se deles está proibido, e ainda mais mostrar-lhes veneração. Mas a

---

56 *Ilíada*, VIII, 19-22.
57 Colossenses 2,18.

contemplação ou ciência de sua natureza, seu poder, seus enganos, seja pela Escritura ou pela razão, isso faz parte da sabedoria espiritual. Pois assim disse o apóstolo: *Não ignoramos seus estratagemas;*[58] e não é menos lícito indagar a natureza dos maus espíritos que indagar a força dos venenos na natureza, ou a natureza do pecado e do vício na moral. Esta parte tocante aos anjos e espíritos não a posso qualificar de deficiente, porque muitos têm se ocupado dela; melhor posso denunciá-la, em muitos de seus autores, como fabulosa e fantástica.

VII. I. Deixando, pois, a Filosofia Divina ou Teologia Natural (não a Teologia Inspirada, que reservamos para o fim, como porto e descanso de todas as contemplações humanas), passamos agora à Filosofia Natural. Se é certo, pois, que Demócrito disse *que a verdade da natureza jaz oculta em certas minas e cavernas profundas,*[59] e se é certo também que aquilo em que os alquimistas tanto insistem, que Vulcano é uma segunda natureza,[60] que destra e compendiosamente imita o que a natureza obra de maneira indireta e no decorrer de longo tempo, seria conveniente dividir a filosofia natural entre a mina e o forno, e entre os filósofos naturais fazer duas profissões ou ocupações, de modo que uns fossem cavadores e outros ferreiros: que uns escavassem e outros refinassem e martelassem. Eu sem dúvida aprovo uma divisão desse tipo, se bem que em termos mais comuns e escolásticos, a saber, que sejam estas as duas partes da filosofia natural: a Inquisição de Causas e a Produção de Efeitos; o Especulativo e o Operativo; a Ciência Natural e a

---

58 2Coríntios 2,11.

59 Diógenes Laércio, *Pirro*, IX, 72.

60 Vulcano representa aqui o fogo do alquimista.

O progresso do conhecimento

Prudência Natural. Pois, assim como nas coisas civis há uma sabedoria do discurso e uma sabedoria da direção, o mesmo ocorre nas naturais. E aqui farei uma petição, para que nesta última (ou ao menos para uma parte dela) se me permita ressuscitar e repor o nome mal aplicado e vilipendiado de Magia Natural, que, em seu sentido verdadeiro, não é outra coisa que Sabedoria Natural ou Prudência Natural, entendida segundo a acepção antiga e purgada de futilidade e superstição. Pois bem, embora seja certo, e eu bem o sei, que há uma inter-relação entre Causas e Efeitos, de modo que estes dois conhecimentos, o Especulativo e o Operativo, mantêm um forte vínculo entre si, contudo, posto que toda Filosofia Natural verdadeira e frutífera tem uma escala ou escada dupla, ascendente e // descendente, ascendendo dos experimentos à invenção das causas, e descendendo das causas à invenção de novos experimentos, me parece muito necessário que estas duas partes sejam consideradas e desenvolvidas em separado.

2. A Ciência ou Teoria Natural se divide em Física e Metafísica; no que desejo que se entenda que emprego a palavra Metafísica num sentido diferente do usual; e do mesmo modo, não duvido que os homens de juízo facilmente perceberão que neste e noutros casos, por mais que minha concepção e ideia possam diferir das antigas, procuro, contudo, conservar os termos antigos. Pois, com a esperança de evitar ser mal entendido pela ordem e expressão clara daquilo que exponho, pelo demais tenho intenção e empenho de não me separar mais da Antiguidade, seja em termos ou em opiniões, do que for preciso para a verdade e o progresso do conhecimento. E nisto não é pouco o que me maravilha o filósofo Aristóteles, que procedeu com tal espírito de diferença e contradição com

respeito à toda Antiguidade, empenhando-se não só em cunhar a seu prazer novas palavras científicas, como em demolir e extinguir toda a sabedoria antiga, a ponto de nunca nomear nem mencionar um autor ou uma opinião antiga se não é para refutá-los e condená-los, no que seguiu o caminho idôneo para granjear glória e atrair seguidores e discípulos. Pois certamente ocorre e se cumpre na verdade humana aquilo que se assinalou e declarou a respeito da verdade mais alta: *Veni in nomine Patris, nec recipitis me; si quis venerit in nomine suo, eum recipietis* [Vim em nome de meu Pai e não me recebestes; se alguém vem em seu próprio nome, a esse o receberão].[61] Mas neste aforismo divino (considerando a quem foi aplicado, a saber, ao Anticristo, o sumo enganador) vemos claramente que aquele que vem em seu próprio nome, sem vistas à antiguidade ou paternidade, não é bom sinal de verdade embora se acompanhe da fortuna e êxito de um *eum recipietis*. No que diz respeito ao eminente Aristóteles, tenho para mim que deve ter aprendido essa atitude de seu discípulo,[62] com quem parece ter querido rivalizar, conquistando um todas as opiniões como o outro conquistou todas as nações. No que, não obstante, pode ocorrer que das mãos de alguns de gênio áspero receba um título semelhante ao que foi dado a seu discípulo:

// *Felix terrarum praedo, non utile mundo*
Editus exemplum[63] etc.
[Afortunado ladrão de terras,
nascido para mal exemplo do mundo]

---

61 João 5,43.
62 Alexandre, o Grande.
63 Lucano, *Farsália*, X, 20 e 26-27.

O progresso do conhecimento

assim,

Felix doctrinae praedo [Afortunado ladrão de doutrinas].

Para mim, por outro lado, que desejo, na medida em que isso esteja ao alcance de minha pena, assentar um intercurso sociável entre a Antiguidade e o progresso, me parece melhor acompanhar aquela *usque ad aras* [até os altares, isto é, até onde seja possível sem faltar a obrigações superiores], e conservar, portanto, os termos antigos, embora às vezes altere seus usos e definições, em conformidade com o poder moderado do governo civil, onde, embora haja alguma alteração, se cumpre isso que sabiamente assinala Tácito: *Eadem magistratuum vocabula* [Os nomes das magistraturas eram os mesmos].[64]

3. Voltando, pois, ao uso e à acepção do termo Metafísica, tal como agora entendo esta palavra, do que foi dito se desprende que pretendo que *Philosophia Prima* ou Filosofia Suprema e Metafísica, que até agora vêm sendo confundidas como uma coisa só, são duas coisas distintas. Pois aquela foi posta como progenitor ou antepassado comum de todo conhecimento, e esta a introduzi agora como um ramo ou descendente da Ciência Natural. Se desprende deste modo que atribuí à Filosofia Suprema os princípios e axiomas comuns que são gerais e indiferentes para as diversas ciências. Também lhe atribui a indagação *tocante à operação dos caracteres relativos e adventícios das essências, tais como Quantidade, Similitude, Diversidade, Possibilidade* e demais, com esta reserva e precaução, que sejam tratados segundo têm efeito na natureza, não segundo a lógica.

---

64 *Anais*, I, 3.

Francis Bacon

Igualmente se desprende que a Teologia Natural, que até agora vinha sendo tratada como Metafísica, eu a encerrei e pus limites próprios. Coloca-se agora a questão do que resta para a Metafísica, sobre a qual posso sem reparo conservar a ideia da Antiguidade até este ponto, que a Física deve estudar aquilo que está inserido na matéria e portanto é transitório, e a Metafísica, // aquilo que é abstrato e fixo. E também que a Física deve tratar do que só supõe na natureza uma existência e um movimento, e a Metafísica deve tratar do que supõe além disso na natureza uma razão, um entendimento e um plano. Pois bem, a diferença, claramente expressa, é muito conhecida e fácil de entender. Pois assim como a Filosofia Natural em geral a dividíamos em Inquisição de Causas e Produção de Efeitos, assim essa parte que se refere à Inquisição das Causas a subdividimos de acordo com a divisão estabelecida e correta das causas: uma das partes, que é a Física, estuda e se ocupa das Causas Material e Eficiente, e a outra, que é a Metafísica, se ocupa das Causas Formal e Final.

4. A Física (entendida esta palavra segundo sua etimologia e não como nome que damos à Medicina) se situa num termo ou distância média entre História Natural e Metafísica. Pois a História Natural descreve *a variedade das coisas*, a Física, *as causas fixas e constantes.*

> *Limus ut his durescit, et haec ut cera liquescit,*
> *Uno eodemque igni*
> [Como esta argila se endurece e esta cera se funde
> ambas em um mesmo fogo].[65]

---

65 Virgílio, *Éclogas*, VII, 80-81.

O progresso do conhecimento

O fogo é causa de endurecimento em relação à argila: causa de liquefação no caso da cera; mas não é causa constante de endurecimento nem de liquefação. De modo que as causas físicas não são senão a eficiente e a material. A Física tem três partes, das quais duas se referem à natureza *unida* ou *recolhida* e a terceira estuda a natureza *difusa* ou *distribuída*. A natureza pode estar recolhida, ou bem em uma só *totalidade*, ou bem em *princípios ou sementes*. De modo que a primeira doutrina é a relativa à Contextura ou Configuração das coisas: *de mundo, de universitate rerum* [sobre o mundo, sobre a totalidade das coisas]. A segunda é a doutrina referente aos Princípios ou Origens das coisas. A terceira é a doutrina referente a toda Variedade e Particularidade das coisas, quer se trate de suas diferentes substâncias, ou de suas diferentes qualidades e naturezas; do que não é preciso fazer enumeração, por não ser esta parte senão uma como glosa ou paráfrase acompanhante do texto da História Natural. Destas três partes não posso assinalar nenhuma como deficiente. Com quanta veracidade ou perfeição são tratadas, não entro agora a julgá-lo; mas são partes do conhecimento que o trabalho humano não tem desatendido.

355   // 5. Quanto à Metafísica, lhe atribuímos a indagação das Causas Formal e Final, atribuição que, no que diz respeito à primeira, pode parecer fútil e vazia, conforme essa opinião estabelecida e inveterada que sustenta a incompetência da investigação humana para descobrir as *formas essenciais* ou *diferenças verdadeiras*: opinião a qual respondemos que a invenção das Formas é de todas as partes do conhecimento a mais merecedora de ser buscada, se fosse possível encontrá-la. Quanto à possibilidade, maus descobridores são os que creem que não há terra onde não se vê outra coisa que mar. É manifesto que

147

Platão, homem dotado de elevado engenho, como situado sobre um penhasco, proclamou em sua teoria das ideias *que as formas constituíam o verdadeiro objeto do conhecimento*; mas perdeu o fruto genuíno de sua teoria ao considerá-las algo totalmente abstraído da matéria, não algo confinado e determinado por ela, e orientando, portanto, sua visão para a Teologia, da qual está contaminada toda sua filosofia natural. Mas se se mantém uma vigilância contínua e um olhar severo sobre a ação, operação e emprego do conhecimento, será possível perceber e certificar-se do que são as Formas, cuja averiguação é proveitosa e importante para a condição humana. Pois, no que diz respeito às Formas de substâncias – excetuando apenas o homem, de quem se disse *Formavit hominem de limo terrae, et spiravit in faciem ejus spiraculum vitae* [Formou o homem com barro do solo e insuflou em suas narinas aleento de vida],[66] e não como de todas as demais criaturas, *Producant aquae, producat terra* [Produzam as águas, produza a terra][67] – as Formas de Substâncias, digo, tal como agora aparecem multiplicadas por combinação e transplante, são tão complicadas que não é possível indagar nelas, do mesmo modo que não seria nem possível nem útil buscar em geral as *formas dos sons ou vozes que compõem as palavras*, que por composição e transposição de letras são infinitos. Mas por outro lado, se pode facilmente inquirir *as formas daqueles sons ou vozes que fazem as letras simples*, que, uma vez sabidas, manifestam e conduzem às formas de todas as palavras, as quais consistem e se compõem delas. Da mesma maneira, inquirir a Forma de um leão, de um carvalho, do ouro,

---

66 Gênesis 2,7.
67 Gênesis 1,20-24.

O progresso do conhecimento

do ar, seria empenho vão; mas inquirir as Formas do sentido, do movimento voluntário, da vegetação, das cores, da gravidade e da ligeireza, da densidade da tenuidade, do calor, do frio, e de todas as restantes // naturezas e qualidades, que como as partes de um alfabeto não são muitas, e das quais estão compostas as essências (sustentadas pela matéria) de todas as criaturas; inquirir, digo, *as formas verdadeiras* de todas essas coisas, constitui essa parte da Metafísica que estamos definindo agora. Não é que a Física não investigue e leve em consideração essas naturezas; mas de que modo? Apenas quanto às suas Causas Materiais e Eficientes, e não quanto às Formas. Por exemplo, se se inquere a causa da brancura na neve ou na espuma, e se expressa assim, *que a causa é a mistura sutil de ar e água*, estará bem expresso; não obstante, é essa a Forma da Brancura? Não, mas é a Causa Eficiente, que nunca é outra coisa que *vehiculum formae* [o veículo da Forma]. Esta parte da Metafísica não a encontro trabalhada e feita, o que não me surpreende, porque não creio possível chegar a ela mediante o processo de investigação que se vem utilizando, porquanto que (e esta é a raiz de todo erro) temos abandonado muito prematuramente e nos afastado excessivamente dos particulares.

6. A utilidade desta parte da Metafísica que assinalo como omitida é de todas a maior sob dois aspectos: primeiro, porque é dever e virtude de todo conhecimento condensar a infinidade de experiências individuais até onde o permita a ideia da verdade, e sanar a queixa de *Vita brevis, ars longa* [A vida é curta, a arte é longa],[68] o que se consegue unindo as ideias e concepções das ciências. Pois os conhecimentos são como

---

68 Hipócrates, *Aforismos*, I, 1.

pirâmides, que têm por base a história; assim, da Filosofia Natural a base é a História Natural, no andar seguinte a base é a Física, e no andar contíguo o ápice é a Metafísica. Quanto ao ápice, *Opus quod operatur Deus a principio usque ad finem* [A obra que Deus fez desde o princípio até o fim],[69] a Lei Suprema da Natureza, não sabemos se a indagação humana pode chegar até ele. Mas estes três são os verdadeiros estágios do conhecimento, que para os corruptos não são melhores que os montes dos gigantes [Pélio, Osa e Olimpo, empilhados um sobre o outro],

Ter sunt conati imponere Pelio Ossam,
Scilicet atque Ossae frondosum involvere Olympium
[Por três vezes tentaram colocar o Osa sobre o Pélio,
E sobre o Osa fazer rodar o frondoso Olimpo];[70]

357 // mas para os que tudo põem a serviço da glória de Deus são como as três aclamações, *Sancte, sancte, sancte*: santo na descrição ou exposição de suas obras, santo na conexão ou concatenação delas e santo na união delas sob uma lei perpétua e uniforme. Por isso foi excelente a especulação de Parmênides e Platão, embora neles apenas especulação, de que todas as coisas ascendiam por uma escala até a unidade. Assim, pois, sempre é mais apreciável aquele conhecimento que está carregado de menos multiplicidade, o qual parece ser Metafísica, como aquele que considera as Formas Simples ou Diferenças das coisas, que são poucas em número, e de cujas graduações e

---

69 Eclesiastes 3,11.
70 Virgílio, *Geórgicas*, I, 281-282.

O progresso do conhecimento

coordenações nasce toda a variedade que vemos. O segundo aspecto que valoriza e recomenda esta parte da Metafísica é o que concede ao poder do homem a máxima liberdade e possibilidade de obras e efeitos. Pois a Física leva os homens por caminhos estreitos e restritos, sujeitos a muitos acidentes obstruidores, à maneira dos cursos sinuosos comuns da natureza; mas *Latae undique sunt sapientibus viae* [Amplos são por todas as partes os caminhos da sabedoria]: para a sapiência (que antigamente foi definida como *Rerum divinarum et humanarum scientia* [Ciência das coisas divinas e humanas],[71] sempre há escolha de meios. Pois as causas físicas dão à luz novos descobrimentos *in simili materia* [em matéria semelhante], mas o que conhece alguma *forma*, conhece a máxima possibilidade de *impor essa natureza a qualquer tipo de matéria*, e, portanto, está menos limitado em sua operação, tanto no que diz respeito à base Material como à condição do Eficiente; tipo este de conhecimento que também descreve elegantemente Salomão, embora num sentido mais divino: *Non arctabuntur gressus tui, et currens non habebis offendiculum* [Teus passos não se verão entorpecidos; se corres não tropeçarás].[72] Os caminhos da sapiência não estão muito sujeitos nem à particularidade nem ao acaso.

7. A segunda parte da Metafísica é a inquisição das causas *finais*, que me vejo obrigado a qualificar não de omitida, mas de deslocada. Não obstante, se fosse apenas um defeito de ordem, não falaria dele, porque a ordem afeta a exposição, mas não a substância das ciências; mas esta má colocação ocasionou uma deficiência, ou pelo menos um grande estancamento

---

71 Cícero, *De officiis*, I, 43.
72 Provérbios 4,12.

nas próprias ciências. Pois o tratamento das causas finais misturadas com as demais // nas investigações físicas entorpeceu a indagação severa e diligente de todas as causas reais e físicas, e deu ocasião aos homens de deterem-se nestas causas meramente agradáveis e especiosas, com grande freio e prejuízo de outros descobrimentos. Isto encontro feito não só por Platão, que sempre lança a âncora nesta margem, mas por Aristóteles, Galeno e outros, que também caem usualmente sobre estes baixios das causas discursivas.[73] Pois dizer que *as pestanas são para formar uma sebe viva ou cerca em torno dos olhos, ou que a firmeza das peles e couro das criaturas vivas é para defendê-las do calor ou do frio extremo, ou que os ossos são para subministrar as colunas ou vigas sobre as quais se erguem as estruturas dos corpos das criaturas vivas, ou que as folhas das árvores são para proteger o fruto, ou que as nuvens são para regar a terra, ou que a solidez da terra é para dar sustentação e morada às criaturas vivas* etc., todas essas coisas estão bem observadas e recolhidas na Metafísica, mas na Física são improcedentes. Pior ainda, não são senão rêmoras e obstáculos que detêm a nave e a impedem de continuar sua travessia, e por sua causa a busca das Causas Físicas tem sido negligenciada e passada por alto. Por isso a filosofia natural de Demócrito e de alguns outros, que não supunham uma mente ou razão na constituição das coisas, mas que atribuíam *a forma permanente destas a infinitos ensaios ou provas da natureza*,[74] que eles chamavam *fortuna*, me parece ser (na medida em que posso julgar a partir das relações e fragmentos que conservamos) mais real e mais bem observada, quanto

---

73 Galeno, *De uso partium* [Do uso das partes]; Aristóteles, *Física*, II, VIII; Platão, *Timeu*, III, 70 ss.

74 Cf. Lucrécio, *De rerum natura*, V, 837 ss.

O progresso do conhecimento

às particularidades das causas físicas, que as de Aristóteles e Platão, as quais entremisturavam ambas as causas finais, uma com a teologia e a outra com a lógica, que foram respectivamente[75] os estudos favoritos de cada um deles. Não porque essas causas finais não sejam verdadeiras e dignas de ser estudadas, se se as mantém dentro da esfera que lhes corresponde, mas porque suas excursões até os confins das causas físicas geraram um deserto e um ermo nessa trilha. Pois se, pelo contrário, se mantém seus precintos e fronteiras, se enganaria muito aquele que pensasse que há entre elas inimizade ou repugnância. Pois a causa expressa, dizendo que *as pestanas são para salvaguarda da vista*, não impugna a causa expressa dizendo que *a pilosidade é incidente aos orifícios de humidade: Muscosi fontes* [Musgosas fontes] etc. Nem a causa expressa dizendo que *a firmeza dos pêlos é para proteger o corpo diante do calor ou // frio extremos*, impugna a causa expressa dizendo que *a contração dos poros é incidente às partes mais exteriores, em vista de sua adjacência aos corpos estranhos ou dissímiles* e assim por diante, sendo as duas causas verdadeiras e compatíveis, e declarando uma a intenção, e a outra uma consequência apenas. Nem tampouco põe isto em questão nem menoscaba a providência divina, antes bem marcadamente a confirma e exalta. Pois, assim como nas ações civis é melhor e mais profundo político o homem capaz de fazer de outros instrumentos de sua vontade e fins, e não obstante, não lhes informar nunca de seu propósito, de modo que o façam e não saibam o que fazem, que aquele outro que revela sua intenção a quem emprega, do mesmo modo é a sabedoria de Deus mais admirável, quando a natureza pretendia uma

---

75 Mas em ordem inversa, teologia para Platão e lógica para Aristóteles.

Francis Bacon

coisa e a providência tira dela outra, que se tivesse comunicado às criaturas e movimentos particulares os caracteres e impressões de sua providência. E até aqui no que diz respeito à Metafísica, cuja última parte dou por existente, mas queria ver confinada ao lugar que lhe corresponde.

VIII. I. Resta ainda, não obstante, outra parte da Filosofia Natural, da qual se faz comumente a parte principal, outorgando-lhe o mesmo grau que à Física especial e à Metafísica, que é a Matemática; mas me parece mais de acordo com a natureza das coisas e com a ordem devida colocá-la como ramo da Metafísica. Pois, sendo seu objeto a Quantidade, não a Quantidade indefinida, que não é senão algo relativo e corresponde à *philosophia prima* (como já se disse), mas a Quantidade determinada ou comensurada, parece ser uma das Formas Essenciais das coisas, como aquilo que na natureza é causador de numerosos efeitos. A prova disso é que tanto na escola de Demócrito como na de Pitágoras, vemos que a primeira *atribuiu figura às primeiras sementes das coisas*, e a segunda *supôs que os números fossem os princípios e origens das coisas*; e também é certo que de todas as formas (tal como nós as entendemos) é a mais abstrata e separável da matéria, e, portanto, a mais própria à Metafísica; o que é também a causa de ter sido mais bem trabalhada e estudada que todas as demais formas, que estão mais imersas na matéria. Pois sendo da natureza da mente do homem (para extremo prejuízo do conhecimento) deleitar-se na espaçosa liberdade das generalidades, como num campo aberto, e não nos cercados da particularidade, a // Matemática terminou sendo, de todo o conhecimento, o melhor campo para satisfazer esse apetite. Quanto à colocação desta ciência, não é

O progresso do conhecimento

coisa muito importante; mas nós, com estas divisões, temos pretendido manter uma espécie de perspectiva, de modo que uma parte lance luz sobre outra.

2. A Matemática pode ser Pura ou Mista. À Matemática Pura pertencem aquelas ciências que lidam com a Quantidade Determinada, separada de todo axioma da filosofia natural; e estas ciências são duas, Geometria e Aritmética, a primeira ocupando-se da Quantidade contínua, e a segunda da Quantidade dividida. A Mista tem por objeto certos axiomas ou partes da filosofia natural, e considera a Quantidade determinada auxiliar e incidente a eles. Pois muitas partes da natureza não podem ser desveladas com sutileza suficiente, nem expostas com clareza suficiente, nem acomodadas ao uso com facilidade suficiente, se não for com o auxílio e intervenção da Matemática; deste tipo são a Perspectiva, a Música, a Astronomia, a Cosmografia, a Arquitetura, a Engenharia e diversas outras. Na Matemática não pude assinalar deficiência, exceto que não se compreende suficientemente a grande utilidade da Matemática Pura para remediar e curar muitos defeitos do engenho e das faculdades intelectuais. Pois se o engenho é demasiado obtuso, ela o aguça; se demasiado errante, ela o fixa; se demasiado imerso no sensorial, ela o abstrai. De modo que, assim como o tênis é um jogo sem utilidade em si, mas muito útil quanto a formar uma vista rápida e um corpo disposto a colocar-se em todas as posturas, o mesmo se dá com a Matemática, cuja utilidade colateral e acidental não é menos valiosa que a principal e pretendida. // E quanto à Matemática Mista, só posso fazer esta previsão, que forçosamente existirão mais tipos dela à medida que a natureza for sendo mais desvelada. Até aqui sobre a Ciência Natural, ou a parte Especulativa da natureza.

155

Francis Bacon

3. No que diz respeito à Prudência Natural, ou a parte Operativa da Filosofia Natural, nós a dividiremos em três partes: Experimental, Filosófica e Mágica; três partes ativas que têm correspondência e analogia com as três partes Especulativas: História Natural, Física e Metafísica. Mas muitas são as operações que se tem descoberto, às vezes por um incidente e ocorrência casual, às vezes por um experimento premeditado, e das quais foram descobertas mediante um experimento intencionado, algumas o foram variando ou ampliando o mesmo experimento, outras transferindo ou combinando entre si vários experimentos, sendo esta um tipo de invenção que está ao alcance do empírico. Por outro lado, do conhecimento das causas físicas, forçosamente há que se seguir muitas indicações e designações de novos particulares, se na especulação se atende à aplicação ou prática. Mas estas coisas são como navegação de cabotagem, *premendo littus iniquum* [sem se afastar da perigosa margem]:[76] pois parece-me que dificilmente se descobrirão alterações e inovações radicais ou fundamentais na natureza mediante a fortuna e ensaios dos experimentos, ou mediante a luz e direção das causas físicas. Se, portanto, qualificamos de deficiente a Metafísica, há de seguir-se que façamos o mesmo com a Magia Natural que agora se menciona nos livros, composta de ideias e observações crédulas e supersticiosas de Simpatias e Antipatias e propriedades ocultas, e alguns experimentos frívolos, mais estranhos por seu disfarce do que em si mesmos, tudo isso difere tanto, quanto à verdade da natureza, do conhecimento que buscamos, como a história do rei Artur da Bretanha, ou de Hugo // de Bordeaux,

---

76 Horácio, *Odes*, II, X, 3-4.

O progresso do conhecimento

difere dos comentários de César quanto à verdade da história. Pois é manifesto que César fez maiores coisas *de vero* que as que se supõe que tenham feito esses heróis imaginários. Mas ele não as fez dessa maneira fabulosa. Este tipo de saber está figurado na fábula de Íxion, que pretendeu se aproveitar de Juno, a deusa do poder; e em vez de copular com ela, copulou com uma nuvem, de cuja mistura foram engendrados centauros e quimeras.[77] Assim o que alimenta altas e vaporosas imaginações, no lugar de uma laboriosa e sóbria indagação da verdade, engendrará esperanças e crenças de formas estranhas e impossíveis. E por isso cabe assinalar a propósito destas ciências que tanto têm de imaginação e crença, como esta Magia Natural degenerada, a Alquimia, a Astrologia etc., que em suas teorias a descrição dos meios é sempre mais monstruosa que a pretensão ou o fim. Pois é mais provável que aquele que conhece bem as naturezas do Peso, da Cor, do Flexível e do Frágil com respeito ao martelo, do Volátil e Fixo, com respeito ao fogo etc., possa impor a algum metal a natureza e forma do ouro pelo procedimento que corresponda à produção das naturezas mencionadas, que alguns grãos do composto projetado possam em poucos momentos converter um mar de mercúrio ou outro material em ouro. Igualmente é mais provável que aquele que conheça a natureza da artefacção, a natureza da assimilação do alimento ao alimentado, a maneira de acréscimo e eliminação dos espíritos,[78] a maneira das depredações que os espíritos fazem sobre os humores e as partes sólidas, possa indiretamente, com dietas, banhos, unções, medicamentos,

---

77 Píndaro, *Pítias*, II, 21-48.
78 Fluidos vitais.

exercícios etc., prolongar a vida ou devolver certo grau de juventude ou vivacidade, que isso se possa fazer mediante o emprego de umas quantas gotas ou pequenas quantidades de um licor ou receita. Para concluir, pois, a verdadeira Magia Natural, que é essa grande liberdade e latitude de operação que depende do conhecimento das Formas, posso qualificá-la de deficiente, do mesmo modo que sua correlativa. A esta parte, se formos sérios e não nos inclinarmos a coisas vãs e verbalismos, concernem, além do derivar e deduzir as operações mesmas da Metafísica, duas questões de muita utilidade: uma por via de preparação, a outra por via de precaução. A primeira é que se faça uma *lista semelhante a um inventário* dos // haveres do homem, que contenha todas as invenções (obras ou frutos da natureza ou da arte) que existem agora e dos quais o homem já está de posse; do que naturalmente se desprende a nota de que coisas se consideram, ainda, impossíveis, ou não estão inventadas. Essa lista será tanto mais perfeita e útil se a cada suposta impossibilidade se agrega aquilo já existente que mais se lhe aproxime em grau, a fim de que, mediante essas opções e potencialidades, a investigação humana esteja tanto mais alerta a deduzir a direção de obras da especulação sobre causas. E, em segundo lugar, que não apenas sejam avaliados os experimentos que tenham uma utilidade imediata e presente, mas principalmente os que encerrem consequências mais amplas para a invenção de outros experimentos, e os que lancem mais luz para o descobrimento de causas; pois a invenção da agulha de navegação, que fornece a direção, não foi menos benéfica para a navegação que o descobrimento das velas, que fornecem o movimento.

4. Desse modo passei em revista a Filosofia Natural e suas deficiências; no que me afastei das doutrinas antigas e

O progresso do conhecimento

atualmente estabelecidas, e por isso suscitarei contraditores; de minha parte, assim como não tenho preferência por dissentir, me proponho portanto a não litigar. Se é verdade que,

Non canimus surdis, respondent omnia sylvae
[Não cantamos para surdos; os bosques respondem a cada nota],[79]

a voz da natureza assentirá, assinta ou não a voz do homem. E, como Alexandre Bórgia tinha o costume de dizer a propósito da expedição dos franceses a Nápoles, que eles vinham com giz em suas mãos para marcar seus alojamentos, e não com armas para lutar, do mesmo modo a mim me agrada mais essa entrada da verdade que vem pacificamente com giz para marcar aquelas mentes que são capazes de lhe dar alojamento e acolhida, que a que vem com pugnacidade e contenda.

5. Resta, no entanto, uma divisão da Filosofia Natural segundo a *comunicação da indagação*, sem concernência à // matéria ou objeto, e que é Positiva e Considerativa, segundo a comunicação exponha uma Asserção ou uma Dúvida. Estas dúvidas ou *non liquets* [questões que não estão claras] são de duas classes: Particulares e Totais. Da primeira classe temos um bom exemplo nos *Problemas* de Aristóteles, que mereciam ter tido melhor continuação, sobre o que, contudo, há um ponto em que uma advertência deve ser feita e levada em conta. Registrar dúvidas tem dois efeitos excelentes: um, que salvaguarda a filosofia de erros e falsidades, quando aquilo que não está de todo claro não é acolhido numa asserção, onde um erro

79 Virgílio, *Églogas*, X, 8.

poderia conduzir a outro sem que se deixe em reserva como duvidoso; outro, que, ao serem colocadas, as dúvidas são como outras tantas ventosas ou esponjas que tiram mais substância do conhecimento, na medida em que aquilo de que um homem nunca se teria dado conta e passaria por cima sem notar se as dúvidas não o tivessem precedido, pela sugestão e solicitação das dúvidas pode ser considerado e manejado. Mas estas duas vantagens mal podem compensar um inconveniente que há de introduzir-se se não se impede o passo, e que é o seguinte: que, uma vez estabelecida uma dúvida, há mais empenho em que esta continue do que em solucioná-la, e a isso se aplicam os engenhos. Disto temos um exemplo familiar nos advogados e eruditos que, uma vez que admitem uma dúvida, para sempre fica catalogada como tal. Mas há que se elogiar esse emprego do engenho e do conhecimento que trabalha para tornar certas as coisas duvidosas e não aqueles que trabalham para tornar duvidosas as certas. Por isso recomendo como coisa excelente as *listas de dúvidas*, sempre que se façam com precaução, que uma vez que tenham sido conscientemente examinadas e resolvidas sejam daí em diante omitidas, descartadas, e que não se prossiga acalentando-as e estimulando os homens a duvidar. A essa lista de dúvidas ou problemas, aconselho anexar outra, tão importante ou mais, que é uma *lista de erros populares*: me refiro principalmente àquelas coisas de história natural que é comum encontrarmos no discurso e nos ditos engenhosos, e que não obstante são claramente detectadas e condenadas de falsidade; a fim de que o conhecimento humano não se veja debilitado nem envilecido por tal entulho e futilidade. Quanto às *dúvidas ou non liquets gerais ou totais*, entendo por tais aquelas diferenças de // opinião tocantes aos princípios da

O progresso do conhecimento

natureza e questões fundamentais desta, que têm sido causa da diversidade de seitas, escolas e filosofias, como são as de Empédocles, Pitágoras, Demócrito, Parmênides e os demais. Pois embora Aristóteles, como se houvesse pertencido à raça dos otomanos, tivesse acreditado não poder reinar se não começasse pela morte de todos seus irmãos, contudo, para os que buscam a verdade e não o dogmatismo, não pode deixar de ser muito proveitoso ver diante de si as diversas opiniões que se tem exposto acerca das bases da natureza. Não que dessas teorias caiba esperar alguma verdade exata; pois, assim como na astronomia se dá satisfação aos mesmos fenômenos mediante a astronomia tradicional do movimento diurno e dos movimentos próprios dos planetas com suas excêntricas e epiciclos, e mediante a teoria de Copérnico, que supõe que a terra se move, e os cálculos valem igualmente para uma e outra, assim a face e o aspecto comum da experiência ficam muitas vezes satisfeitos por diferentes teorias e filosofias, enquanto achar a verdade real requer outra classe de rigor e atenção. Pois, como diz Aristóteles, que no princípio as crianças chamam de mãe toda mulher, mas depois vêm a distinguir conforme a verdade,[80] assim a experiência, se está em sua infância, chama de mãe toda filosofia, mas ao chegar à maturidade distingue a mãe verdadeira. De modo que, entretanto, convém ver as diversas glosas e opiniões que se tem dado sobre a natureza, nas quais pode suceder que cada um tenha visto mais claro numa questão que seus colegas. Por isso eu desejaria que se fizesse, cuidadosa e diligentemente, uma compilação de *antiquis philosophiis* [das filosofias antigas], com quantos possíveis

---

80 *Física*, I, 1.

dados nos chegaram delas. Este tipo de obra, a encontro omitida. Mas aqui há de se pôr uma advertência: que se faça com claridade e separadamente, com a filosofia de cada um completa em si, e não por títulos empacotados e enfeixados juntos, como fez Plutarco. Pois a harmonia de uma filosofia consigo mesma é o que lhe presta luz e crédito, enquanto desgarrada e partida, parecerá mais estranha e dissonante. Pois assim como quando leio em Tácito as // ações de Nero ou de Cláudio, com as circunstâncias de tempos, motivações e ocasiões, não me parecem tão estranhas, mas quando as leio em Suetônio Tranquilo, reunidas em epígrafes e pacotes, e não por ordem cronológica, me parecem mais monstruosas e incríveis, o mesmo ocorre com qualquer filosofia, de ser exposta inteira a desmembrada em artigos. Nem excluo tampouco as opiniões de épocas mais recentes de serem igualmente representadas nessa lista de seitas filosóficas: assim a de Teofrasto Paracelso, eloquentemente reduzida à harmonia pela pena de Severino, o dinamarquês; e a de Telésio, e seu discípulo Donius, que é, por assim dizer, uma filosofia pastoral, cheia de sentido mas sem muita profundidade; e a de Fracastoro, que embora não pretendesse fazer nenhuma filosofia nova, aplicou, contudo, à antiga a liberdade de sua própria visão; e a de nosso compatriota Gilbert, que ressuscitou com algumas alterações e demonstrações as opiniões de Xenófanes, e qualquer outra digna de ser recolhida.

6. Com o dito, terminamos com dois dos três fachos do conhecimento humano, isto é, o *Radius Directus*, que se refere à natureza, e o *Radius Refractus*, que se refere a Deus e não pode dar notícia verdadeira pela desigualdade do meio. Resta o *Radius Reflexus*, com o qual o homem se olha e contempla a si mesmo.

O progresso do conhecimento

IX. 1. Chegamos agora, pois, a esse conhecimento ao que nos encaminha o oráculo antigo, que é o *conhecimento de nós mesmos*, e que merece um tratamento tanto mais cuidadoso quanto que nos toca mais de perto. Este conhecimento, sendo o final e término da filosofia natural na intenção do homem, não é, contudo, senão uma porção da filosofia natural se se o considera com respeito à totalidade da natureza. E em geral há de seguir-se esta norma, aceitar todas as partições dos conhecimentos mais como linhas e veias que como seções e separações, e manter a continuidade e // integridade do conhecimento. Pois o contrário fez com que algumas ciências particulares se tornassem estéreis, superficiais e errôneas, desde o momento em que deixaram de nutrir-se e sustentar-se da fonte comum. Assim vemos Cícero, o orador, queixar-se de Sócrates e sua escola, por terem sido os primeiros a separar a filosofia da retórica,[81] com o que esta última vinha a ser uma arte vazia e puramente verbal. Assim vemos que na opinião de Copérnico tocante à rotação da Terra, opinião que a própria astronomia não pode corrigir porque não repugna a nenhum dos fenômenos, mas que a filosofia natural pode corrigir. Assim vemos também que a ciência médica, destituída e separada da filosofia natural, não é muito melhor que uma prática empírica. Com esta reserva, pois, passamos à Filosofia Humana ou Humanidades, que tem duas partes: uma considera o homem segregado, ou de maneira distributiva; a outra congregado ou em sociedade. De modo que a Filosofia Humana é ora Simples e Particular, ora Conjugada e Civil. A Humanidade Particular se compõe das mesmas partes que o homem, isto é, de conhe-

---

81 *De oratore*, III, 16, 60-61.

Francis Bacon

cimentos relativos ao Corpo e conhecimentos relativos ao Espírito. Mas antes de dividir tanto é bom compor. Pois a meu juízo a consideração geral e em conjunto da Natureza Humana merece ser emancipada e constituir um conhecimento em si, não tanto atendendo a esses discursos deleitosos e elegantes que se tem feito sobre a dignidade do homem, suas misérias, seu estado e vida, e demais *acompanhantes de sua natureza comum e indivisa*, quanto atendendo ao conhecimento referente às *simpatias e concordâncias entre espírito e corpo*, que, sendo mistas, não se podem propriamente atribuir às ciências de um ou de outro.

2. Este conhecimento tem dois ramos, pois assim como todas as ligas e amizades se compõem de inteligência mútua e ofícios mútuos, do mesmo modo essa liga do espírito e do corpo tem estas duas partes, *como um revela o outro e como um atua sobre o outro*: Descoberta e Impressão. A primeira engendrou duas artes, ambas de Predição e Prenoção, das quais uma se honra com a investigação de Aristóteles, a outra com a de // Hipócrates. E embora nos últimos tempos tivesse sido frequente acoplá-las com artes supersticiosas e fantásticas, contudo se se as purga e restaura em seu verdadeiro caráter se verá que ambas têm uma base sólida na natureza e uma aplicação proveitosa na vida. A primeira é a Fisiognomonia, que pelos traços do corpo descobre a disposição do espírito. A segunda é a Interpretação dos Sonhos Naturais, que pelas imaginações do espírito descobre o estado do corpo. Na primeira delas observo uma omissão. Pois Aristóteles tratou muito engenhosa e diligentemente das características do corpo, mas não de seus trejeitos, que não são menos compreensíveis por arte, e são de muito maior proveito e utilidade. Pois os Traços do corpo revelam a disposição e inclinação do espírito em geral, mas os

O progresso do conhecimento

Movimentos do semblante e partes não somente fazem isso, como ademais revelam o humor e estado presente da mente e da vontade. Pois como Vossa Majestade disse com sumo acerto e elegância, *como a língua fala ao ouvido, assim o gesto fala aos olhos.* E por isso muitas pessoas sutis, cuja vista se detém nos rostos e modos dos demais, conhecem bem o proveitoso dessa observação, como parte principal que é de seu talento; como tampouco se pode negar que é grande meio de descobrir as simulações e grande auxílio na direção dos negócios.

3. O segundo ramo, tocante à Impressão, não tem sido recolhido numa arte, mas tratado de maneira dispersa, e tem a mesma relação ou correspondência inversa que o primeiro. Pois a consideração é dupla: ou bem *de que modo, e até que ponto, os humores e estados do corpo alteram o espírito ou atuam sobre ele,* ou bem *de que modo, e até que ponto, as paixões ou apreensões do espírito alteram o corpo ou atuam sobre ele.* O primeiro foi investigado e estudado como parte e apêndice da Medicina, mas mais como uma parte da Religião ou Superstição. Pois o médico prescreve curas do espírito nos frenesis e paixões melancólicas, e pretende também subministrar remédios para estimular a mente, confirmar o valor, aclarar o engenho, corroborar a memória etc.; mas maiores são os escrúpulos e // as superstições relativos à dieta e demais regime do corpo na seita dos Pitagóricos, na heresia dos Maniqueus e na lei de Maomé. Do mesmo modo são muitas e estritas as ordenanças da Lei Judaica, que proíbe comer o sangue e a gordura,[82] e distingue entre animais puros e impuros para comer sua carne.[83] E inclusive a fé mesma, limpa e

---

82 Levítico 7,23-27.
83 Levítico 11,1-30.

serena de toda nuvem de Cerimônia, ainda assim mantém o uso de jejuns, abstinências e outras mortificações e humilhações do corpo, como coisas reais e não figurativas. A raiz e razão de todas essas prescrições é (afora a cerimônia) a consideração dessa dependência que têm os afetos da mente em relação ao estado e disposição do corpo. E se alguém de juízo fraco pensa que este padecer do espírito por causa do corpo põe em questão a imortalidade ou menoscaba a soberania da alma, se lhe pode ensinar com exemplos fáceis que a criança no ventre de sua mãe sofre com ela e não obstante é separável, e que o monarca mais absoluto é às vezes conduzido por seus servidores, e isso não implica submissão. E quanto ao conhecimento contrário, que é o da operação das ideias e paixões do espírito sobre o corpo, vemos que todos os médicos prudentes, ao prescrever um regime a seus pacientes, consideram sempre os *accidentia animi* [estados de ânimo], como algo de grande força para potencializar ou entorpecer os remédios ou curas; e mais especialmente é uma indagação de grande profundidade e valor tocante à Imaginação, a de como e até que ponto altera o corpo daquele que imagina. Pois, se bem tem um poder evidente para causar dano, não se segue que tenha igual para beneficiar; como não se pode concluir, porque há ares pestilentos capazes de matar de repente um homem são, que tenha que haver ares soberanos capazes de curar de repente um enfermo. Mas a inquisição desta parte é de grande utilidade, se bem que requer, como disse Sócrates, *um mergulhador de Delos*,[84] por ser difícil e profunda. Mas, para todo este conhecimento *de communi vinculo* [do vínculo comum], das concordâncias

---

84 Diógenes Laércio, *Sócrates*, II, 22.

O progresso do conhecimento

entre o espírito e o corpo, a parte mais necessária de inquirição é a que considera os *assentos* e *domicílios* que as diversas faculdades da mente tomam e ocupam nos órgãos do corpo; conhecimento que tem sido tentado, e é debatido, e merece ser **370** // muito mais procurado. Pois a opinião de Platão, que colocou *o entendimento no cérebro, a animosidade* (que ele impropriamente denominou *ira*, mas que tem maior comunidade com o *orgulho*) no coração e *a concupiscência ou sensualidade no fígado*,[85] não merece ser desdenhada, mas muito menos aprovada. Temos assim, portanto, constituída (conforme nosso desejo e parecer), a inquisição tocante à natureza humana inteira, como justa porção do conhecimento que deve ser tratada à parte.

X. 1. O conhecimento concernente ao corpo humano se divide como o bem do corpo humano, ao qual se refere. O bem do corpo humano é de quatro classes, a saber, Saúde, Beleza, Força e Prazer; assim, os conhecimentos são a Medicina ou arte da Cura; a arte do Adorno, que se chama Cosmética; a arte da Atividade, que se chama Atlética; e a arte Voluptuária, que Tácito chama acertadamente *eruditus luxus* [voluptuosidade refinada].[86] Este assunto do corpo humano é de todas as coisas da natureza, a mais suscetível de emenda, mas também essa emenda é a mais suscetível de erro. Pois a própria sutileza do assunto é ocasião de grandes possibilidades e fáceis fracassos, e, portanto, sua inquirição deveria ser a mais precisa.

2. Falando, pois, de Medicina, e para resumir o que já dissemos e ascendendo um pouco, diremos que a antiga opinião de

---

85 *Timeu*, 69-71.
86 *Anais*, XVI, 18.

que o homem é um Microcosmo, um compêndio ou modelo do mundo, tem sido fantasticamente exagerada por Paracelso e os alquimistas, como se no corpo humano se pudessem encontrar correspondências e paralelismos com todas as variedades de coisas, como estrelas, planetas, minerais, que existem no mundo grande. Mas é evidentemente certo que, de todas as substâncias que a natureza produziu, o corpo humano é a mais composta. Pois vemos que as ervas e plantas se nutrem de terra e água; os animais, em sua maioria, de ervas e frutos; o homem da carne dos animais, aves e peixes, ervas, grãos, frutos, água e das múltiplas alterações, condimentações e preparações desses vários corpos antes que cheguem a ser comida e alimento seu. Some-se a isto que os animais têm um modo de vida mais simples, e menos mudança de afetos que atue sobre seus corpos, enquanto o homem, em sua morada, sonho, exercício, paixões, conhece infinitas variações, e não se poderá negar que o Corpo 371 // do homem é de todas as coisas a massa mais composta. A alma, por sua vez, é a mais simples de todas as substâncias, como está bem expresso em

purumque reliquit
Aethereum sensum atque aurai simplicis ignem
[e deixa imaculados
o sentido etéreo e a chama do espírito simples].[87]

De modo que não é maravilha que a alma assim situada não conheça descanso, se é certo esse princípio de que *Motus rerum est rapidus extra locum, placidus in loco* [O movimento das coisas

---

87 Virgílio, *Eneida*, VI, 746-747.

O progresso do conhecimento

é rápido quando está fora de seu lugar, sossegado quando
está nele]. Mas vamos ao nosso propósito. Esta composição
variável do corpo humano foi feita como um instrumento que
facilmente desafina; e por isso os poetas fizeram bem em unir
Música e Medicina em Apolo,[88] porque o ofício da medicina
não é outro que o de afinar essa curiosa harpa que é o corpo
humano e levá-la à harmonia. Então, por ser tão variável o
objeto se seguiu que a arte fosse mais conjetural; e a arte, ao
ser conjetural, deixou tanto maior espaço à impostura. Pois
quase todas as demais artes e ciências se julgam por ações ou
obras-primas, se me é permitido expressar assim, e não pelas
conclusões e desenlaces. Ao advogado se o julga pela qualidade
de sua argumentação, não pela questão da causa. Ao capitão
de uma nave se o julga pela correta direção de seu curso, não
pela fortuna da travessia. Mas o médico, e talvez também
o político, carece de ações particulares que demonstrem
sua capacidade, é antes julgado, sobretudo, pelo desenlace,
que sempre é segundo se olhe: pois quem pode dizer, se um
paciente morre ou se recupera, ou se um Estado se mantém ou
se arruína, se isso se deu por arte ou por acidente? E por isso
muitas vezes ao impostor se o premia, e ao homem de talento
se o critica. Mais ainda, vemos que a fraqueza e a credulidade
dos homens são tais que amiúde preferem um charlatão ou
feiticeiro a um médico instruído. Por isso os poetas tiveram
boa visão para discernir esta extremada necessidade quando
fizeram irmãos a Esculápio e Circe, ambos filhos do Sol, como
nos versos:

88 Ovídio, *Metamorfoses*, I, 521.

Francis Bacon

Ipse repertorem medicinae talis et artis

372   *Fulmine* Phoebigenam *Stygias detrusit ad undas //*

[O mesmo (Júpiter) com seu raio arrojou as ondas do Estige ao *filho de Febo*, o descobridor da medicina e suas artes];[89]

e

Dives inaccessos ubi Sollis filia *lucos* etc.

[Donde a opulenta *filha do Sol*, os bosques inacessíveis...][90]

Pois em todos os tempos, na opinião da multidão, os bruxos, as velhas e os impostores competiram com os médicos. E o que se segue disso? Pois isto, que os médicos se dizem a si mesmos, como o expressa Salomão em ocasião mais elevada: *Se há de me acontecer como aos néscios, por que vou trabalhar para ser mais sábio?*[91] E por isso não posso culpar muito os médicos por eles comumente procurarem cultivar alguma outra arte ou prática de que gostam mais do que de sua profissão. Pois há os que são antiquários, poetas, humanistas, estadistas, mercadores, teólogos, e em cada uma dessas ocupações são mais peritos que em sua profissão; e sem dúvida por este motivo, sucede que à mediocridade ou excelência em sua arte não corresponde uma diferença de lucro ou estima, porque a fraqueza dos pacientes, a doçura da vida e a natureza da esperança fazem com que os homens dependam dos médicos com todos os seus defeitos. Mas, entretanto, estas coisas de que temos falado se

---

89 Virgílio, *Eneida*, VII, 772.

90 Virgílio, *Eneida*, VII. 11

91 Eclesiastes 2,15.

O progresso do conhecimento

produzem pela combinação de um pouco de ocasião e muito de preguiça e descuido; pois se estimulamos e avivamos nossa observação veremos em exemplos de todos conhecidos até onde chega o império da *sutileza de espírito* sobre a *variedade de matéria ou forma*. Nada há mais variado que os rostos e semblantes e, contudo, se podem conservar na memória suas infinitas distinções; e mais, um pintor com umas poucas conchas de cores, e a vantagem que lhe dão sua vista e sua imaginação habituada, é capaz de imitar todos os que foram, são ou serão, se são postos diante de si. Nada há mais variado que as vozes e, contudo, também é possível distingui-las de uma pessoa a outra; e mais, um bufão ou ator imita todas as que quiser. Nada há mais variado que os diferentes sons das palavras e, contudo, se encontrou a maneira de reduzi-las a umas quantas letras simples. De modo que não é *a insuficiência ou incapacidade da mente humana*, mas o *aplicá-la demasiado de longe*, o que origina esses extravios e incompreensões. Pois assim como os sentidos de longe estão // cheios de erro, mas de perto são exatos, o mesmo ocorre com o entendimento, e o remédio não está em aguçar ou reforçar o órgão, mas em aproximar-se mais do objeto; assim, pois, não há dúvida de que se os médicos aprendessem e usassem os verdadeiros acessos e avenidas da natureza, poderiam fazer seu o que diz o poeta:

Et quonian variant morbi, variabimus artes;
Mille mali species, Mille salutis erunt
[E, já que as enfermidades variam, variaremos as artes;
A mil tipos de mal, mil remédios haverá].[92]

---

92 Ovídio, *Remedia amoris* [*Os remédios de amor*], 525.

Francis Bacon

Que assim fizessem é algo que merece a nobreza de sua arte, bem figurada pelos poetas, que fizeram Esculápio filho do Sol, este, fonte de vida e aquele, um segundo manancial; mas infinitamente mais dignificada pelo exemplo de nosso Salvador, que fez do corpo do homem objeto de seus milagres, como da alma objeto de sua doutrina. Pois não lemos que jamais condescendeu em fazer um milagre em questões de honra, nem de dinheiro (exceto aquele para dar tributo a César),[93] mas unicamente para a conservação, sustento e cura do corpo humano.

3. A Medicina é uma ciência que tem sido (como temos dito) mais professada que trabalhada, e ainda assim mais trabalhada que adiantada; tendo sido o trabalho feito, a meu juízo, mais em círculo que em progressão. Pois encontro nela muita reiteração, mas pouco acréscimo. Considera as *causas das enfermidades*, com *suas ocasiões ou origens*; as *enfermidades mesmas*, com *os acidentes*; e as *curas*, com *as maneiras de prevenir*. As deficiências que me parece conveniente assinalar, que não são senão umas poucas entre muitas, e das mais visíveis e manifestas, vou enumerá-las, sem lhes assinalar lugar.

4. A primeira é o abandono daquela antiga e séria diligência de Hipócrates, que tinha por hábito escrever uma relação dos casos particulares de seus pacientes, de como evoluíam e como eram julgados por cura ou // morte. Tendo assim um exemplo próprio no pai da arte, não preciso aduzir um exemplo alheio, o da prudência dos homens de leis, que têm o cuidado de dar conta dos casos e decisões novas para direção de juízos futuros. Esta continuação da História Medicinal a encontro deficiente,

---

93 Mateus 17,27.

O progresso do conhecimento

entendendo que não deve ser tão infinita que se estenda a todos os casos comuns, nem tão restrita que não admita mais que prodígios; pois há muitas coisas novas na maneira que não o são no gênero; e se alguém se o propor, achará muito digno de observar.

5. No estudo que se faz da Anatomia encontro muita deficiência: pois se estudam as *partes*, e suas *substâncias, figuras e colocações*, mas não *as diversidades das partes*, nem *a interioridade dos condutos, e os assentos ou depósitos dos humores*, nem tampouco muito *das marcas e impressões das enfermidades*. Esta omissão imagino que se deve a que a primeira indagação pode ser satisfeita com a visão de uma ou poucas dissecações, mas a segunda, por ser comparativa e casuística, deve brotar da visão de muitas. E quanto à diversidade das partes, não cabe dúvida de que a fatura ou conformação das partes interiores admite tanta diferença como a das exteriores, e nisso reside a *causa constitutiva* de muitas enfermidades; e, por não observar isso, muitas vezes se lança a culpa aos humores, que não a têm, estando a falta na própria estrutura e mecânica da parte, e não podendo ser eliminada mediante medicina alterativa, mas há que a corrigir e atenuar com regimes e medicamentos comuns. E quanto aos condutos e poros, é verdade o que se assinalou antigamente, que os mais sutis não se apreciam nas dissecações, porque, embora abertos e visíveis nos corpos vivos, nos mortos estão fechados e ocultos. Pois bem, embora a desumanidade da *anatomia vivorum* [vivissecção] tivesse sido justamente reprovada por Celso,[94] contudo, observada a grande utilidade desse tipo de observação, não era preciso que por tão pouco motivo se

---

94 Celso, *De medicina* [*Sobre a medicina*], I, I.

Francis Bacon

renunciasse sem mais à investigação, ou se a deixasse à prática casual da cirurgia, mas que bem podia ser desviada para a dissecação de animais vivos, que, não obstante a dessemelhança de suas partes, pode satisfazer suficientemente este estudo. E quanto aos // humores, nas dissecações em que são comumente passados por alto como purgantes, é sumamente necessário observar que cavidades, antros e receptáculos encontram nas partes, com o diferente tipo de humor assim alojado e recolhido. E quanto às marcas das enfermidades, e suas devastações das partes interiores, supurações, ulcerações, descontinuidades, putrefações, consumpções, contrações, extensões, convulsões, deslocamentos, obstruções, repleções, junto com todas as substâncias anormais, como pedras, carnosidades, excrescências, vermes etc., deveriam ter sido exatamente observadas mediante multidão de dissecações a contribuição das diversas experiências de cada qual, e cuidadosamente anotadas, tanto historicamente, segundo sua aparência, como tecnicamente, com referência às enfermidades e sintomas que resultaram delas, no caso em que a dissecação seja de um paciente defunto; enquanto agora abrir os corpos se passa por alto descuidadamente e sem comentário.

6. Na inquirição das enfermidades se renuncia à cura de muitas, de umas afirmando que por sua própria natureza são incuráveis, e de outras que passou o momento em que se as podia curar, de modo que Sila e os triúnviros não condenaram à morte tantos homens como fazem estes com seus editos de ignorância; dos quais, contudo, escapam muitos com menos dificuldade que das proscrições romanas. Por isso não vacilo em assinalar como deficiência não se inquirir o perfeito remédio de muitas enfermidades, ou de seus graus extremos; antes

O progresso do conhecimento

declarando-as incuráveis se promulga uma lei que legitima o descuido e exonera de descrédito a ignorância.

7. Mais ainda, estimo ser ofício do médico não só restaurar a saúde, mas também mitigar a dor e os sofrimentos, e não só quando essa mitigação possa conduzir à recuperação, mas também quando se possa conseguir com ela um trânsito suave e fácil; pois não é pequena bendição essa *Eutanásia* que César Augusto desejava para si,[95] e que foi especialmente notada na morte de Antonino Pio, que foi do modo e semelhança de um adormecimento doce e prazeroso. Assim está escrito em Epicuro que depois que foi desesperançado afogou seu estômago e seus sentidos com grande ingestão de vinho, a propósito do que se fez o epigrama: *Hinc Stygias ebrius hausit aquas*, não estava sóbrio o bastante para saborear amargura alguma na água do Estige.[96] Mas os médicos, ao contrário, têm quase por lei e religião seguir com o paciente depois de desesperançado, enquanto, a meu juízo, deveriam em vez disso estudar o modo e pôr os meios de facilitar e aliviar as dores e agonias da morte.

8. Em consideração às Curas de enfermidades encontro uma deficiência nas prescrições indicadas para o tratamento específico de cada enfermidade, pois os médicos inutilizaram o fruto da tradição e da experiência com suas magistralidades, acrescentando e tirando e mudando *quid pro quo* [isto por aquilo] nas receitas a seu bel-prazer, mandando e dispondo sobre a medicina como se esta não pudesse mandar e dispor sobre a enfermidade. Porque, exceção feita ao melaço e ao mitridato, e ultimamente ao *diascórdio*, com algumas poucas mais, não se

---

95 Suetônio, *Augusto*, XCIX.
96 Diógenes Laércio, *Epicuro*, X, 15-16.

sujeitam a nenhuma fórmula rigorosa e religiosamente. E no que diz respeito aos preparados que estão à venda nas boticas, são para uso imediato e não específicos, pois servem para as intenções genéricas de purgar, abrir, confortar, regular a digestão, e não resultam muito apropriados para as enfermidades concretas; e a esta causa obedece o fato de os empíricos e as comadres serem muitas vezes mais afortunados em seus tratamentos que os médicos entendidos, porque são mais rigorosos na composição dos medicamentos. Nisto, pois, reside a deficiência que encontro, em que os médicos não têm posto por escrito e comunicado, valendo-se em parte de sua prática pessoal, em parte das provas constantes que são descritas nos livros e em parte das tradições dos empíricos, certos *medicamentos experimentais* para o tratamento de enfermidades concretas, além de suas próprias *anotações conjeturais e magistrais*. Pois, assim como no Estado romano os homens de melhor composição eram os que sendo cônsules se inclinavam ao povo, ou sendo tribunos se inclinavam ao senado, do mesmo modo na matéria que estamos tratando são os melhores médicos os que sendo doutos atendem às tradições da experiência, ou sendo empíricos atendem aos métodos do saber.

9. Na preparação de Medicamentos, acho estranho, sobretudo se se tem em conta de que modo se tem louvado os medicamentos minerais, e que são mais seguros para as partes externas que para as internas, que ninguém se tenha proposto fazer uma imitação artificial dos Banhos Naturais e Fontes Medicinais, dos quais, não obstante, se afirma que devem suas virtudes aos // minerais; e não só isto, mas que se averiguou e distinguiu de que minerais concretos levam mistura, se de enxofre, vitríolo, ferro etc.; e se essas composições pudessem ser

O progresso do conhecimento

feitas artificialmente, se aumentaria sua variedade, e se poderia graduar melhor seu efeito.

10. Para não descer a mais detalhes do que convém à minha intenção ou às dimensões desta obra, concluirei esta parte assinalando mais outra deficiência, que me parece de suma importância: que é que os tratamentos em uso são demasiado sumários para alcançar seus fins, pois, a meu ver, é vão e ilusório pensar que haja medicamento tão excelente e acertado que sua prescrição ou emprego baste para causar grandes efeitos sobre o corpo humano. Raro seria o discurso que apenas dizendo, ou dizendo amiúde, resgataria um homem de um vício ao qual por natureza estivesse submetido. São a ordem, a perseverança, a sucessão e a alternância de aplicação que têm poder na natureza; o que, embora requeira um conhecimento mais exato na prescrição e uma obediência mais precisa na aplicação, fica, contudo, recompensado pela magnitude dos efeitos. E embora pelas visitas diárias dos médicos se pudesse pensar que há alguma continuidade no tratamento, basta examinar suas prescrições e administrações para ver que são coisas inconstantes e do dia, sem providência ou projeto. Não que toda prescrição escrupulosa ou meticulosa tenha que ser eficaz, como nem todo caminho reto leva ao céu; mas *o acerto da direção* deve preceder *a severidade da observância*.

11. Quanto à Cosmética, há partes dela que são de civilidade, e partes que são de efeminamento: pois sempre se pensou que a limpeza corporal procede de uma reverência devida a Deus, à sociedade e a nós mesmos. Quanto ao adorno artificial,[97] bem merece as deficiências que // mostra, pois não é tão fino que engane, nem seu uso é são, nem seu resultado agradável.

---

97 Trata-se da pintura de rosto.

Francis Bacon

12. No que diz respeito à Atlética, tomo-a em seu sentido amplo, isto é, no de todo grau de capacidade a que possa ser levado o corpo humano, seja de *atividade*, seja de *resistência*, das quais a atividade tem duas partes, *força* e *rapidez*; e a resistência outras duas, *resistência à privação e aos rigores* e *resistência à dor ou ao tormento*, do que vemos os exercícios nos saltimbancos, nos selvagens e nos que sofrem castigo; e mais, se houver alguma outra faculdade não incluída em nenhuma das divisões anteriores, como a dos mergulhadores, em adquirir um estranho poder de conter a respiração etc., remeto-a a esta parte. Destas coisas se conhece a prática, mas a filosofia correspondente não tem sido muito inquirida, e tanto menos, creio eu, porque se supõe que se chegue a elas por uma aptidão natural, que não se pode ensinar, ou bem somente por um hábito contínuo, que basta se prescrever; e, embora isso não seja certo, renuncio aqui a assinalar alguma deficiência, pois os Jogos Olímpicos há muito se extinguiram, e para fins úteis é suficiente a mediocridade nestas coisas; quanto à excelência nelas, quase nunca serve para outra coisa que para ostentação mercenária.

13. Quanto às Artes do Prazer Sensual, a principal deficiência que há nelas é a de leis que as reprimam. Pois, se tem sido bem observado que as artes que florescem naquelas épocas em que cresce a virtude são as marciais, e enquanto a virtude está em pleno vigor são as liberais, e quando a virtude vai declinando as voluptuosas, por isso temo que // esta época presente do mundo esteja um pouco no movimento descendente da roda. Com as artes *voluptuosas* emparelho as práticas *jocosas*, pois o engano dos sentidos é um dos prazeres delas. Quanto aos jogos de entretenimento, os considero incluídos dentro da vida e educação civis. E até aqui no que diz respeito a essa filosofia

O progresso do conhecimento

humana particular que se refere ao corpo, que não é senão tabernáculo do espírito.

XI. 1. Quanto ao Conhecimento Humano concernente ao Espírito, tem duas partes, uma que estuda *a substância ou natureza da alma ou espírito*, outra que estuda *suas faculdades ou funções*. À primeira das duas pertencem as considerações sobre *a origem da alma*, se é *inata ou adventícia*, e *até que ponto escapa das leis da matéria*, e acerca de *sua imortalidade*, e muitas outras questões, que não têm sido mais laboriosamente inquiridas que diversamente decididas, de modo que o trabalho que a isso se tem dedicado mais parece ter sido num labirinto que ao longo de um caminho. Mas embora eu seja de opinião que este conhecimento pode ser inquirido com maior veracidade ou correção, mesmo na natureza, do que tem sido, sustento, contudo, que no final deve ser limitado pela religião, ou cairá em enganos e ilusões; pois assim como na criação a substância da alma não foi extraída da massa do céu e da terra mediante a bênção de um *producat*, mas foi diretamente inspirada a partir de Deus,[98] desse modo não é possível que esteja sujeita (senão por acidente) às *leis do céu e da terra*, que são *o objeto da filosofia*; e, portanto, o verdadeiro conhecimento da natureza e estado da alma deve vir da mesma inspiração que deu sua substância. Desta parte do conhecimento tocante à alma há dois apêndices, que, do modo que têm sido // tratados, mais têm emanado fábulas que irradiado verdade, e que são a Adivinhação e a Fascinação.

2. Da *Adivinhação* há uma divisão antiga e acertada em *artificial* e *natural*, das quais a *artificial* é aquela em que a mente faz

---

98 Gênesis 1-2,7.

uma predição por argumentação, deduzindo de signos e indícios, e a *natural* é aquela em que a mente tem um pressentimento por um poder interior, sem o estímulo de um signo. A artificial é de dois tipos, ou quando o argumento é acompanhado por uma derivação de causas, e então é racional; ou quando apenas se funde numa coincidência de efeitos, e então é *experimental*; e esta última é quase sempre supersticiosa, como o eram as observações pagãs sobre a inspeção de sacrifícios, o voo das aves, os enxames de abelhas, e como era a Astrologia dos Caldeus etc. Quanto à *adivinhação artificial*, seus diversos tipos se dividem entre os conhecimentos particulares. O Astrônomo tem suas predições, como são as de conjunções, aspectos, eclipses etc. O Médico tem as suas de morte, cura, dos sintomas e desenlaces das enfermidades. O Político tem suas predições; *O urbem venalem, et cito perituram, si emptorem invenerit!* [Oh cidade venal, e que se perderá se se encontra comprador!],[99] que não tardaram muito em cumprir-se, primeiro com Sila e depois com César. Mas, como estas predições não nos concernem agora, as deixaremos para outro lugar. Do que agora estamos falando é da adivinhação que brota da natureza interior da alma, e que se tem considerado de dois tipos, *primitiva* e por *influxo*. A primitiva se funda na suposição de que a mente, quando está retirada e recolhida em si e não difusa pelos órgãos do corpo, possui certa margem e latitude de premonição, que se manifesta mais no sonho, nos êxtases e na proximidade da morte, e mais raramente na vigília, e que é induzida e fomentada por aquelas abstinências e observâncias que mais levam a mente a tratar consigo mesma. A adivinhação por

---

99 Salústio, *Guerra de Jugurta* [*Bellum Jugurthinum*], XXXV, 10.

O progresso do conhecimento

influxo se funda na ideia de que a mente, à maneira de espelho ou cristal, pode receber iluminação da presença de Deus e dos espíritos, ao que conduz igualmente esse mesmo regime. Pois o retiro da mente a si mesma é o estado mais suscetível aos influxos divinos, exceto que neste caso se acompanha de um fervor e elevação (o que os antigos denominavam *fúria*), e não, como no outro, de um repouso ou calma.

381 // 3. A *Fascinação* é o poder e ação da imaginação sobre outros corpos distintos do de quem imagina (pois disso já falamos em seu lugar devido): no qual a escola de Paracelso e os seguidores da pretensa Magia Natural têm sido tão descomedidos a ponto de exaltar o poder da imaginação até identificá-lo com o da fé milagrosa; outros, que se aproximam mais do provável, aduzindo em apoio de sua opinião as comunicações secretas das coisas, e em particular o contágio que passa de um corpo a outro, pensam que igualmente seria conforme à natureza que houvesse certas transmissões e operações de um espírito a outro, sem mediação dos sentidos: de onde se originaram essas ideias (agora já quase de uso comum), do Gênio Dominante, da força da confiança etc. Aparentado a isto está o estudo de como incrementar e fortalecer a imaginação; pois se a imaginação fortalecida tem poder, então é importante saber fortalecê-la e exaltá-la. E aqui entra sinuosa e perigosamente uma dissimulação de grande parte da Magia Cerimonial. Pois se pode sustentar que as Cerimônias, os Signos e os Encantamentos não operam por nenhum contrato tácito ou sacramental com os maus espíritos, mas que unicamente servem para fortalecer a imaginação de quem os utiliza; como diz a Igreja de Roma que as imagens fixam o pensamento e aumentam a devoção dos que oram diante delas. Mas minha opinião pessoal é que, se se admite que a imaginação tem poder, e as Cerimônias fortalecem a imaginação, e se usam sincera e intencionalmente com esse propósito, ainda assim eu as consideraria ilícitas, como contrárias àquele primeiro preceito que Deus deu ao homem, *In sudore vultus comedes panem tuum* [Comerás o pão com o suor de teu rosto].[100] Pois aqueles que tal sustentam apresentam esses nobres efeitos que Deus propôs ao homem para serem comprados ao preço do trabalho como algo que se pode alcançar mediante umas poucas observâncias fáceis e preguiçosas. Nestes conhecimentos não assinalarei deficiências, à parte da geral de que não se sabe quanto há nelas de verdade e quanto de ilusão.

382 // XII. I. O conhecimento relativo às Faculdades da Mente humana é de dois tipos, um referente ao seu Entendimento e Razão, e o outro à sua Vontade, Apetite e Afeto, dos quais o primeiro produz Afirmação ou Mandato, o segundo Ação ou Execução. É verdade que a Imaginação é um agente ou *nuncius* [embaixador] em ambas as províncias, tanto na judicial como na ministerial. Pois o Sentido informa a Imaginação antes que a Razão tenha julgado, e a Razão informa a Imaginação antes que o Decreto seja posto em prática, pois a Imaginação precede sempre o Movimento Voluntário, exceto que este Jano da Imaginação tem diversos rostos, porque o rosto que tem voltado para a Razão tem a marca impressa da Verdade, mas o rosto voltado para a Ação tem a marca impressa do Bem, que não obstante são rostos

quales decet esse sororum [como de irmãs].[101]

---

100 Gênesis 3,19.
101 Ovídio, *Metamorfoses*, II, 14.

O progresso do conhecimento

Tampouco é a Imaginação simples e somente uma mensageira, mas em si está investida de não pequena autoridade, ou quando menos a usurpa, além de sua obrigação de levar mensagens. Pois bem disse Aristóteles que *a mente tem sobre o corpo esse domínio que o senhor tem sobre o subordinado, mas a razão tem sobre a imaginação esse domínio que o magistrado tem sobre o cidadão livre,*[102] que por sua vez pode também chegar a mandar. Pois vemos que nas questões de Fé e Religião, elevamos nossa Imaginação acima de nossa Razão, o que é causa de que a Religião tenha buscado sempre acesso à mente por semelhanças, tipos, parábolas, visões, sonhos. E também em toda persuasão obtida mediante a eloquência e outras impressões de natureza análoga, que pintam e disfarçam a verdadeira aparência das coisas, é a Imaginação que convence a Razão. Não obstante, não achando nenhuma ciência que própria ou adequadamente corresponda à imaginação, não vejo motivo para alterar a divisão precedente. Pois, no que diz respeito à Poesia, é mais um prazer ou jogo da imaginação que uma obra ou função dela. E se é uma obra, não estamos agora falando das partes do saber que // nascem da Imaginação, mas das ciências que tratam dela e a estudam; como não falaremos agora dos conhecimentos que nascem da Razão (pois isso abrange toda a filosofia), mas dos que tratam da faculdade racional e a investigam; de modo que a Poesia já teve seu lugar devido. E no que diz respeito ao poder da Imaginação na natureza, e à maneira de fortalecê-la, nós a mencionamos na doutrina *De Anima* [Sobre a alma], que é onde mais propriamente pertence. E finalmente, quanto à Razão Imaginativa ou Insinuativa, que é o objeto da Retórica,

---

102 *Política*, I, 5, 1260a.

nos parece melhor remetê-la às Artes da Razão. De modo que nos contentamos com a divisão precedente, em que a Filosofia Humana, com respeito às faculdades da mente humana, tem duas partes, Racional e Moral.

2. A parte racional da Filosofia Humana é de todos os conhecimentos o menos deleitoso para a maioria dos engenhos, e não parece senão uma rede de sutileza e espinhosidade. Pois, assim como se disse com verdade que o conhecimento é *pabulum animi* [alimento do espírito],[103] do mesmo modo na natureza do apetite humano por este alimento a maioria dos homens mostra ter o gosto e estômago dos israelitas no deserto, que gostosamente retornariam *ad ollas carnium* [às panelas de carne][104] e estavam cansados do maná, que embora fosse celestial, parecia, contudo, menos nutritivo e saboroso. Assim, por regra geral soem apreciar conhecimentos que vêm envoltos em carne e sangue: História Civil, Moral, Política, que tratam e giram em torno dos afetos dos homens, suas louvações, suas fortunas, enquanto esta *lumen siccum* [luz seca] resseca e molesta as naturezas aquosas e brandas da maioria. Se temos, porém, de falar com veracidade das coisas como elas valem, teremos que dizer que os Conhecimentos Racionais são a chave de todas as demais artes; pois, como afirma Aristóteles oportuna e elegantemente, *a mão é o instrumento dos instrumentos, e a mente é a forma das formas,*[105] assim destes se pode afirmar que são a Arte das Artes; e que não só dirigem, como confirmam e reforçam, assim como o costume de atirar não capacita so-

---

103 Cícero, *Acadêmica*, II, 41 (127)
104 Números 11,4-6.
105 *Sobre a alma*, III, VIII (432a).

O progresso do conhecimento

mente para dar um tiro bem certeiro, mas também para atirar com um arco mais forte.

3. As Artes Intelectuais são em número de quatro, divididas conforme // os fins a que se referem: pois o trabalho do homem é *descobrir* aquilo que se *busca ou propõe*, ou *julgar* aquilo que *se descobre*, ou *reter* aquilo que se *julga*, ou *comunicar* aquilo que se *retém*. De modo que as artes devem ser quatro: Arte da Inquirição ou Invenção; Arte do Exame ou Juízo, Arte da Custódia ou Memória e Arte da Eloquência ou Tradição.

XIII. 1. A Invenção é de dois tipos, que diferem muito entre si: uma das Artes e Ciências, e a outra do Discurso e Argumentos. A primeira a encontro deficiente, com uma omissão que parece ser como se ao fazer o inventário das posses de um defunto se escrevesse que *não há dinheiro disponível*. Pois assim como com o dinheiro se obtêm todos os demais bens, do mesmo modo este conhecimento é aquele com o qual se compram todos os restantes. E assim como não se teria descoberto as Índias Ocidentais se antes não se houvesse descoberto a agulha de navegação, embora as primeiras sejam vastas regiões e a segunda um pequeno movimento, do mesmo modo não há de estranhar que não se descubram novas ciências se se passou por alto a própria arte da invenção e descobrimento.

2. Que esta parte do conhecimento falta é algo a meu juízo evidente: pois, em primeiro lugar, a Lógica não se propõe inventar Ciências ou Axiomas das Ciências, mas sim o passa por alto com um *Cuique in sua arte credendum* [Há que se dar crédito a cada um no que se refere à sua arte].[106] Celso o reconhece

---

106 Aristóteles, *Primeiros Analíticos*, I, 30 (46a).

seriamente quando, falando das seitas empírica e dogmática dos médicos, diz que *primeiro se descobriram os medicamentos e curas, e depois se discutiram as razões e causas, mas não se averiguaram primeiro as causas, à luz delas descobrindo os medicamentos e curas.*[107] E Platão assinala bem em seu *Teeteto* que *os particulares são infinitos, e as generalidades de ordem superior não dão direção suficiente,* e que *o miolo de todas as ciências, no que o perito se distingue do imperito, se encontra nas proposições médias, que em cada conhecimento particular são tomadas da tradição e da experiência.*[108] E por isso vemos que os que falam das invenções // e origens das coisas mais as atribuem ao acaso que à arte, e mais a animais, aves, peixes e serpentes que a homens.

Dictamnum genetrix Cretaea carpit ab Ida,
Puberibus caulem foliis et flore comantem
Purpureo: non illa feris incognita capris
Gramina, cum tergo volucres haesere sagittae
[Da cretense Ida arranca a mãe (Vênus),
Um talo de ditamno vestido de lanígeras folhas e púrpura flor;
Não é desconhecida essa planta pelas cabras selvagens,
Quando as aladas setas se incrustam em seus flancos].[109]

De modo que não é estranho (sendo costume na Antiguidade divinizar os inventores) que os egípcios tivessem tão poucos ídolos humanos em seus templos, mas sim quase todos brutos:

---

107 *De medicina*, I, 1. Esta é a opinião que Celso atribui aos empíricos.

108 Não consta no *Teeteto*, mas cf. *Filebo* 16c-17e.

109 Virgílio, *Eneida*, XII, 412-415. As cabras cretenses usam o ditamno para curar suas feridas.

O progresso do conhecimento

Omnigenumque Deum monstra, et latrator Anubis,
Contra Neptunum et Venerem, contraque Minervam etc.
[E todo tipo de deuses monstruosos, e o ladrador Anúbis,
Contra Netuno, Vênus e Minerva etc.].[110]

E se se prefere a tradição dos gregos, e se atribuem os primeiros descobrimentos a homens, ainda assim antes se crerá que Prometeu primeiro esfregou as pederneiras, e ficou assombrado diante da faísca, e não que quando primeiro as esfregou esperava a faísca; de onde vemos que o Prometeu das Índias Ocidentais não tinha comunicação com o europeu, pela escassez nelas de pederneiras, que foi o que propiciou a primeira ocasião. De modo que // parece que mais estejam em dívida os homens até agora com uma cabra selvagem pela cirurgia, ou com um rouxinol pela música, ou com a íbis por alguma parte da medicina, ou com a tampa da panela que voou pelos ares pela artilharia, ou em geral com o acaso ou qualquer outra coisa, do que com a Lógica, pela invenção de artes e ciências. Nem é muito diferente a forma de invenção que descreve Virgílio:

Ut varias usus meditando extunderet artes
Paulatim
[Para que a prática reiterada fosse extraindo as diversas artes
Pouco a pouco].[111]

Pois se se observam bem as palavras, não é outro método que aquele de que são capazes os animais, e que exercitam: que

---

110 Virgílio, *Eneida*, VIII, 698-699.
111 *Geórgicas*, I, 133.

é uma tentativa ou prática continuada de alguma coisa urgida e imposta por uma necessidade absoluta de conservação do ser; pois assim diz Cícero com muita verdade, *Usus uni rei deditus et naturam et artem saepe vincit* [Amiúde a aplicação constante a uma só coisa traz vantagem à capacidade natural e à destreza].[112] E por isso, se dos homens pode dizer-se que

> *labor omnia vincit*
> *Improbus, et duris urgens in rebus egestas,*
> [O trabalho venceu todos os obstáculos,
> e a dura necessidade em circunstâncias difíceis],

também se diz dos animais: *Quis psittaco docuit suum* χαῖρε? [Quem ensinou o papagaio a dizer "Bom dia"?].[113] Quem ensinou o corvo em uma seca a jogar pedrinhas no interior de uma árvore seca onde vê água para que assim suba o nível da água e possa chegar a ela? Quem ensinou a abelha a navegar por um mar de ar tão vasto, e encontrar o caminho de regresso do campo florido muito distante de sua colmeia? Quem ensinou a formiga a morder cada grão de trigo que enterra em seu formigueiro, para que crie raiz e cresça? Acrescente-se então a palavra *extundere*, que denota a extrema dificuldade, e a palavra *paulatim*, que denota a extrema lentidão, e estamos onde estávamos, entre os // deuses dos egípcios: sendo pouco o que resta para a faculdade da Razão, e nada para o ofício da Arte, no que se refere à invenção.

3. Em segundo lugar, a indução de que falam os lógicos, e que Platão parece ter conhecido bem, em virtude da qual cabe

---

112 *Pro Balbo* [*Para Balbo*], XX, 45.
113 Pérsio, "Prólogo", 8.

O progresso do conhecimento

sustentar que tenham sido descobertos os Princípios das ciências, e as proposições médias por derivação dos princípios, esta forma de indução, digo, é totalmente defeituosa e incompetente: onde o erro de seus autores é tanto mais grave porque o dever da Arte é aperfeiçoar e exaltar a Natureza, mas eles, ao contrário, a ofenderam, insultaram e vilipendiaram. Pois aquele que observar com atenção como a mente recolhe esse excelente orvalho do conhecimento, semelhante àquele de que fala o poeta, *Aërei mellis coelestia dona* [o mel aéreo, dádiva do céu],[114] destilando-o e extraindo-o de particulares naturais e artificiais, como as flores do campo e do jardim, verá que a mente mesma por si exercita e pratica uma indução muito melhor do que a que eles propõem. Pois concluir *de uma enumeração de particulares sem instância contraditória* não é conclusão, mas conjectura; porque quem pode assegurar (em muitas matérias), baseando-se naqueles particulares que aparecem de um lado, que não haja outros do lado contrário que não aparecem? Como se Samuel se tivesse contentado com os filhos de Jessé que lhe mostraram, e não tivesse contado com Davi, que estava no campo?[115] E, para dizer a verdade, esta forma é tão tosca, que não teria sido possível que engenhos tão sutis como os que têm tratado destas coisas a oferecessem ao mundo, a não ser por se terem precipitado a formular *teorias* e *dogmas*, e fossem autoritários e desdenhosos com os particulares que costumavam utilizar meramente como *lictores* e *viatores*,[116] guardas e

---

114 Virgílio, *Geórgicas*, IV,1.
115 1Samuel 16,10-11.
116 Os que precediam e escoltavam, respectivamente, os magistrados na Roma antiga.

meirinhos, *ad summovendam turbam* [para abrir passo entre a multidão] e criar lugar para suas opiniões, mais que segundo sua verdadeira utilidade e função. Certamente é algo que pode tocar a admiração religiosa, ver como as marcas do engano são as mesmas na verdade divina e humana; pois assim como na verdade divina o homem resiste a tornar-se como uma criança, do mesmo modo, na humana, a atender às Induções (de que falamos) como se fossem uma segunda infância.

4. Em terceiro lugar, admitindo que alguns Princípios e Axiomas foram corretamente // induzidos, ainda assim é certo que, em matéria natural, não se pode deduzir deles Proposições Médias por Silogismo, isto é, *por manipulação e redução deles a princípios em um termo médio*. É verdade que nas ciências populares, como a moral, o direito e outras semelhantes, e também na teologia (porque agrada a Deus acomodar-se à capacidade dos mais simples), essa forma pode ser útil; como também na filosofia natural, por via de argumento ou razão plausível, *Quae assensum parit, operis effoeta est* [O que suscita assentimento não requer maior esforço]; mas a sutileza da natureza e suas operações não se deixam prender nesses laços: pois os Argumentos consistem em Proposições, e Proposições em Palavras, e as palavras não são senão os signos ou sinais correntes das Noções Populares das coisas; noções que, se se recolhem tosca e variavelmente dos particulares, não haverá exame laborioso das consequências da argumentação ou da verdade das proposições que possa corrigir esse erro, por estar este (como dizem os médicos) na primeira digestão; e por isso não faltava razão a tantos excelentes filósofos que se tornaram Céticos e Acadêmicos, e negaram toda certeza de conhecimento ou compreensão, e sustentaram que o conhecimento

O progresso do conhecimento

humano se estende somente às aparências e probabilidades. É verdade que em Sócrates se tomava isto como mera forma de ironia, *Scientiam dissimulando simulavit* [Dissimulando seu saber, simulava],[117] pois costumava desprezar seu conhecimento para exaltá-lo; como o humor de Tibério em seus primórdios, que queria reinar mas não o reconhecia.[118] E também na Academia posterior, que Cícero abraçou, creio que esta opinião de *acatalepsia*[119] não era sustentada sinceramente, pois todos quantos se sobressaíam por sua verbosidade parecem ter escolhido essa seita, como a mais idônea para fazer brilhar sua eloquência e seus discursos inconstantes, que eram mais passeios de prazer que jornadas a um ponto de destino. Mas sem dúvida muitos espalhados em ambas as Academias a sustentaram com sutileza e integridade. Seu principal erro foi lançar o engano sobre os Sentidos, que a meu juízo (em que pesem todas suas capciosas objeções) são mais que suficientes para certificar e comunicar // a verdade, se não sempre de maneira imediata, por comparação, com a ajuda de instrumentos, e fazendo que as coisas que são demasiado sutis para o sentido se traduzam em algum efeito compreensível para ele, e com outras ajudas semelhantes. Deveriam, ao invés, lançar o engano sobre *a fraqueza das potências intelectuais, e a maneira de reunir as informações para os sentidos e concluir com elas.* Isto eu digo não para desprezar a mente do homem, mas para provocá-la a buscar ajuda; pois não há homem, por hábil ou perito que seja, que possa, pela firmeza da mão, traçar uma linha reta ou um círculo

---

117 Cícero, *Acadêmica*, II, V, 15.
118 Tácito, *Anais*, I, 7.
119 Para os céticos, a impossibilidade de saber algo com certeza.

Francis Bacon

perfeito, coisa que se pode fazer facilmente com o auxílio de uma regra ou compasso.

5. Esta parte da invenção, referente à invenção de ciências, me proponho (se Deus me permite) expor no futuro, dispondo-a em duas partes, das quais chamo a primeira *Experientia literata* e a segunda *Interpretatio naturae* [Experiência ilustrada e Interpretação da natureza], não sendo a primeira senão um grau e rudimento da segunda. Mas não quero deter-me muito nem falar demasiado sobre uma promessa.

6. A invenção de discursos ou argumentos não é propriamente invenção, pois inventar é descobrir o que não se sabe, não recuperar ou reinvocar o sabido; e a prática desta invenção não consiste senão em, *do conhecimento que nossa mente já possui, extrair ou chamar aquilo que possa ser pertinente para o propósito que temos em consideração*. De modo que, falando com rigor, não se trata de *Invenção*, mas de uma *Lembrança* ou *Sugestão*, com uma aplicação, e a isso se deve que as escolas a coloquem depois // do juízo, como algo subsequente e não precedente. Não obstante, assim como chamamos caça de cervos a praticada em parques cercados ou em campo aberto, e como já obteve esse nome, a chamaremos invenção, com o que se entenda e se tenha presente que o alcance e o fim desta invenção é a disponibilidade e pronto emprego de nosso conhecimento, e não nenhum acréscimo ou ampliação deste.

7. Para procurar essa disponibilidade do conhecimento há dois procedimentos, Preparação e Sugestão. O primeiro deles apenas parece parte do Conhecimento, pois consiste mais em diligência que em alguma erudição trabalhada. E a propósito disto, Aristóteles zomba, com engenho, mas danosamente, dos sofistas próximos de seu tempo, dizendo que *faziam como*

O progresso do conhecimento

alguém que, professando a arte de fazer sapatos, ao invés de ensinar a fazê--los, se limitasse a mostrar já prontos muitos sapatos de todos os tipos e tamanhos.[120] Ainda assim, se poderia replicar que o sapateiro que não tivesse sapatos em sua loja, mas que trabalhasse somente por encomenda, teria escassa clientela. Mas nosso Salvador, falando do Conhecimento Divino, disse *que o reino dos céus é semelhante a um bom dono de casa que do seu tesouro tira coisas novas e velhas;*[121] e vemos que os autores antigos de retórica dão este preceito, que os oradores tenham à mão aqueles Lugares de que façam uso mais frequente, em toda a variedade que seja necessária: para falar, por exemplo, a favor da interpretação literal da lei diante da equidade, e ao contrário, ou das presunções e inferências diante do testemunho, e ao contrário. E o próprio Cícero, acostumado a isso por sua longa experiência, declara inequivocamente que, seja o que for aquilo de que se tenha ocasião de falar, pode-se o ter (se se dá a esse trabalho) de fato premeditado, e preparado *in thesi* de modo que ao chegar a um particular, não lhe reste senão pôr os nomes, tempos, lugares e demais circunstâncias do caso individual.[122] Vemos também a cuidadosa diligência de Demóstenes, que, conhecendo a grande força que para causar uma boa impressão têm as entradas e acessos à matéria, tinha dispostos de antemão uns quantos prólogos para as ocasiões e os discursos. Todas estas autoridades e precedentes podem pesar mais que a opinião de Aristóteles, que queria fazer-nos trocar um rico guarda-roupa por um par de lâminas.

---

120 *Sobre as refutações sofísticas*, XXXIV (184a).
121 Mateus 13,52.
122 *De oratore*, II, 32-34 (137-147).

Francis Bacon

391   // 8. Quanto à natureza desta provisão ou armazém preparatório, que é comum à lógica e à retórica, embora lhe tivéssemos dado entrada aqui, onde primeiro se falou dela, no entanto me parece conveniente remeter seu tratamento ulterior à retórica.

9. A outra parte da Invenção, que chamo Sugestão, nos remete e orienta a certos *sinais* ou *lugares* capazes de estimular nossa mente a retomar e apresentar o conhecimento que em outro tempo foi recolhido, para que possamos fazer uso dele. Bem entendido, seu uso não se limita a fornecer argumentos para disputar verossimelmente com outros, mas auxilia também nosso juízo para que nós mesmos cheguemos a conclusões corretas. Nem podem esses Lugares servir unicamente para estimular nossa invenção, mas também para dirigir nossa pesquisa. Porque na faculdade de saber interrogar está metade do conhecimento. Pois, como disse Platão, *o que busca conhece já de maneira geral aquilo que está buscando: se não fosse assim, como o conheceria quando o encontra?*[123] E por isso, quanto mais ampla for a antecipação, mais direta e breve será a busca. E aqueles mesmos Lugares que nos ajudarem a apresentar aquilo que já sabemos, nos ajudarão também, se temos diante de nós alguém experiente, a saber que perguntas lhe fazer, ou, se temos livros e autores que nos instruam, a saber que questões buscar e examinar; de modo que não posso afirmar que esta parte da invenção, que é o que as escolas chamam Tópicos, esteja deficiente.

10. Não obstante, os Tópicos são de dois tipos, *gerais* e *especiais*. Dos gerais temos falado; os particulares têm sido tocados por alguns, mas em geral recusados como ilógicos e

---

123 *Mênon*, 80.

O progresso do conhecimento

variáveis. Mas, renunciando a este humor que tem prevalecido

392 // em demasia nas escolas (que é o de ser futilmente sutil em umas poucas coisas que estão ao alcance e recusar as demais), eu admito os Tópicos particulares, isto é, os lugares ou direções de invenção e indagação em cada conhecimento particular, como algo de grande utilidade. Em sua composição entram a Lógica e a matéria das ciências, pois nestas se cumpre que *Ars inveniendi adolescit cum inventis* [A arte de descobrir cresce com cada descobrimento]; pois assim como ao percorrer um caminho não só ganhamos essa parte que já temos percorrida, como obtemos também uma melhor visão da parte que falta percorrer, do mesmo modo todo avanço em uma ciência lança luz sobre a seguinte, luz que se fortalecemos, levando-a a questões ou lugares de indagação, nos adiantaremos muito em nossa tarefa.

XIV. 1. Passamos agora às artes do Juízo, que tratam das naturezas das Provas e Demonstrações; o que, no caso da Indução coincide com a Invenção, *pois em toda indução, seja formalmente boa ou viciosa, a mesma ação da mente que inventa, julga, sendo tudo a mesma coisa como no sentido*; mas o mesmo não ocorre na prova por silogismo, pois não sendo a prova imediata, mas através de meio, *a invenção do meio é uma coisa, e o juízo da consequência é outra*, a primeira apenas estimulando, o segundo examinando. Portanto, para a forma real e exata do juízo, nos remetemos ao que dissemos sobre a *Interpretação da Natureza*.

2. Quanto a este outro juízo por Silogismo, por ser coisa muito agradável à mente humana, tem sido veemente e excelentemente trabalhado. Pois a natureza humana anseia em extremo ter em seu entendimento algo fixo e irremovível, e que

seja como um apoio ou suporte do espírito. Por isso, assim como Aristóteles tenta demonstrar que em todo movimento há algum ponto quieto,[124] e elegantemente explica a antiga fábula de Atlas (que estava quieto e sustentava o céu para que não caísse) dando-lhe o sentido dos pólos ou eixo do céu sobre o qual se efetua a rotação, do mesmo modo, sem dúvida desejam os homens ter um Atlas ou eixo em seu interior que os resguarde da flutuação, que é como um perpétuo perigo de cair, e em consequência se apressaram a estabelecer alguns princípios em redor dos quais pudessem girar suas várias controvérsias.

3. Digamos, pois, que esta arte do Juízo não é outra coisa que *a redução de proposições a princípios através de um termo médio*, devendo ser os Princípios aceitos // por todos e indiscutidos, o Termo Médio escolhido livremente por cada um segundo sua invenção, e a Redução de dois tipos, direto e inverso: o primeiro quando a proposição se reduz ao princípio, que é o que se chama *Provação ostensiva*, o segundo quando o contrário da proposição se reduz ao contrário do princípio, que é o que se chama *per incommodum*, ou *redução ao absurdo*; e sendo o número de termos médios maior ou menor segundo a proposição esteja separada do princípio por mais ou menos graus.

4. E a esta arte servem dois métodos diferentes de doutrina, um de direção e outro de precaução. O primeiro configura e determina uma forma de consequência verdadeira, mediante as variações e deflexões que permitam julgar exatamente os erros e inconsequências; e para a composição e estruturação desta forma é pertinente estudar as partes dela, que são as pro-

---

124 *Do movimento dos animais*, 3.

O progresso do conhecimento

posições, e as partes das proposições, que são simples palavras; e esta é a parte da lógica que abarca a Análise.

5. O segundo método de doutrina foi introduzido com vistas ao uso expedito e seguro, e tem por objeto descobrir as formas mais simples de sofismas e armadilhas com suas refutações, e isto é o que se denomina *Elencos*. Pois, embora nos tipos mais toscos de falácias ocorra (segundo a acertada comparação de Sêneca) como nos truques de prestidigitação que embora não saibamos como são feitos, estamos seguros de que não são o que parecem,[125] contudo os mais úteis não só nos deixam sem resposta, como muitas vezes zombam de nosso juízo.

6. Esta parte relativa aos *Elencos* está excelentemente tratada por Aristóteles com preceitos, mas mais excelentemente por Platão, com exemplos, não somente nas pessoas dos Sofistas, como também na do próprio Sócrates, que, fazendo profissão de não afirmar nada, mas invalidar o afirmado por outro, expressou perfeitamente todas as formas de objeção, falácia e refutação. E embora // tivéssemos dito que esta doutrina tem seu emprego próprio na refutação, contudo é manifesto o uso degenerado e corrupto que se faz dela para enganar e contradizer, que passa por ser grande faculdade e sem dúvida resulta muito vantajoso; apesar do que é certa a diferença que se fez entre oradores e sofistas, sendo os primeiros como o galgo, que leva sua vantagem na corrida, e os segundos como a lebre, que a leva no desvio, que é a vantagem do mais fraco.

7. É preciso ainda acrescentar que esta doutrina dos *Elencos* tem uma latitude e extensão mais amplas do que parece,

---

125 Sêneca, *Epistulae Morales ad Lucilium*, XLV, 8.

Francis Bacon

alcançando diversas partes do conhecimento, das quais algumas estão trabalhadas e outras omitidas. Pois, em primeiro lugar, eu entendo (embora à primeira vista possa parecer um tanto estranho) que essa parte que algumas vezes se inclui na Lógica e outras na Metafísica, tocante aos *elementos comuns das essências*, não é senão um elenco; pois, sendo o maior de todos os sofismas a confusão ou ambiguidade de palavras e frases, e em especial das palavras que são mais gerais e entram em toda indagação, parece-me que a verdadeira e frutífera utilidade (deixando de lado sutilezas e especulações vãs) da investigação da maioria, minoria, prioridade, posterioridade, identidade, diversidade, possibilidade, ato, totalidade, partes, existência, privação etc. está em munir-se de prudentes cautelas contra as ambiguidades da expressão verbal. Do mesmo modo, a distribuição das coisas em certas tribos que chamamos categorias ou predicáveis não é senão cautela contra a confusão nas definições e divisões.

8. Em segundo lugar, há uma sedução que opera pela força da impressão e não pela sutileza do engano: que, mais do que deixar perplexa a razão, a vence pelo poder da imaginação. Mas esta parte me parece mais apropriado tratá-la quando falarmos da retórica.

9. Finalmente, resta, porém, outro tipo muito mais importante e profundo de falácias na mente do homem, que vejo que de nenhuma forma tenha sido observado nem estudado, e que creio conveniente colocar aqui, como aquele que mais interessa para retificar o juízo: sendo sua força tal, que não só deslumbra ou enreda o entendimento em alguns particulares, mas de modo mais geral e interior contamina e corrompe seu estado. Pois a mente humana // dista muito de ser como um

O progresso do conhecimento

espelho claro e liso onde os raios das coisas se refletem segundo sua verdadeira incidência; antes é como um espelho encantado, cheio de superstições e impostura, se não se a libera e corrige. Com esse fim, consideremos as falsas aparências que nos impõe a natureza geral da mente, contemplando-as em um ou dois exemplos: como, primeiro, nessa circunstância que é a raiz de toda superstição, a saber, *que com a natureza da mente de todos os homens é consoante que o afirmativo ou ativo impressione mais que o negativo ou privativo*, de modo que uns poucos casos de acerto ou presença podem mais do que muitos de falha ou ausência; como foi bem respondido por Diágoras àquele que no templo de Netuno lhe mostrava o grande número de efígies de quantos se haviam salvo de naufrágios e oferecido seus ex-votos a Netuno, e que lhe dizia: *Reflete agora, tu que tens por necessidade invocar Netuno na tormenta*; e disse-lhe Diágoras: *Sim, mas onde estão pintados os que se afogaram?*[126] Contemplemo-lo em outra circunstância, a saber, *que o espírito do homem por ser de substância igual e uniforme, usualmente supõe e imagina na natureza uma maior igualdade e uniformidade do que realmente há*. Daí procede que os matemáticos não se podem dar por satisfeitos se não reduzem os movimentos dos corpos celestes a círculos perfeitos, recusando as linhas espirais e esforçando-se em desfazer-se das excêntricas. Daí procede que, apesar de haver na natureza muitas coisas que são, por assim dizer, *monodica, sui juris* [coisas únicas em sua classe, de direito próprio], contudo as cogitações do homem lhes inventam parentes, paralelos e conjugados, sendo que não os há. Assim se inventou um elemento de Fogo, para fazer quarteto com a Terra, a Água e o Ar etc.; e mais,

---

126 Cícero, *De natura deorum*, III, 37.

é incrível, até que se o examina, o número de ficções e fantasias que a similitude com as ações e artes humanas, juntamente com o fazer do homem *communis mensura* [medida comum], introduziu na Filosofia Natural, que desse modo vem a ser // como a heresia dos antropomorfitas,[127] nascida nas celas de monges toscos e solitários, ou como a opinião de Epicuro, culpável do mesmo no paganismo, que supunha que os deuses tivessem forma humana. Por isso Veleio, o epicurista, não tinha necessidade de se perguntar por que Deus havia adornado os céus com estrelas, como se fosse um edil, encarregado de organizar jogos ou espetáculos magníficos.[128] Pois se esse grande operário tivesse sido de disposição humana, teria colocado as estrelas formando conjuntos e agrupamentos agradáveis e formosos, como as decorações dos telhados das casas; sendo assim que entre um número infinito delas apenas se encontra uma colocação em quadrado, triângulo ou linha reta, tão diferente é a harmonia que reina no espírito do homem e no espírito da natureza.

10. Consideremos também as falsas aparências que nos impõem o caráter e os costumes particulares de cada um, nessa suposição imaginária que faz Platão da caverna:[129] pois que dúvida cabe de que, se uma criança fosse retida dentro de uma gruta ou cova subterrânea até sua maturidade, e então saísse de repente, teria imaginações estranhas e absurdas; do mesmo modo, embora nossas pessoas vivam à vista do céu, nossos espíritos estão encerrados nas cavernas de nossos caráteres e

---

127 Hereges que atribuíam a Deus corpo humano.
128 Cícero, *De natura deorum*, I, 9.
129 *República*, VII.

O progresso do conhecimento

costumes, que, se não os trazemos a exame, nos subministram erros infinitos e opiniões vãs. Mas disto demos muitos exemplos em um dos erros, ou humores mórbidos, que repassamos brevemente em nosso primeiro livro.

11. E, finalmente, consideremos as falsas aparências que nos impõem as palavras, que são compostas e aplicadas em conformidade com as ideias e capacidades do vulgo; e embora acreditemos governar sobre nossas palavras, e acertadamente prescrevamos *Loquendum ut vulgus, sentiendum ut sapientes* [Há que se falar como o vulgo, mas pensar como os sábios],[130] contudo é certo que, como o arco de um tártaro, se voltam contra o entendimento dos mais sábios,[131] fortemente enredam e pervertem o juízo, de modo que em quase todas as controvérsias e // disputas seria necessário imitar a prudência dos Matemáticos, e desde o início fixar as definições de nossas palavras e termos, para que os demais possam saber como os adotamos e entendemos, e se estão de acordo conosco ou não. Pois por falta disto ocorre que forçosamente temos que acabar onde deveríamos ter começado, em discussões e diferenças sobre as palavras. Para concluir, pois, temos que confessar que não nos é possível nos desembaraçarmos destas falácias e falsas aparências, porque são inseparáveis de nossa natureza e condição vital; portanto, a cautela que se tome contra elas (pois todos os elencos, como dissemos, não são senão cautelas) é de suma importância para a reta direção do juízo humano. Os elencos

---

130 Nifo, Comentário a *"Sobre a geração e a corrupção"* de Aristóteles, I, 29g.
131 Os tártaros tinham o hábito de atirar de costas, voltando-se sobre o cavalo.

ou cautelas particulares contra estas três falsas aparências, os encontro totalmente deficientes.

12. Resta uma parte do juízo de grande importância, que a meu entender tem sido tratada com tanta ligeireza que posso também dá-la por deficiente, e que é a aplicação dos diferentes tipos de provas aos diferentes tipos de objetos. Pois, havendo somente quatro tipos de demonstrações, isto é, pelo assentimento imediato da mente ou do sentido, por indução, por sofisma e congruência, que é o que Aristóteles chama *demonstração em orbe ou círculo*,[132] e não *a notioribus*,[133] a cada um deles correspondem certos objetos na matéria das ciências para os quais são da maior utilidade, e outros dos quais deveriam ser excluídos; e o rigor e a curiosidade no pedir as provas mais severas em algumas coisas, mas sobretudo a facilidade para contentar-se com as mais frouxas em outras, têm figurado entre as maiores causas de detrimento e estorvo para o conhecimento. A distribuição e designação das demonstrações, feitas por analogia com as das ciências, as assinalo como deficiente.

XV. 1. A custódia ou conservação do conhecimento se faz mediante Escritura ou Memória; das quais na escritura se distinguem duas partes, a natureza do *caractere* e a ordem da *anotação*. Quanto à arte dos *caracteres* ou outros signos visíveis das palavras ou coisas, tem parentesco muito estreito // com a gramática, e, portanto, a remeto a seu devido lugar. Quanto à *disposição* e *colocação* do conhecimento que conservamos por escrito, consiste numa boa coleção de citações; a propósito do

---

132 *Primeiros analíticos*, II, V (57b).
133 Partindo de coisas mais bem conhecidas.

O progresso do conhecimento

que não ignoro o dano que se imputa ao uso de cadernos de citações, como causador de atraso na leitura e de certa preguiça ou relaxamento da memória. Mas, porque nos conhecimentos é falsidade ser precoce e rápido, exceto se se é muito profundo e instruído, eu sustento que a anotação de citações é algo muito útil e essencial no estudo, porque assegura abundância de invenção e concentra o juízo fortalecendo-o. É verdade, contudo, que entre os *sistemas* de citações que tenho visto não há nenhum de suficiente valor, mostrando todos eles o semblante de uma *escola* em vez do de um *mundo*, e referindo-se a assuntos vulgares e divisões pedantes sem vida nem relação com a ação.

2. No que diz respeito à outra parte da custódia do conhecimento, que é a Memória, vejo que esta faculdade tem sido, a meu juízo, frouxamente estudada. Existe uma arte dela, mas me parece que há preceitos melhores que essa arte, e práticas melhores dessa arte do que as habituais. É certo que a arte, tal como é, pode ser levada a extremos de brilho prodigiosos, mas seu uso (tal como agora se faz) é estéril: nem oneroso nem perigoso para a memória natural, segundo se crê, mas estéril, isto é, carente de aplicação produtiva na administração séria de negócios e ocasiões. E por isso, ao repetir um grande número de nomes ou palavras os tendo ouvido apenas uma vez, ou compor muitos versos ou rimas *ex tempore*, ou fazer um símile satírico de qualquer coisa, ou converter qualquer coisa em piada, ou apresentar como falsa ou contradizer qualquer coisa capciosamente, ou coisas semelhantes, de que as faculdades mentais oferecem grande abundância, e tais que com engenho e prática podem ser levadas a um grau de prodígio extremo, a tudo isso não tenho em maior estima do que os jogos dos

Francis Bacon

acrobatas, funâmbulos e equilibristas, sendo os primeiros na mente o que os segundos são no corpo, questões extravagantes sem valor.

3. Esta arte da memória se edifica unicamente sobre dois elementos: a // Prenoção e o Emblema. A Prenoção dispensa a busca indefinida do que queríamos recordar, e nos orienta a buscar dentro de um âmbito reduzido, isto é, entre o congruente com nosso *lugar de memória*. O Emblema reduz os conceitos intelectuais a imagens sensíveis, que atingem mais a memória, do que se pode extrair axiomas muito mais práticos que os que agora se utilizam; e além desses axiomas há vários outros tocantes ao auxílio da memória, que não são inferiores àqueles. Mas no começo já adverti que não ia assinalar como deficientes aquelas coisas que estão apenas maltratadas.

XVI. 1. Resta o quarto tipo de Conhecimento Racional, que é transitivo, referente à expressão ou transferência de nosso conhecimento a outros, e ao qual darei o nome genérico de Comunicação ou Transmissão. A Comunicação tem três partes, das quais a primeira se refere ao *órgão* de comunicação, a segunda ao *método* e a terceira à *ilustração.*

2. Quanto ao órgão de comunicação, é ou Discurso ou Escrita: pois bem disse Aristóteles que *as palavras são imagens dos pensamentos, e as letras imagens das palavras;*[134] entretanto, não é necessário que os pensamentos sejam expressos mediante palavras. Pois *tudo aquilo que é suscetível de mostrar diferenças suficientes perceptíveis pelos sentidos, é por natureza apto para expressar os pensamentos.* E por isso vemos que no comércio entre bárbaros que

---

134 *Da Interpretação*, I (16a).

O progresso do conhecimento

não entendem uns as línguas dos outros, e na prática dos mudos e surdos, se expressa o que se pensa mediante gestos, que, embora não perfeitamente, servem para o que se pretende. E sabemos também que na China e nos reinos do Extremo Oriente há o costume de escrever em Caracteres Reais, que não expressam em geral letras nem palavras, mas Coisas ou Noções, a ponto em que países e províncias que não entendem uns a língua dos outros podem, não obstante, ler os respectivos escritos, porque a área de difusão dos caracteres é maior

400 // que a das línguas; e por isso têm uma enorme quantidade de caracteres, tantos, suponho, como palavras radicais.

3. Estes signos dos pensamentos são de dois tipos, um quando o signo guarda alguma semelhança ou congruência com a ideia, e o outro *ad placitum*, tendo validez somente por contato ou convênio. Do primeiro tipo são os Hieróglifos e os Gestos. Quanto aos Hieróglifos (coisas de uso antigo, e cultivada, sobretudo, pelos egípcios, umas das nações mais antigas), não são senão impressões e emblemas fixados. E quanto aos Gestos, são como Hieróglifos transitórios, e estão para estes como as palavras faladas para as escritas, porque não permanecem, mas sempre têm, como elas, uma afinidade com as coisas significadas: como no caso de Periandro, que, consultado sobre como conservar uma tirania recentemente imposta, indicou ao mensageiro que prestasse atenção e comunicasse o que ia fazer, e indo ao jardim decepou todas as flores mais altas, querendo dizer com isto que era preciso decepar e manter baixos a nobreza e os grandes.[135] *Ad placitum* são os Caracteres Reais já mencionados, e as Palavras; embora alguns

---

135 Aristóteles, *Política*, III, 13.

205

tivessem querido, por curiosa indagação, ou antes, por hábil fingimento, fazer proceder a imposição de nomes da razão e do entendimento: especulação elegante e, posto que indague na Antiguidade, reverente, mas escassamente mesclada de verdade, e de pouco fruto. Esta porção do conhecimento, tocante aos Signos das Coisas e pensamentos em geral, não a considero investigada mas sim deficiente. E embora pudesse parecer de não grande utilidade, considerando que as palavras e escritos com letras têm muita vantagem em relação a todos os demais procedimentos, entretanto, por referir-se esta parte, por assim dizer, à cunhagem do conhecimento (pois as palavras são o meio de troca corrente e aceito das ideias, como as moedas o são dos valores, e convém não ignorar que as moedas podem ser de outro tipo que de ouro e prata), julguei conveniente recomendar seu melhor estudo.

4. No que diz respeito aos Discursos e Palavras, sua consideração engendrou a ciência da Gramática: pois o homem sempre se esforça para // recuperar aquelas bênçãos das quais por seu erro foi privado; e assim como lutou contra a primeira maldição geral mediante a invenção de todas as demais artes, do mesmo modo procurou furtar-se à segunda maldição geral (que foi a confusão de línguas) mediante a arte da Gramática, cuja utilidade é pouca na língua materna, maior em uma língua estrangeira e máxima nas línguas estrangeiras que deixaram de ser vulgares e ficaram somente línguas cultas. Seu encargo é duplo: um popular, que atende à aprendizagem rápida e perfeita das línguas, tanto para o intercâmbio falado como para a compreensão de autores, e outro filosófico, que examina o poder e natureza das palavras como marcas e sinais da razão. Este tipo de analogia entre as palavras e a razão está

O progresso do conhecimento

tratado *sparsim*, de maneira dispersa, embora não inteiramente, e portanto não a posso assinalar como deficiente, embora me pareça muito merecedora de ser constituída em ciência por si mesma.

5. À Gramática pertence também, à maneira de apêndice, a consideração dos Acidentes das Palavras, que são sua medida, som e elevação ou acento, e sua doçura ou aspereza. Disto brotaram algumas observações curiosas na Retórica, mas, sobretudo, na Poesia, considerada com respeito ao verso e não ao argumento; onde, embora nas línguas cultas seguem os autores ligados às medidas antigas, nas línguas modernas me parece que há tanta liberdade para inventar novas medidas de versos como danças: pois a dança é um passo medido, como a poesia é um discurso medido. Nestas coisas o sentido é melhor juiz que a arte:

402

// Coenae fercula nostrae
Mallem convivis quam placuisse cocis
[O jantar é para agradar aos convidados que o comem, não ao cozinheiro que o prepara].[136]

E sobre a imitação servil da Antiguidade com temas incongruentes e impróprios, bem se disse que *Quod tempore antiquum videtur, id incongruitate est máxime novum* [Curiosamente, o que parece antigo no tempo é o mais novo].

6. Quanto às Cifras, costumam ser de letras ou alfabetos, mas também podem ser de palavras. Os tipos de Cifras (além das simples por troca e adição de elementos nulos e não sig-

---

136 Marcial, *Epigramas*, IX, 81.

Francis Bacon

nificantes) são muitos, segundo a natureza ou norma da ocultação: cifras em Roda, em Chave, Duplas etc. E suas virtudes, pelas quais hão de ser preferidas umas às outras, são três: que não sejam trabalhosas de escrever e ler, que sejam impossíveis de decifrar e, em alguns casos, que não despertem suspeitas. Seu grau mais elevado é a escrita de *omnia per omnia* [tudo por tudo, isto é, de qualquer texto mediante qualquer signo], o qual é indubitavelmente possível, com uma proporção de no máximo cinco por um do escrito encobridor ao escrito encoberto, e sem nenhuma outra limitação. Esta arte de Cifrar tem seu correspondente na arte de Decifrar, que em teoria deveria ser infrutífera, mas tal como se fazem as coisas é de grande utilidade. Pois supondo-se que as cifras foram bem-feitas, haveria multidões delas que excluiriam o decifrador. Mas por causa da imperícia e falta de habilidade das mãos pelas quais passam, muitas vezes os assuntos mais sérios se transmitem nas cifras mais inseguras.

7. Na enumeração destas artes particulares e retiradas, poder-se-ia pensar que o que pretendo é fazer um amplo registro das ciências, nomeando-as por brilho e ostentação, e sem muito outro propósito. Mas julguem os peritos nelas se as introduzo apenas por aparência, ou se no que sobre elas falo, embora conciso, não há alguma semente // de melhora. E tenha-se em conta que, assim como há muitos que em seus países e províncias são grandes personagens, mas chegando à Sede do Estado não são senão medianos e escassamente considerados, do mesmo modo estas artes, estando aqui postas com as ciências principais e supremas, parecem coisas insignificantes, mas para quem as escolheu para objeto de seus estudos parecem grandes assuntos.

O progresso do conhecimento

XVII. 1. Quanto ao método da Comunicação, vejo que suscitou uma controvérsia em nossa época.[137] Mas, assim como acontece nos negócios civis, que se há uma reunião entre os assistentes e surge uma altercação, isso costuma pôr fim ao assunto pelo momento e não se avança, o mesmo ocorre também no saber, que, onde há muita controvérsia há muitas vezes pouca indagação. Pois esta parte do conhecimento relativa ao Método me parece tão pobremente investigada que a assinalarei como deficiente.

2. O Método tem sido colocado, e não erroneamente, na Lógica, como parte do Juízo; pois assim como a doutrina do Silogismo compreende as normas do juízo sobre o descoberto, também a doutrina do Método contém as normas do juízo sobre o que se há de comunicar; porque o juízo precede a Comunicação, como se segue ao Descobrimento. Nem é o método ou natureza da comunicação importante somente para o uso do conhecimento, como o é igualmente para o *progresso* deste: pois, como o esforço e a vida de um só homem não bastam para alcançar a perfeição do conhecimento, é a sabedoria da Comunicação que inspira o acerto na continuação e no avanço. Por isso a divisão mais real do método é aquela que distingue entre o método orientado ao Uso e o método orientado ao Progresso, dos quais ao primeiro podemos chamar Magistral, e ao segundo Iniciação.

3. Este último parece ser *via deserta et interclusa* [caminho cerrado e não frequentado]. Porque, tal e como agora se transmitem os conhecimentos, há uma espécie de contrato de erro

---

137 As polêmicas em torno das teorias de Petrus Ramus (1515-1572) sobre o método.

Francis Bacon

404 entre // o transmissor e o receptor: pois o que transmite o conhecimento deseja fazê-lo da maneira que seja mais bem acreditado, e não mais bem examinado; e o que o recebe, mais deseja satisfação imediata que indagação antecipada, e assim antes não duvidar que não errar, fazendo o afã de glória com que o autor não descubra sua fraqueza, e a indolência com que o discípulo não conheça sua força.

4. Mas o conhecimento que se transmite como fio sobre o qual tecer deveria ser comunicado e insinuado, se isso fosse possível, *com o mesmo método com que foi descoberto*, e assim pode ser feito com o conhecimento obtido por indução. Mas neste outro conhecimento antecipado e prematuro, ninguém sabe como se chegou a ele. Ainda assim, *secundum majus et minus*, é possível revisar e descer aos fundamentos do próprio conhecimento e assentimento, e desse modo transplantá-los a outros como cresceram na própria mente. Pois sucede com os conhecimentos como com as plantas: se se quer utilizar a planta, não há que se preocupar com as raízes; mas se se quer trasladá-la para que cresça, então é mais seguro confiar em raízes do que em mudas. De modo que a transmissão de conhecimentos, tal como agora se efetua, é como a de formosos troncos de árvores sem as raízes, que são bons para o carpinteiro, mas não para o criador; por outro lado, se se quer que as ciências cresçam, não importa tanto o tronco ou corpo da árvore, desde que se olhe bem ao apanhar as raízes. Deste tipo de transmissão há alguma sombra no método usado nas matemáticas; mas em geral não a vejo nem posta em prática nem submetida a indagação, e portanto a assinalo como deficiente.

5. Há outra divisão do Método que tem alguma afinidade com a primeira, empregada em alguns casos pela discrição dos

O progresso do conhecimento

antigos mas degradada desde então pelas imposturas de gente fútil, que fez dela uma falsa luz para suas mercadorias fraudulentas, e é a do método Enigmático e Descoberto. // Com o primeiro se pretende evitar que os espíritos vulgares tenham acesso aos segredos dos conhecimentos, e reservar estes para ouvintes seletos, ou engenhos suficientemente afiados para rasgar o véu.

6. Outra divisão do Método, de grande consequência, é a que se refere à transmissão do conhecimento em Aforismos ou de maneira sistemática: a propósito do qual podemos observar que tem havido demasiado costume de, a partir de uns quantos Axiomas ou observações sobre qualquer tema, construir uma arte solene e formal, preenchendo-a com alguns discursos, ilustrando-a com exemplos e refundindo tudo em forma de sistema; mas a escrita em aforismos têm muitas virtudes excelentes, às quais não alcança a escrita sistemática.

7. Pois, em primeiro lugar, põe à prova o escritor, revelando se é superficial ou profundo: porque os aforismos, a não ser que sejam ridículos, não se podem fazer senão com o miolo e medula das ciências, pois não cabem neles nem o discurso ilustrativo, nem as enumerações de exemplos, nem o discurso de conexão e ordem, nem as descrições de prática, de modo que não resta outra coisa para chegar ao aforismo que uma boa dose de observação; e por conseguinte ninguém é apto para escrever aforismos, nem sensatamente tentaria fazê-lo, a não ser que possua um conhecimento correto e bem fundado. Nos Sistemas, por sua vez,

tantum series juncturaque Pollet,
Tantum de medio sumptis accedit honoris

Francis Bacon

[Tanto podem a ordem e a concatenação,
com tanta graça se pode apresentar o medíocre][138]

que é possível fazer grande ostentação de arte com coisas que
desagregadas valeriam bem pouco. Em segundo lugar, os Sistemas são mais adequados para obter assentimento ou crença,
mas menos para orientar a ação: pois neles se faz uma espécie
de demonstração circular, iluminando uma parte a outra, e
por isso satisfazem, mas os particulares, estando dispersos,
concordam melhor com as indicações dispersas. E, finalmente,
os aforismos, ao apresentar um conhecimento incompleto,
convidam a seguir investigando, enquanto as exposições sistemáticas, ao aparentar uma totalidade, aquietam e fazem crer
que se chegou a término.

8. Outra divisão do Método, também de grande peso, é a
que distingue entre o tratamento do conhecimento por Afirmações e suas Provas, ou por Questões e suas Determinações;
sendo este último tipo, se se o segue sem moderação, tão
prejudicial para o avanço do saber como seria para o avanço
// de um exército ir sitiando cada pequena praça ou posição.
Pois se se domina a zona e se persegue a totalidade da empresa, essas coisas menores cairão por si mesmas, embora na
realidade ninguém deixaria uma parte importante do inimigo
às suas costas. De modo semelhante, o exemplo de refutações
na transmissão das ciências deveria ser muito parco, e servir
para eliminar preocupações e prejuízos fortes, não para subministrar e estimular disputas e dúvidas.

---

138 Horácio, *Ars Poetica*, 242-243.

O progresso do conhecimento

9. Outra divisão do Método é a *conforme ao objeto ou à matéria tratada*, pois há uma grande diferença entre a transmissão das Matemáticas, que são o mais abstrato dos conhecimentos, e a da Política, que é o mais material. E embora se tivesse defendido uma uniformidade do método com multiformidade da matéria, é visível como essa opinião, afora sua fraqueza, tem sido prejudicial para o saber, pois tende a reduzi-lo a generalidades vazias e estéreis, que não são mais que as cascas e invólucros das ciências, tendo sido extraído e expulso todo o miolo com a espremedura e pressão do método. Por conseguinte, da mesma forma que me pareciam bem os Tópicos particulares para a invenção, também me parecem bem os Métodos particulares de transmissão.

10. Outra divisão do Método que deve ser usada com bom juízo na transmissão e ensino do conhecimento é a *conforme à luz e supostos prévios do que se transmite*, pois o conhecimento que é novo e diverso das opiniões estabelecidas deve ser transmitido de outra forma do que o já aceito e conhecido; e por isso Aristóteles, querendo censurar Demócrito, na realidade o elogia quando diz: *Se queremos efetivamente disputar, e não seguir símiles* etc.[139] Pois àqueles cujas ideias estão assentadas em opiniões populares, lhes basta provar ou disputar; mas aqueles outros cujas ideias estão mais além das opiniões populares têm um duplo trabalho: de um lado fazer-se compreender, e de outro, provar e demonstrar, de modo que forçosamente // terão que recorrer a símiles e traduções para expressar-se. E por isso na infância do saber, e em tempos rudes, quando essas ideias

---

139 *Ética a Nicômaco*, VI, III (1139b). É de supor que Aristóteles está se referindo a Platão.

que agora são vulgares eram novas, o mundo estava cheio de Parábolas e Similitudes; pois se não fosse assim, aquilo que se oferecia teria passado inadvertido, ou teria sido recusado como paradoxal, antes de ser compreendido ou julgado. Assim no saber divino vemos o quão frequentes são as Parábolas e os Tropos: pois é norma que toda ciência que não esteja em consonância com os supostos prévios deve chamar em seu auxílio os símiles.

11. Há também outras divisões do Método, vulgares e estabelecidas, como a que os divide entre métodos de Resolução ou Análise, de Constituição ou Sistasis, de Ocultação ou Crípticos etc., que me parecem bem, embora me tivesse detido naquelas que estão menos tratadas e observadas. Tudo o que recordei a esse propósito, porque eu erigiria e constituiria uma só indagação geral, que me parece deficiente, tocante à Prudência da Comunicação.

12. Esta parte do conhecimento concernente ao Método pertence, além disso, não só à Arquitetura da estrutura inteira de uma obra, mas também às suas vigas e colunas, não enquanto à sua matéria, mas à sua quantidade e figura; e, portanto, o Método considera não só a disposição do Argumento ou Tema, mas também as Proposições; não enquanto à sua verdade ou matéria, mas enquanto à sua limitação e maneira. Nisto foi muito mais meritória a atuação de Ramus ao ressuscitar as boas regras das Proposições, καθόλου πρῶτον κατά παντός etc.[140] que ao introduzir o cancro dos epítomes; e, entretanto, (sendo tal a condição do ser humano que, segundo as fábulas

---

140 Que sejam verdadeiras geral, primaria e essencialmente.

O progresso do conhecimento

antigas, *as coisas mais preciosas têm os guardiães mais perniciosos*), foi a tentativa do primeiro que o fez cair no segundo. Pois deveria ter estado muito bem dirigido para fazer os Axiomas *convertíveis* sem por isso fazê-los *circulares* e *não progressivos* ou *a si mesmo recorrentes*; a intenção, porém, era excelente.

408 // 13. As outras considerações do Método concernentes às Proposições se referem principalmente às proposições extremas, que limitam o alcance das ciências: pois de todo conhecimento é legítimo dizer que possui, além da profundidade (que é sua verdade ou substância, o que o torna sólido), uma longitude e uma latitude, medindo-se a latitude para com as outras ciências, e a longitude para com a ação, isto é, desde a maior generalidade até o preceito mais particular; o primeiro determina até que ponto um conhecimento deve intrometer-se na província de outro, que é a norma que se chama χαθαυτό;[141] o outro determina até que grau de particularidade deve descer um conhecimento e este último o vejo desatendido, sendo a meu juízo o mais importante, pois certamente há que deixar algo à prática, mas merece investigar-se quanto. Vemos que as generalidades remotas e superficiais não fazem senão expor o conhecimento ao desprezo dos homens práticos, e não são mais úteis para a prática que o mapa universal de Ortelius para indicar o caminho de Londres a York. O melhor tipo de normas tem sido comparado, não sem acerto, com os espelhos de aço não polidos, onde se podem ver as imagens das coisas, mas antes é preciso alisá-los: assim as normas auxiliam, se são trabalhadas e polidas pela prática. Mas a questão é o quão cristalinas podem ser feitas no começo,

---

141 A norma de que as proposições sejam verdadeiras essencialmente.

e até que ponto podem ser polidas de antemão, e a indagação disto me parece deficiente.

14. Também se tem cultivado e posto em prática um método que não é um método legítimo, mas de impostura, e que é o de transmitir os conhecimentos de tal maneira que rapidamente possam chegar a fazer ostentação de saber aqueles que dele carecem; tal foi o trabalho de Raimundo Lúlio ao elaborar essa arte que leva seu nome, não muito diferente de alguns livros de Tipocosmia que se têm feito desde então, e que não são mais do que uma massa de palavras de todas as artes, com as quais se pretende fazer crer que os que usam os termos entendem a arte; compilações muito semelhantes a uma loja de roupas velhas e velharias, que tem restos de tudo, mas nada de valor.

409 XVIII. 1. Passamos agora a esta parte que diz respeito à // Ilustração da Comunicação, compreendida nessa ciência que chamamos Retórica, ou Arte da Eloquência: ciência excelente e excelentemente trabalhada. Pois se em valor autêntico é inferior à sabedoria, como foi dito por Deus a Moisés, quando este se desculpava por carecer dessa faculdade: *Aarão falará por ti, e tu serás para ele como Deus*,[142] mas diante do público é a mais poderosa; pois assim disse Salomão, *Sapiens corde appellabitur prudens, sed dulcis eloquio majora reperiet* [Ao de coração sábio se o chama prudente, mas a doçura da fala consegue maiores coisas],[143] querendo dizer que a sabedoria profunda ajuda a conseguir celebridade ou admiração, mas é a eloquência o que prevalece na vida ativa. Quanto ao seu cultivo, a emulação de

---

142 Êxodo 4,16.
143 Provérbios 16,21.

O progresso do conhecimento

Aristóteles com os retóricos de seu tempo, e a experiência de Cícero, fizeram com que em suas obras de Retórica superassem a si mesmos. Por outro lado, a excelência dos modelos de eloquência que temos nas orações de Demóstenes e Cícero, unida à perfeição dos preceitos, duplicou o progresso nesta arte; por conseguinte, as deficiências que vou assinalar, mais se referirão a certas compilações que podem servir à arte como criadas, que às normas ou emprego da própria arte.

2. Não obstante, para remover um pouco a terra ao redor das raízes desta ciência, como fizemos com as restantes, diremos que a função e ofício da Retórica é *acomodar a Razão à Imaginação* para mover melhor a vontade. Pois vemos que o regime da razão pode ser afetado de três maneiras: por Emaranhamento ou Sofisma, que pertence à Lógica; por Imaginação ou Impressão, que pertence à Retórica; e por Paixão ou Afeto, que pertence à Ética. E assim como na negociação com outros o homem se vê dominado pela astúcia, pela importunidade e pela veemência, do mesmo modo nesta negociação conosco mesmos nos vemos debilitados pelas Inconsequências, solicitados e importunados pelas Impressões ou Observações, e arrastados pelas Paixões. Mas não está a natureza humana tão mal composta que esses poderes e artes tenham força para perturbar a razão, e não a tenham para confirmá-la e impulsioná-la: pois a finalidade da Lógica é ensinar uma forma de argumentação que assegure a razão, não que a faça cair numa armadilha; a finalidade da // Moralidade é procurar fazer com que os afetos obedeçam à razão, não que a invadam, e a finalidade da Retórica é suprir a imaginação para que secunde a razão, não para que a oprima. De modo que os abusos destas artes só reclamam atenção *ex obliquo*, por cautela.

217

3. Por isso foi grande injustiça em Platão, embora nascida de um justo aborrecimento dos retóricos de seu tempo, não apreciar a Retórica senão como arte voluptuosa, declarando-a semelhante à arte de cozinhar, que estraga as boas carnes saudáveis e as torna insalubres com variedade de molhos para agradar o paladar.[144] Pois vemos que com muito mais frequência o discurso se aplica a adornar o bom do que a dar aparência de bom ao mau, porque ninguém pode ser mais honesto em sua fala que em suas ações ou pensamentos; e muito bem assinalou Tucídides em *Cleon*, que porque nas causas de Estado costumava pôr-se no lado mau, por isso estava sempre clamando contra a eloquência e o bom dizer, sabendo que ninguém é capaz de falar bem de propósitos sórdidos e baixos.[145] Por isso, como disse Platão com elegância, *A virtude, se pudesse ser vista, moveria a grande amor e afeto;*[146] e já que não é possível mostrá-la aos sentidos em forma corpórea, o seguinte é mostrá-la à imaginação em representação animada; pois mostrá-la à razão somente em argumentos sutis foi algo sempre ridicularizado em Crisipo e muitos dos estoicos, que acreditavam poder impor a virtude aos homens com discussões e conclusões agudas, que não têm atrativo para a vontade.

4. Por outro lado, se os afetos fossem em si dóceis e obedientes à razão, seria verdade que as persuasões e insinuações dirigidas à vontade não teriam maior utilidade que as proposições e provas nuas; mas, em vista dos contínuos motins e sedições dos afetos,

---

144 *Górgias*, 462 ss.
145 Tucídides, *Cleon*, III, XLII, 2.
146 *Fedro*, 250d.

O progresso do conhecimento

Video meliora, proboque;
Deteriora sequor
[Vejo o melhor e o aprovo,
mas sigo o pior],[147]

a razão estaria cativa e serva se a Eloquência das Persuasões
não atraísse a Imaginação e a movesse a abandonar o lado dos
Afetos, e contra estes estabelecesse uma confederação da Razão
e da Imaginação. Pois se os próprios afetos apetecem sempre
// ao bem, assim como a razão, a diferença reside em que *o*
afeto contempla somente o presente, enquanto a razão contempla o futuro e
a totalidade do tempo. Por isso, porque o presente preenche mais
a imaginação, a razão termina por sair vencida; mas uma vez
que a força da eloquência e da persuasão fez aparecer como
presentes as coisas futuras e remotas, então a razão prevalece
sobre a revolta da imaginação.

5. Concluímos, pois, que não é mais lícito culpar a Retórica
de dar semblante de bondade ao pior que culpar a Lógica da
Sofisteria, ou a Moralidade com o Vício. Pois sabemos que as
doutrinas de contrários são as mesmas, embora sua aplicação
seja oposta. Parece também que a Lógica não só difere da Retórica como o punho da palma, aquele cerrado e esta aberta,
como, muito mais que isso, que a Lógica opera sobre a razão
exata e verdadeira, e a Retórica sobre a razão tal como está
implantada nas opiniões e usos populares. Por isso Aristóteles
a coloca sabiamente entre a Lógica, por um lado, e o conhecimento civil ou moral por outro, como partícipe de ambos;[148]

---

147 Ovídio, *Metamorfoses*, VII, 20.
148 *Retórica*, I, II (1356a).

pois as provas e demonstrações da Lógica são indiferentes e iguais para todos os homens, mas as provas e persuasões da Retórica deveriam diferir segundo os ouvintes:

Orpheus in sylvis, inter delphinas Arion
[Um Orfeu nos bosques, um Arion entre os delfins];[149]

aplicação que a rigor deveria levar-se até o ponto em que, falando-se da mesma coisa a várias pessoas, a cada uma delas se falaria de modo diverso. Não obstante, é fácil que os melhores oradores sejam deficientes nesta *parte política da eloquência no discurso privado*, embora eles possam emprestar dessas bem ornamentadas formas uma volubilidade de aplicação, de modo que não é demais recomendar o melhor estudo disto, parecendo-nos indiferente colocá-lo aqui ou na parte concernente à política.

412   // 6. Passarei agora, pois, às deficiências que (como eu disse) têm somente o caráter de apêndices. Em primeiro lugar, não vejo que tenha tido continuidade a prudência e diligência de Aristóteles, que começou a fazer uma compilação dos *signos populares e cores do bem e do mal, simples e comparativos* que (como mencionei antes) são como os Sofismas da Retórica.[150] Por exemplo:

SOPHISMA
Quod laudatur, bonum; quod vituperatur, malum
[SOFISMA: o que se louva é bom, o que se vitupera é mau].

---

149 Virgílio, *Éclogas*, VIII, 56.
150 Isto foi apenas sugerido por Aristóteles. Cf. *Tópicos*, I, XII ss. e *Retórica*, I, IV e VII (1362a-1365b).

O progresso do conhecimento

REDARGUTIO
Laudat venalis qui vult extrudere merces.
Malum est, malum est, inquit emptor: sed cum recesserit, tum gloriabitur
[ELENCO: O vendedor louva as mercadorias de que quer livrar-se.[151] É mau, é mau, diz o comprador, e depois vai-se gabando da compra].[152]

Três são os defeitos do trabalho de Aristóteles: um, que de muitas coisas figuram só umas poucas; outro, que não levam anexos os Elencos; e o terceiro, que só pensou em uma parte de seu uso, pois sua utilidade não está só na prova, mas muito mais na impressão. Pois há muitas fórmulas iguais em seu significado que produzem impressões diferentes, como há muita diferença entre o corte que faz uma coisa afiada e o que faz uma coisa chata, embora a força de percussão seja a mesma; pois não há ninguém a quem não comova um pouco mais ouvir *Teus inimigos se alegrarão disto*:

Hoc Ithacus velit, et magno mercentur Atridae
[Isto queria o de Ítaca, e comprariam a alto preço os filhos de Atreu],[153]
que ouvir apenas *Isto é mau para ti*.

7. Em segundo lugar, retomo também o que já mencionei antes sobre essas Provisões ou armazéns Preparatórios para

---

151 Horácio, *Epístolas*, II, II, 11.
152 Provérbios 20,14.
153 Virgílio, *Eneida*, II, 104.

ter equipado o discurso e pronta a invenção, e que me parecem ser de dois tipos, um semelhante a uma loja de peças soltas, o outro semelhante a uma loja de coisas já compostas, e ambos para serem aplicados ao frequente e mais requerido; // ao primeiro dos dois tipos chamarei *Antitheta* [Antítese], e ao segundo *Formulae* [Fórmulas].

As *Antitheta* são Teses argumentadas *pro et contra*, com as quais se pode ser mais copioso e laborioso; mas, para evitar a prolixidade na anotação que se faça delas, eu encerraria as sementes dos diversos argumentos em sentenças breves e agudas, não para citá-las, mas para servir-se delas como de carretéis ou bobinas de fio, que se vão desenrolando à vontade quando chega o momento de usá-los, fornecendo autoridades e exemplos por referência.

PRO VERBIS LEGIS

Non est interpretatio, sed divinatio, quae recedit a litera.
Cum recedit a litera, judex transit in legislatorem

[A FAVOR DA PALAVRA DA LEI: A interpretação que se separa da letra não é interpretação, mas conjectura. Quando se separa da letra, o juiz passa a ser legislador].

PRO SENTENTIA LEGIS

Ex omnibus verbis est elicendus sensus qui interpretatur singula

[A FAVOR DA INTENÇÃO DA LEI: O sentido em que se interprete cada palavra deve ser tirado do conjunto de todas elas].

9. As *Formulae* não são outra coisa que passagens ou frases feitas, elegantes e apropriadas, que possam servir indistinta-

O progresso do conhecimento

mente para diferentes temas, como prólogo, conclusão, digressão, transição, escusa etc. Pois assim como nos edifícios há grande deleite e proveito no bem trazido pelas escadas, entradas, portas, janelas e demais coisas semelhantes, no discurso as passagens e frases feitas são de especial ornamento e efeito.

CONCLUSÃO PARA UMA DELIBERAÇÃO

Desse modo podemos redimir as faltas passadas e prevenir os inconvenientes futuros.

XIX. 1. Restam dos apêndices tocantes à transmissão do conhecimento, um Crítico e o outro Pedagógico. Pois todo conhecimento é, ou comunicado por mestres, ou alcançado mediante os esforços pessoais de cada um; daí que, do mesmo modo que a parte principal da // transmissão do conhecimento consiste, sobretudo, em escrever livros, assim a parte correspondente consiste em lê-los. A propósito disto se impõem as seguintes considerações. A primeira concerne à reta correção e edição dos autores, no que, entretanto, a diligência precipitada provocou muito dano. Pois com frequência presumiram alguns críticos que o que não entendiam estava mal colocado, como aquele sacerdote que onde achou escrito sobre São Paulo *demissus est per sportam* [ele foi deixado num cesto] emendou seu livro e o mudou por *demissus est per portam* [ele foi deixado na porta],[154] por ser *sporta* uma palavra difícil, que ele não havia encontrado em suas leituras; sem dúvida os erros daqueles, embora não tão palpáveis e ridículos, são da mesma

---

154 Atos dos Apóstolos 9,25.

índole. Por isso, segundo se assinalou com acerto, as cópias mais corrigidas costumam ser as menos corretas.

A segunda concerne à exposição e explicação dos autores, que repousa nas anotações e comentários; no que é frequentíssimo passar em silêncio pelos pontos obscuros e discorrer sobre os claros.

A terceira concerne aos tempos, que em muitos casos lançam grande luz sobre a interpretação correta.

A quarta concerne a breve censura e juízo dos autores, com o que cada um possa fazer uma seleção pessoal de que livros ler.

E a quinta concerne à sintaxe e ordenação dos // estudos com o que cada um saiba em que ordem ou sucessão deve ler.

2. Quanto ao conhecimento Pedagógico, lhe correspondem as diferenças que deve mostrar a transmissão dirigida à juventude. Aqui se impõem várias considerações muito frutíferas.

A primeira se refere à oportunidade e maturação dos conhecimentos, por quais devem começar os que aprendem, e de quais se lhes deva separar durante algum tempo.

A segunda é a consideração de que em que casos se deva começar pelo mais fácil e daí passar ao mais difícil, e em que outros levar para o mais difícil e depois conduzir ao mais fácil; pois há um método que é o de praticar a natação com boias, e outro que é o de praticar a dança com sapatos pesados.

Uma terceira é a administração do saber de acordo com a condição dos engenhos: pois não há defeito nas faculdades intelectuais que não pareça ter sua cura correspondente em algum tipo de estudo. Se uma criança, por exemplo, é avoada, isto é, carece da faculdade de atenção, as Matemáticas o remediam, porque nelas basta que o engenho se distraia um momento para que tenha de começar de novo. E do mesmo modo

O progresso do conhecimento

que as ciências possuem a propriedade de emendar e auxiliar as faculdades correspondentes, também as faculdades ou potências têm uma simpatia com as ciências que favorece o domínio ou rápido aproveitamento delas, pelo que é muito sensato investigar que tipos de engenhos e caracteres são os mais aptos e adequados para cada ciência.

Em quarto lugar, a ordenação dos exercícios é assunto de grandes consequências para prejudicar ou ajudar: pois, como bem observa Cícero, aqueles que exercitam suas faculdades sem estar bem assessorados exercitam seus defeitos e contraem maus hábitos assim como bons;[155] de modo que a continuação e interrupção dos exercícios é algo que requer muito juízo. Seria demasiado longo particularizar muitas outras considerações desta índole, coisas em aparência modestas, mas de eficácia singular. Pois assim como maltratar ou cuidar atenciosamente das sementes ou plantas jovens é o mais importante para seu desenvolvimento, e assim como se observou que o fato de ter os seis reis de Roma como tutores do Estado em sua infância foi a causa principal da imensa grandeza daquele Estado que então se seguiu,[156] do mesmo modo o cultivo e // labor do espírito na juventude têm efeitos tão poderosos, embora invisíveis, que depois dificilmente haverá extensão de tempo ou intensidade de esforço capazes de compensá-los. Não é demais assinalar também que as faculdades pequenas e modestas adquiridas mediante a educação se dão em grandes homens ou grandes assuntos, operam efeitos grandes e importantes, do que vemos em Tácito o exemplo notável de dois

---

155 *De oratore*, I, 33 (149-150).
156 Maquiavel, *Discorsi*, I, XVI e XVII.

atores, Percênio e Vibuleno, que graças à sua habilidade dramática puseram em tumulto e alvoroço extraordinários os exércitos panonianos. Pois irrompendo entre eles um motim quando morreu César Augusto, o tenente Bleso havia prendido alguns dos amotinados, que em seguida foram libertados. Então Vibuleno pediu para ser ouvido, e falou desta maneira: *A estes pobres desgraçados sem culpa, condenados a uma morte cruel, os haveis devolvido à luz do dia; mas quem me devolverá meu irmão, ou devolverá a ele a vida? Enviaram-no aqui com uma mensagem das legiões da Germânia para tratar da causa comum, e à noite Bleso o mandou assassinar por esses espadachins e rufiões que traz com ele como verdugos dos soldados. Responde, Bleso: o que foi feito de seu corpo? Nem os mais mortais inimigos negam a sepultura. Quando, com beijos e lágrimas, eu tenha executado meus últimos deveres para com o cadáver, mande que me assassinem junto a ele; de modo que estes meus companheiros, já que não morremos por nenhum crime, mas por nossa boa intenção e fidelidade às* **417** *legiões, tenham permissão para sepultar-nos.*[157] Com // este discurso desatou uma fúria e violência infinitas no exército, quando na verdade não tinha nenhum irmão, nem havia tal assunto, mas meramente o fingiu, como se estivesse no teatro.

3. Mas, voltando a nosso tema, direi que chegamos ao término dos conhecimentos racionais. Se sobre isto fiz divisões diferentes das habituais, não quero, contudo, que se pense que desaprovo todas as que não emprego. Pois é uma dupla necessidade que me leva a alterá-las. Por um lado, porque são diferentes o fim e objetivo que se persegue pondo juntas aquelas coisas que estão próximas por sua natureza, e aquelas que estão próximas quanto ao uso. Pois se um secretário de Estado

---

157 *Anais* I, 16-17.

O progresso do conhecimento

organiza seus papéis, é provável que em seu gabinete ou arquivo geral ponha juntas as coisas de igual natureza, por exemplo, os tratados, as instruções etc., mas em suas caixas ou arquivo particular ponha juntas as que provavelmente tiver que usar juntas, embora sejam de natureza diversa. Assim neste arquivo geral do conhecimento tive que seguir as divisões da natureza das coisas, enquanto, se me tivesse proposto a tratar de algum conhecimento particular, teria respeitado as divisões mais apropriadas para o uso. Por outro lado, porque introduzir as deficiências alterou, por conseguinte, as partições do resto; pois se o conhecimento existente é, digamos, quinze, e o conhecimento com as deficiências é vinte, os submúltiplos de quinze não são os de vinte: porque os de quinze são três e cinco, e os de vinte são dois, quatro, cinco e dez. De modo que nisto não há contradição, nem poderia ser de outra maneira.

418   XX. I. Passamos agora ao conhecimento que estuda // o Apetite e a Vontade do Homem, do qual diz Salomão: *Ante omnia, fili, custodi cor tuum; nam inde procedunt actiones vitae* [Antes de tudo, filho meu, guarda teu coração, porque dele procedem todas as ações da vida].[158] Parece-me que os que têm tratado desta ciência escreveram como se alguém que se oferecesse a ensinar a escrever se limitasse a mostrar boas cópias de alfabetos e letras unidas, sem dar nenhum preceito ou guia sobre como se deve usar a mão e compor as letras. Assim, fizeram bons e limpos modelos e cópias dos traços e retratos do bem, da virtude, do dever, da felicidade, descrevendo-os bem e propondo-os como objetos e metas verdadeiras da vontade e dos

---

158 Provérbios 4,23.

Francis Bacon

desejos do homem; mas como se podem alcançar esses excelentes objetivos e como ordenar e submeter a vontade humana para torná-la dócil e conforme a esses propósitos, sobre isto guardam um completo silêncio, ou falam ligeira e improdutivamente. Pois nem sustentar que *as virtudes morais estão no espírito do homem por hábito e não por natureza*,[159] nem distinguir dizendo que *aos espíritos generosos se os conquista com doutrinas e persuasões, e ao vulgo com recompensas e castigos*, nem outras menções e advertências dispersas semelhantes podem escusar a ausência desta parte.

2. A razão desta omissão, suponho que deve estar nessa rocha oculta em que naufragaram estas e muitas outras naus do conhecimento, a saber, que se tem desdenhado ser perito nos assuntos comuns e ordinários, cuja judiciosa direção constitui, contudo, a doutrina mais sábia (pois a vida não consiste em novidades ou sutilezas); e pelo contrário, se tem buscado sobretudo construir ciências de conteúdo brilhante ou lúcido, escolhido para dar brilho à sutileza das discussões ou à eloquência dos discursos. Mas Sêneca faz uma excelente restrição à eloquência: *Nocet illis eloquentia, quibus non rerum cupiditatem facit, sed sui* [É daninha a eloquência que não desperta paixão pelo assunto, mas por ela mesma].[160] As doutrinas devem ser tais que nos façam enamorar-nos da lição, não do mestre, e estar dirigidas ao benefício do ouvinte, não à glória do autor. De modo que as convenientes são aquelas que possam concluir como conclui Demóstenes // seu conselho: *Quae si feceritis, non oratorem duntaxat in praesentia laudabitis, sed vosmetipsos etiam non ita multo post statu rerum vestrarum meliore* [Se seguirdes

---

159 Aristóteles, *Ética a Nicômaco*, II, I (1103 a-b).
160 *Epistulae Morales ad Lucilium*, LII, 14.

O progresso do conhecimento

este conselho, não só podereis felicitar agora o orador, mas também felicitar a vós mesmos, mais adiante, ao ver prosperar a causa nacional].[161]

3. Nem era necessário que homens de tão excelentes talentos desistissem da fortuna que o poeta Virgílio se prometeu e que de fato obteve, ganhando para si tanta fama de eloquência, engenho e erudição com a expressão das observações da agricultura como das façanhas heroicas de Enéas:

Nec sum animi dubius, verbis ea vincere magnum
Quam sit, et angustis his addere rebus honorem
[E bem sei o quão difícil é triunfar com palavras nisto,
e dar glória a estas coisas modestas].[162]

E que dúvida cabe de que, se há o propósito sério, não de escrever ociosamente o que outros ociosamente possam ler, mas de instruir realmente e preparar para a ação e a vida ativa, estas Geórgicas do espírito, concernentes a seu cultivo e labor, não são menos valiosas que as descrições heroicas da Virtude, do Dever e da Felicidade. Assim, pois, a divisão principal e primeira do conhecimento moral parece ser aquela que distingue entre o Modelo ou a Imagem do Bem, e o Regimento ou a Cultura do Espírito: aquele descrevendo a natureza do bem, e este, normas para submeter, aplicar e acomodar a ele a vontade do homem.

4. A doutrina referente ao Modelo ou à Imagem do Bem, o considera Simples ou Comparado; ou as classes de bem, ou

---

161 *Olínticas*, II, 31 (final).
162 *Geórgicas*, III, 289-290.

seus graus, sendo nesta última parte conciliadas pela fé cristã todas aquelas infinitas discussões que havia antes sobre o grau supremo do bem, a que chamam felicidade, beatitude ou mais alto bem, cujas doutrinas eram como a teologia dos pagãos. E como diz Aristóteles, *os jovens podem ser felizes, mas só em virtude da esperança*,[163] assim temos todos que reconhecer nossa menoridade, e acolher a felicidade que a esperança do mundo futuro nos outorga.

5. Liberados, pois, e desonerados dessa doutrina do céu dos filósofos, com que eles simularam uma natureza humana mais elevada do que é na realidade (pois vemos com que grandiloquência escreve Sêneca: *Vere magnum, habere fragilitatem hominis, securitatem Dei* [Na verdade é grande ter a fraqueza de um homem e a falta de cuidados de um deus][164]), podemos com mais // sobriedade e verdade admitir o resto de suas indagações e trabalhos. Neles retrataram otimamente a Natureza do Bem Positivo ou Simples, descrevendo as formas da Virtude e do Dever com suas situações e condições, distribuindo-as em suas classes, partes, províncias, ações e administrações etc., além disso, as recomendaram à natureza e ao espírito do homem com argumentos muito agudos e persuasões formosas, e as fortificaram e entrincheiraram, na medida em que o discurso pode fazê-lo, contra as opiniões corruptas e vulgares. Assim, no que diz respeito aos Graus e Natureza Comparada do Bem, os trataram tão sabiamente com sua ideia da triplicidade do Bem,[165] com suas comparações entre a vida contemplativa e a vida

---

163 *Ética a Nicômaco*, I, IX (1100a).

164 *Epistulae Morales ad Lucilium*, LIII, 12.

165 Bens exteriores, bens da alma e bens do corpo. Cf. Aristóteles, *Ética a Nicômaco*, I, VIII.

O progresso do conhecimento

ativa,[166] com a distinção entre virtude com trabalho e virtude já confirmada, com suas oposições do honesto e do lucrativo, com equilibrar uma virtude com outra etc., que esta parte merece que se a qualifique de excelentemente trabalhada.

6. Entretanto, se antes de passar às ideias populares e estabelecidas da virtude e do vício, do prazer e da dor e das restantes, se tivessem detido um pouco mais na investigação das raízes do bem e do mal, e nas fibras dessas raízes, teriam dado, em minha opinião, uma grande luz ao que se seguia; e em especial se tivessem consultado a natureza, suas doutrinas teriam sido menos prolixas e mais profundas; coisa que, estando por eles em parte omitida e em parte tratada com muita confusão, tentaremos retomar e expor de modo mais claro.

7. Em todas as coisas existe um bem de dupla natureza: uma, na medida em que cada coisa é uma totalidade ou algo substantivo em si; a outra na medida em que é parte ou membro de um corpo maior; das quais a última é em grau a maior e mais valiosa, porque tende à conservação de uma forma mais geral. Por isso vemos que o ferro é movido por particular simpatia para o ímã, mas excedendo certa quantidade renuncia a seu afeto para com este e como bom patriota se move para a terra, que é a região e pátria dos corpos pesados; e, indo mais adiante, vemos que a água e os corpos pesados se movem para o centro da Terra, mas em vez de tolerar interrupção na continuidade da natureza, se elevam a partir do centro // da Terra, renunciando a seu dever com esta em atenção a seu dever para com o mundo. Esta dupla natureza do bem, com seus graus de comparação, está muito mais gravada no homem, se não

---

166 P. ex., Aristóteles, *Ética a Nicômaco*, X, VII.

degenera, devendo ser para ele a manutenção do dever para com a comunidade muito mais preciosa que a manutenção da vida e do ser; como naquela memorável declaração de Pompeu, o Grande, que, estando encarregado de atender uma escassez que havia em Roma, e querendo seus amigos dissuadi-lo com grande veemência e empenho de enfrentar tão mal tempo se aventurando no mar, ele se limitou a responder-lhes: *Necesse est ut eam, non ut vivam* [O necessário é que vá, não que viva].[167] Mas pode-se afirmar com verdade que não houve nunca nenhuma filosofia, religião ou outra disciplina que tão clara e fortemente exaltasse o bem comunicável e rebaixasse o bem privado e particular, como a Santa Fé; onde bem se vê que o mesmo Deus que deu aos homens a lei cristã foi quem deu às criaturas inanimadas essas leis naturais de que falávamos antes; pois lemos que os santos eleitos de Deus desejaram ser anatematizados e apagados do livro da vida, num êxtase de caridade e sentimento de comunhão infinito.[168]

8. Dito isto e firmemente posto, isto mesmo julga e determina a maioria das controvérsias que se colocam na Filosofia Moral. Em primeiro lugar, decide a questão de se há de se preferir a vida contemplativa ou a vida ativa, e a decide contra Aristóteles. Pois todas as razões que ele esgrime em favor da contemplativa são privadas, e fazem referência ao prazer e dignidade de um só (aspectos estes em que é indiscutível a preeminência da vida contemplativa), de modo semelhante àquela comparação que fez Pitágoras para honrar e enaltecer a filosofia e contemplação; pois, ao ser indagado o que era ele, respondeu

---

167 Plutarco, *Pompeu*, L.
168 Romanos 9,3.

O progresso do conhecimento

que *se Hirão havia estado alguma vez nos jogos olímpicos, sabia que uns iam ali para experimentar fortuna com os prêmios, e outros como mercadores para vender suas mercadorias, e outros para divertir-se e encontrar os amigos, e outros para olhar; e que ele era um dos que iam para olhar.*[169] Mas os homens devem saber que neste teatro que é a vida humana, o papel de espectador fica unicamente reservado para Deus e os anjos. Nem poderia questão semelhante jamais ter entrada na Igreja, apesar do *Pretiosa in oculis Domini mors sanctorum ejus* [Preciosa aos olhos de Deus // é a morte de seus santos],[170] com que se exalta a morte civil e os votos regulares, se em sua defesa não contasse com a circunstância de que a vida monástica não é somente contemplativa, mas que desempenha o dever ou de elevar orações e súplicas incessantes, que é algo que com razão se tem estimado como um ofício dentro da Igreja, ou de escrever ou tomar instruções para escrever sobre a lei de Deus, como fez Moisés quando permaneceu tanto tempo no monte. E assim vemos Henoc, o sétimo desde Adão, que foi o primeiro contemplativo e caminhava com Deus,[171] e não obstante proporcionou à Igreja profecias que São Judas cita.[172] Mas a contemplação que acaba em si mesma, sem irradiar sobre a sociedade, esta seguramente a teologia não a conhece.

9. Decide também as controvérsias entre, de um lado, Zenão e Sócrates e suas escolas e sucessores, que punham a felicidade na virtude só ou acompanhada, cujas ações e exercícios se dirigem e concernem principalmente à sociedade, e, de outro lado, os cirenaicos e epicuristas, que a punham no prazer, e

---

169 Cícero, *Tusculanae Disputationes*, V, III, 9.
170 Salmos 116,15.
171 Gênesis 5,24.
172 Espístola de São Judas 14.

Francis Bacon

(como é costume em algumas comédias de erros em que a senhora e sua criada trocam seus vestidos) da virtude faziam meramente uma serva, necessária para o serviço e acompanhamento do prazer; e a escola reformada dos epicuristas, que a punha na serenidade do espírito e ausência de perturbações, como se quisessem depor Júpiter e repor Saturno e a primeira idade, em que não havia verão nem inverno, primavera, nem outono, mas sempre um mesmo ar e estação; e Herilo, que pôs a felicidade na extinção dos combates do espírito, não reconhecendo uma natureza fixa do bem e do mal, mas considerando as coisas segundo claramente suscitavam desejo ou repugnância: opinião ressuscitada na heresia dos anabatistas, que mediam as coisas segundo os movimentos do espírito e a constância ou vacilação da fé; teorias todas que // manifestamente se orientam ao repouso e contentamento privado, e não ao bem da sociedade.

10. Desautoriza também a filosofia de Epicteto, que pressupõe que há de situar-se a felicidade naquilo que está em nosso poder, para que não caiamos vítimas da fortuna e dos contratempos, como se não houvesse felicidade muito maior em fracassar em empresas boas e virtuosas para a comunidade do que em obter o quanto podemos desejar para nós mesmos por nossa fortuna pessoal; como disse Gonzalo[173] a seus soldados, mostrando-lhes Nápoles e declarando que preferia morrer um palmo mais adiante que se assegurar longa vida retrocedendo um palmo; o que corrobora a sabedoria desse líder celestial que afirma que *uma boa consciência é uma festa*

---

173 Gonzalo Fernández de Córdoba. Ver Guicciardini, *Storia d'Italia*, VI, II (1503).

O progresso do conhecimento

contínua,[174] frase que claramente indica que a consciência de boas intenções, seja qual for o resultado, é um contentamento mais contínuo para a pessoa que toda a provisão que possa se fazer para obter segurança e repouso.

11. Desautoriza igualmente aquele abuso da filosofia que veio a ser geral nos tempos de Epicteto, que consistia em convertê-la em uma ocupação ou profissão, como se seu propósito fosse, não o de resistir e extinguir as perturbações, mas fugir e evitar as causas destas, e com esse fim traçar-se um modo de vida particular. Inventou-se desse modo uma saúde de espírito que era como essa saúde do corpo a que alude Aristóteles falando de Heródico, que durante toda sua vida não fez outra coisa que cuidar de sua saúde;[175] enquanto se se orienta para seus deveres para com a sociedade, assim como a melhor saúde do corpo é a que melhor resiste a todas as alterações e rigores, do mesmo modo a mais verdadeira saúde do espírito é a que pode passar pelas maiores tentações e perturbações. De modo que há de se aceitar a opinião de Diógenes, que não elogiava os que se abstinham, mas os que suportavam, e eram capazes de refrear seu espírito *in praecipitio*, e de fazê-lo deter-se e girar no mínimo espaço (como se faz com os cavalos).[176]

12. Finalmente, desautoriza a brandura e intolerância de alguns dos mais antigos e reverendos filósofos e homens de gosto filosófico, que com demasiada presteza se retiravam dos assuntos civis para não ter de sofrer indignidades e perturba-

---

174 Provérbios 15,15.
175 *Retórica*, I, V (1361b).
176 Diógenes Laércio, *Diógenes*.

ções; sendo que a resolução dos homens verdadeiramente morais deveria ser como dizia esse mesmo // Gonzalo da honra do soldado, *e tela crassiore* [de tela mais forte], não tão fina que com qualquer coisa se possa enredar e perigar.

XXI. I. Voltando ao bem privado ou particular, diremos que se divide em Ativo e Passivo. Esta divisão do Bem (semelhante àquela que entre os romanos se expressava com os termos familiares ou domésticos de *Promus* e *Condus*[177]) existe em todas as coisas e onde melhor se manifesta é nos dois apetites distintos das criaturas, um de conservação e subsistência, e outro de propagação ou multiplicação, dos quais o segundo parece ser o mais estimável. Pois na natureza, os céus, que são o mais estimável, são o agente, e a terra, que é o menos, é o paciente. Nos prazeres dos animais, o da geração é maior que o da comida. Na doutrina divina, *Beatius est dare quam accipere* [Há maior felicidade em dar do que em receber].[178] E na vida não há homem de ânimo tão brando que ao levar a cabo algo que se propôs, não o estime mais que a sensualidade. Esta prioridade do bem ativo tem um forte respaldo na consideração de que nosso estado é mortal e está sujeito à fortuna: pois se pudéssemos contar com a perpetuidade e segurança de nossos prazeres, sua estabilidade aumentaria seu preço; mas quando vemos que tudo se reduz a um *Magni aestimamus mori tardius* [Parece-nos grande coisa morrer um pouco mais tarde],[179] e a um *Ne glorieris de crastino, nescis partum diei* [Não te felicites pelo ama-

---

177 O que tira da dispensa; o que guarda na dispensa.
178 Atos dos Apóstolos 20,35.
179 Sêneca, *Naturales quaestiones* [*Questões Naturais*], II, LIX, 7.

O progresso do conhecimento

nhã, pois não sabes o que o hoje vai trazer],[180] isso nos move a desejar ter algo seguro e posto a salvo do tempo, e isto só podem ser nossos atos e obras, segundo se diz: *Opera eorum sequuntur eos* [Suas obras o seguem].[181] Igualmente respaldada está a preeminência deste bem ativo por essa inclinação que é natural no homem à verdade e ao progresso, e que nos prazeres dos sentidos (que constituem a parte principal do bem passivo) não pode ter muito campo: *Cogita quamdiu eadem feceris; cibus, somnus, ludis; per hunc circulum curritur; mori velle non tantum fortis, aut miser, aut prudens, sed etiam fastidiosus potest* [Considera quanto tempo levas fazendo as mesmas coisas: comer, dormir, gozar, tal é nossa ronda diária. Não só a fortaleza, // o infortúnio ou a sabedoria podem levar a desejar a morte, mas também o próprio cansaço de estar vivo].[182] Mas nas empresas, ocupações e propósitos da vida há muita variedade, que com prazer observamos em seus começos, progressos, retrocessos, renovações, aproximações e consecuções; de modo que com razão se disse que *Vita sine proposito languida et vaga est* [A vida sem ideal é algo lânguido e cansativo].[183] De maneira alguma se identifica este Bem Ativo com o bem da sociedade, embora em alguns casos coincida com ele: pois se muitas vezes acarreta ações benéficas, contudo o que lhe interessa é o poder, a glória, a exaltação e a conservação pessoais, como claramente se demonstra quando colide com o bem contrário. Pois esse estado de ânimo gigantesco que possui os agitadores do mundo, como foi Lúcio Sila e muitíssimos outros em menor escala, em virtude

---

180 Provérbios 27,1.
181 Apocalipse 14,13.
182 Sêneca, *Epistulae morales ad Lucilium*, LXXVII, 6.
183 Sêneca, *Epistulae morales ad Lucilium*, XCV, 46.

do qual queriam fazer a todos homens felizes ou infelizes segundo fossem seus amigos ou inimigos, e dar forma ao mundo segundo seu capricho pessoal (que é a verdadeira Teomaquia), pretende e aspira ao bem ativo, e contudo é o que mais se afasta do bem da sociedade, que já dissemos ser o maior.

2. Quanto ao Bem Passivo, se subdivide em Conservativo e Perfectivo. Pois, repassando brevemente o que dissemos, vemos que falamos primeiro do Bem da Sociedade, cuja intenção se refere à forma da Natureza Humana, da qual somos membros e porções, e não à nossa forma pessoal e individual; falamos do Bem Ativo, e o situamos como parte do Bem Privado e Particular, e com razão, pois em todas as coisas há impresso um triplo desejo ou apetite que procede do amor a si mesmas: um de conservação e persistência em sua forma, outro de melhora e aperfeiçoamento e um terceiro de multiplicação e propagação em outras coisas; dos quais, a multiplicação ou impressão sobre outras coisas é o que tratamos sob o nome de Bem Ativo. De modo que restam a conservação e o aperfeiçoamento ou elevação, e este último é o grau mais alto do Bem Passivo. Pois o menos é conservar no mesmo estado, e o mais é conservar com melhora. // Assim, no homem,

Igneus est ollis vigor, et coelestis origo
[Ígnea é sua força, e celestial sua origem];[184]

sua aproximação ou elevação à natureza divina ou angelical é a perfeição de sua forma, e o erro ou falsa imitação deste bem é o que constitui a tempestade da vida humana, quando o

---

184 Virgílio, *Eneida*, VI, 730.

O progresso do conhecimento

homem, respondendo ao instinto de progresso formal e essencial, é levado a buscar um progresso local. Pois do mesmo modo que os enfermos que não encontram alívio se agitam de cá para lá e mudam de lugar, como se por uma mutação local pudessem obter uma mutação interna, o mesmo acontece com os ambiciosos, que quando não acham meio de exaltar sua natureza estão em contínua ebulição para exaltar seu lugar. De modo que o Bem Passivo é, como dissemos, ou Conservativo ou Perfectivo.

3. Voltando ao bem de Conservação ou Contentamento, que consiste *na fruição daquilo que é conforme ao nosso natural*, diremos que parece ser o mais puro e natural dos prazeres, mas em realidade é o mais brando e baixo. E também dentro dele se observa uma divisão, que não tem sido bem julgada nem bem estudada. Pois o bem de fruição ou contentamento se situa, ou na sinceridade da fruição, ou em sua vivacidade e vigor; favorecendo aquela a igualdade, esta a variedade; tendo o primeiro menos mistura de mal, e o segundo maior impressão de bem. Qual deles é o maior bem é questão controvertida; mas o que não se tem estudado é se a natureza humana pode ser capaz dos dois.

4. Debatida a primeira questão entre Sócrates e um sofista, situando aquele a felicidade na paz de espírito igual e constante, e este em muito desejar e muito desfrutar, da discussão passaram aos insultos, dizendo o sofista que a felicidade de Sócrates era a de um tronco ou uma pedra, e Sócrates que a felicidade do sofista era a de um sarnento, que nada mais faz do que coçar-se e arranhar-se.[185] Não falta fundamento a estas

---

185 Platão, *Górgias*, 492-494.

duas opiniões. A de Sócrates está respaldada pelo consenso geral, inclusive dos próprios epicuristas, de que na felicidade tem grande parte a virtude; e se é assim, certo é que a virtude é mais // útil para aquietar perturbações do que para urdir desejos. A opinião do sofista favorece muito a afirmação que fizemos acima, de que o bem de melhora é melhor que o bem de mera conservação; porque em toda obtenção de um desejo há uma aparência de melhora, como em todo movimento, ainda que seja em círculo, há uma aparência de progressão.

5. Mas a segunda questão determina a via certa, e torna supérflua a primeira. Pois, cabe duvidar de que alguns gozam mais que outros com o desfrute dos prazeres, e, contudo, se veem menos afetados por sua perda ou abandono? Daí o de que *Non uti ut non appetas, non appetere ut non metuas, sunt animi pusilli et diffidentis* [Não gozar para não desejar, não desejar para não temer, são coisas próprias de ânimos covardes e pusilânimes].[186] E parece-me que quase todas as doutrinas dos filósofos sejam mais medrosas e cautelosas do que a natureza das coisas exige. Assim aumentaram o medo da morte oferecendo-se a curá-lo; pois, se pretendem que a vida inteira do homem não seja senão uma disciplina ou preparação para morrer, forçosamente farão pensar que é terrível inimigo aquele diante do qual nunca se acaba de preparar-se. Melhor disse o poeta:

Qui finem vitae extremum inter munera ponat
Naturae
[Que coloca o fim da vida entre os dons da natureza].[187]

---

186 Plutarco, *Sólon*, VII.
187 Juvenal, *Sátiras*, X, 358.

O progresso do conhecimento

Assim quiseram tornar os espíritos demasiado uniformes e harmônicos, ao não os habituar o bastante a movimentos contrários, suponho que porque eles mesmos eram homens consagrados a um modo de vida privado, livre e separado da ação. Pois assim como vemos que, ao tocar o alaúde ou outro instrumento semelhante, *um baixo contínuo*, embora seja doce e pareça ter muitas mudanças, contudo não habitua a mão a tão estranhos e duros cortes e transições como *uma canção ou uma improvisação*, algo muito semelhante acontece com a diversidade entre a vida filosófica e a vida civil. Por isso seria conveniente imitar a prudência dos // joalheiros, que, se há uma mácula ou uma nuvem ou uma risca que podem raspar sem perder demasiado da pedra, a tiram, mas se isso a recortar ou rebaixar demasiado, a deixam estar: assim se deveria procurar a serenidade, sempre que com isso não se destrua a grandeza de ânimo.

6. Desenvolvido o Bem do Homem que é Privado e Particular até onde parece conveniente, nos voltaremos agora a esse outro bem seu que se refere e dirige à sociedade, ao qual podemos chamar Dever; pois esse termo "Dever" é o mais próprio para o espírito bem composto e disposto em relação aos outros, como o termo "Virtude" se aplica ao espírito bem formado e composto em si mesmo, embora não se possa entender a Virtude sem alguma relação com a sociedade, nem o Dever sem uma disposição interior. À primeira vista poderia parecer que esta parte corresponde à ciência civil e política, mas não se se a observa bem; pois concerne ao regimento e governo de cada qual sobre si, não sobre outros. E assim como na arquitetura não é a mesma coisa a instrução sobre como há de se dispor os postes, as vigas e demais partes do edifício que a

Francis Bacon

maneira de agrupá-los e levantar a obra, e na mecânica não é a mesma coisa a instrução sobre como se há de compor um instrumento ou máquina que a maneira de o pôr em funcionamento e empregá-lo, e, contudo, ao expressar um se expressa incidentalmente o outro, do mesmo modo a doutrina da conjugação dos homens em sociedade é distinta da doutrina de sua conformidade a ela.

7. Esta parte referente ao Dever é subdividida em duas partes: a do dever comum a todo homem, como homem ou membro de um Estado, e a do dever respectivo ou especial de cada um em sua profissão, vocação e lugar. A primeira existe e está bem trabalhada, como foi dito. A segunda também posso qualificá-la mais de dispersa que de deficiente, e reconheço que neste tipo de argumento a maneira de escrever dispersa é a melhor. Pois quem poderia tomar sobre si escrever sobre o dever, virtude, exigência e direito de cada uma das vocações, profissões e lugares? Pois embora às vezes o observador possa ver mais que o jogador, e o provérbio, mais arrogante do que correto, diga que // *do vale é onde melhor se vê o monte*, contudo dificilmente se poderia pôr em dúvida que cada um escreve melhor, e com mais realidade e substância, acerca de sua própria profissão; e que os escritos de homens especulativos sobre assuntos de ação em sua maioria parecem aos homens de experiência como pareceu a Aníbal a dissertação de Formio sobre as guerras: mero sonho e desvario.[188] Somente há um vício que acompanha os que escrevem sobre a própria profissão, e é o conceder-lhe excessiva importância. Mas em geral seria de desejar que os homens de ação quisessem ou pudessem

---

188 Cícero, *De oratore*, II, XVIII (75-76).

O progresso do conhecimento

ser escritores, porque com isso o saber seria verdadeiramente sólido e fecundo.

8. A este respeito não posso deixar de mencionar, *honoris causa*, o excelente livro de Vossa Majestade sobre o dever do rei, obra ricamente composta de teologia, moral e política, com grande participação de todas as demais artes, e que considero um dos escritos mais sensatos e sãos que já li; não destemperado pelo calor da invenção, nem pela frieza da negligência; não afetado pelo tédio, como os que se deixam levar por sua matéria, nem por convulsões, como os que se contraem com matéria impertinente; não sabendo a perfumes e pinturas, como os que procuram agradar ao leitor além das possibilidades do tema e, sobretudo, de espírito bem equilibrado conforme à verdade e apto para a ação, e muito distante dessa fraqueza natural a que, segundo se tem assinalado, estão expostos os que escrevem de suas profissões e que é exaltá-las além das medidas. Pois Vossa Majestade descreveu fielmente não um rei da Assíria ou da Pérsia, com sua pompa exterior, mas sim um Moisés ou um Davi, pastores de seu povo. Nem posso tampouco apagar de minha lembrança aquilo que ouvi declarar Vossa Majestade, dentro da mesma sagrada concepção do que é governar, numa grande causa judicial, que foi que os *Reis governavam por suas leis como Deus pelas leis da natureza, e que tão raramente deviam fazer uso de sua prerrogativa suprema como faz Deus de sua potestade de operar milagres.* O que não impede que em vosso livro sobre a monarquia livre bem deis a entender que conheceis toda a // extensão do poder e direitos do rei, não menos que os limites de seu ofício e deveres. Atrevi-me, pois, a aduzir esse excelente escrito de Vossa Majestade, como exemplo primeiro ou eminente de tratado sobre um dever especial e respectivo, a

propósito do qual teria dito o mesmo se tivesse sido escrito há mil anos. Não me preocupam esses melindres cortesãos segundo os quais é adulação elogiar em presença. Ao contrário, a adulação é elogiar na ausência, isto é, quando está ausente a virtude ou a ocasião, com o que o elogio não é então natural, mas forçado, no que toca à verdade ou ao momento. Mas leia-se Cícero em sua oração *Pro Marcello*, que não é outra coisa que um retrato excelente da virtude de César, e feito diante dele, e atenda-se ao exemplo de outras muitas pessoas ilustres, muito mais sábias que esses escrupulosos, e nunca se terá reparo, havendo ocasião cabal de fazer elogios justos a presentes ou ausentes.

9. Mas, voltando ao nosso tema, diremos que ao tratamento desta parte tocante aos deveres das profissões e vocações corresponde um contrário ou oposto, tocante às fraudes, truques, imposturas e vícios de cada profissão, que igualmente tem sido tratada, mas de que maneira? Mais satírica e cinicamente que séria e prudentemente, pois antes se tem procurado ridicularizar e vilipendiar com engenho muito do que é bom nas profissões, que descobrir e separar com juízo o que é corrupto. Pois, como diz Salomão, o que vem buscar conhecimento com intenção de zombar e censurar, pode estar seguro de achar matéria para seu capricho, mas não para sua instrução: *Quaerenti derisori scientiam ipsa se abscondit; sed studioso fit obviam* [Oculta-se a ciência do que a busca para zombar, mas ao estudioso se lhe aparece plenamente].[189] O desenvolvimento deste tema com integridade e veracidade, que assinalo como deficiente, me parece ser uma das melhores fortificações que se

---

189 Provérbios 14,6.

O progresso do conhecimento

podem fazer da honestidade e da virtude. Pois como diz a fábula do Basilisco, que se ele te vê primeiro, morres disso, mas se tu és o primeiro a vê-lo, morre ele, o mesmo acontece com os enganos e as más artes que, se primeiro são descobertos, ficam sem força, mas se são eles que se antecipam, são perigosos. De modo que muito é o que devemos a Maquiavel e outros que escrevem o que os homens fazem, não o que deveriam fazer. Porque não é possível unir a astúcia serpentina à inocência columbina,[190] se não se // conhecem com exatidão todas as qualidades da serpente: sua baixeza e o arrastar-se sobre o ventre, sua volubilidade e lubricidade, sua inveja e aguilhão etc., isto é, todas as formas e caracteres do mal. Pois sem isto a virtude jaz exposta e desprotegida. E mais, um homem honesto não pode fazer nada para converter os perversos sem se apoiar no conhecimento do mal. Pois os homens de espírito corrompido supõem que a honestidade nasce da simplicidade de maneiras, e de crer nos pregadores, mestres de escola e na linguagem exterior dos homens; de modo que, se não se lhes pode fazer perceber que se conhecem até os últimos confins de suas corruptas opiniões, desprezam toda moral. *Non recipit stultus verba prudentiae, nisi ea dixeris quae versantur in corde ejus* [Não atende o néscio as palavras prudentes, se (antes) não se lhe diz o que tem em seu coração].[191]

10. A esta parte tocante ao Dever Respectivo correspondem também os deveres entre marido e mulher, pai e filho, amo e criado, assim como as leis da amizade e da gratidão, do vínculo civil das companhias, colégios, corporações públicas,

---

190 Cf. Mateus 10,16.
191 Provérbios 18,2.

de vizinhança e todas as demais deste tipo, não como partes do governo e da sociedade, mas no que se refere à disposição dos espíritos.

11. O conhecimento concernente ao bem quanto à Sociedade também o trata não apenas simplesmente, mas comparativamente, ao qual corresponde a ponderação dos deveres entre uma pessoa e outra, um caso e outro, o particular e o público, como vemos na conduta de Lucius Brutus contra seus próprios filhos, que foi tão elogiada, e entretanto se disse:

Infelix, utcunque ferent ea fata minores
[Desgraçado, seja qual for o juízo da posteridade]![192]

De modo que o caso era duvidoso, e houve opiniões nos dois sentidos. Vemos também que quando M. Brutus e Cássio convidaram para cear algumas pessoas cujas ideias queriam sondar, para ver se eram adequadas para tomá-los como seus associados, e suscitaram a questão de dar morte ao tirano usurpador, houve opiniões divididas, dizendo uns que a servidão era o pior dos males, e outros que era melhor a tirania que uma guerra civil.[193] Há muitos outros casos semelhantes de // dever comparado, dos quais o mais frequente é aquele em que de uma injustiça pequena pode seguir-se muito bem. Jasão de Tessália o definiu erroneamente: *Aliqua sunt injuste facienda, ut multa juste fieri possint* [É preciso fazer algumas injustiças para poder fazer muitas coisas justas];[194] há, porém, uma boa resposta:

---

192 Virgílio, *Eneida*, VI, 822.

193 Plutarco, *Brutus*, XII.

194 Plutarco, *Praecepta gerendae reipublicae* [*Preceitos para a administração da República*], 817.

Authorem praesentis justitiae habes, sponsorem futurae non habes [Em tuas mãos está a justiça presente, mas da futura não podes responder]. Deve-se procurar o que é justo no momento presente, e deixar o futuro à Divina Providência. Com isto damos por terminada esta parte geral tocante ao modelo e definição do bem, e passamos adiante.

XXII. I. Visto que já falamos deste fruto da vida, resta-nos falar do cultivo que lhe corresponde, parte sem a qual a primeira não parece melhor que uma formosa efígie ou estátua, que é agradável de contemplar mas carece de vida e movimento. O próprio Aristóteles o subscreve com estas palavras: *Necesse est scilicet de virtute ducere, et quid sit, et ex quibus gignatur. Inutile enim fere fuerit virtutem quidem nosse, acqirendae autem ejus modos et vias ignorare. Non enim de virtue tantum, qua specie sit, quaerendum est, sed et quomodo sui copiam faciat: utrumque enim volumus, et rem ipsam nosse, et ejus compotes fieri: hoc autem ex voto non succedet, nisi sciamus et ex quibus et quomodo* [É óbvio que temos de falar da virtude, em que consiste e de onde se origina. Pois seria inútil saber o que é a virtude, se não se conhecessem também os modos e maneiras de adquiri-la. Não só temos de considerar o que seja sua natureza, mas também quais são seus elementos constitutivos. Queremos conhecer a virtude, e ao mesmo tempo queremos ser virtuosos; e isto não será possível se ignorarmos de onde nasce e como].[195] Com tão expressas palavras e tal insistência reclama ele esta parte. Assim diz Cícero, como grande elogio de Catão segundo, que se havia aplicado ao estudo da filosofia *non ita disputandi causa, sed ita vivendi* [Não para disputar, mas

---

195 *Magna Moralia* [*Grande Ética*], I., I, 4 (1182a).

para viver em consequência].[196] E malgrado o descuido de nossa época, em que poucos param para pensar sobre a reforma de sua vida (como muito bem disse Sêneca, *De partibus vitae quisque deliberat, de summa nemo* [Sobre as partes da vida // reflete todo mundo, sobre a totalidade ninguém]),[197] poderia fazer com que esta parte pareça supérflua, mas concluirei com o aforismo de Hipócrates, *Qui gravi morbo correpti Dolores non sentiunt, iis mens aegrotat* [Aqueles que, padecendo de uma enfermidade grave, não sentem as dores, têm a mente transtornada]:[198] precisam de remédio não só para curar a enfermidade, mas para despertar a sensação. E se se dissesse que a cura dos espíritos humanos corresponde à Teologia sagrada, se diria grande verdade, mas isso não impede pôr junto a ela a Filosofia Moral, como prudente serva e humilde criada. Pois diz o Salmo que *Os olhos da serva estão constantemente postos na senhora*,[199] e contudo que dúvida cabe de que muitas vezes toca à discrição daquela adivinhar os desejos desta; assim deveria a Filosofia Moral prestar constante atenção aos ensinamentos da Teologia, sem que isso a impeça dar de si mesma, dentro dos limites devidos, muitas instruções corretas e proveitosas.

2. Tida em conta, pois, a grande utilidade desta parte, não posso deixar de estranhar que não tenha sido posta por escrito, tanto mais por incluir muita matéria com a qual o discurso e a ação têm trato frequente, e sobre a qual a fala comum dos homens é (às vezes, mas muito raramente) mais sábia que seus livros. É razoável, pois, que a expliquemos com algo mais de

---

196 *Pro Murena*, XXX, 62.
197 *Epistulae Morales ad Lucilium*, LXXI, 2.
198 *Aforismos*, II, 6.
199 Salmos 123,2.

O progresso do conhecimento

detalhe, tanto por seu valor como por fazer-nos perdoar por qualificá-la de deficiente, coisa que parece quase incrível, e que não conceberam e entenderam assim aqueles que escreveram sobre o tema. Enumeraremos, portanto, alguns compartimentos ou pontos dela, para que melhor se veja o que é, e se está feita.

3. Em primeiro lugar, e nisto como em todas as coisas práticas, deveríamos calcular o que está em nosso poder e o que não está, pois o primeiro cabe tratá-lo mediante alteração, mas o segundo só mediante acomodação. O agricultor não tem comando sobre a natureza da terra nem das estações, como tampouco o tem o médico sobre a constituição do paciente nem dos diversos acidentes. Assim também na cultura e cura do espírito humano há duas coisas que escapam de nosso domínio, o dado pela natureza e o dado pela fortuna: pois à base daquele e às condições deste está limitada e atada nossa ação. Nessas coisas, pois, nos resta proceder por acomodação:

Vincenda est omnis fortuna ferendo
//[O sofrimento vence a toda sorte];[200]

e, do mesmo modo,

Vincenda est omnis natura ferendo
[O sofrimento vence a toda natureza].

Mas ao falar de sofrimento não queremos dizer o obtuso e descuidado, mas o prudente e industrioso, que saiba tirar utilidade e vantagem do que parece adverso e contrário, e que é

---

200 Virgílio, *Eneida*, I, 18.

isso que chamamos Faculdade de Adaptação. Pois bem, a prudência da adaptação repousa sobretudo no conhecimento preciso e claro do estado ou disposição precedente ao qual nos adaptamos, pois não se pode ajustar um traje sem antes tirar medida do corpo.

4. Por conseguinte, o primeiro artigo deste conhecimento consiste em estabelecer divisões e descrições claras e verdadeiras dos diversos caracteres e temperamentos que aparecem na natureza e disposição dos homens, atendendo especialmente àquelas diferenças que são as mais radicais por serem fonte e causa das demais, ou as mais frequentes em conjunção ou combinação. Porquanto não se satisfaz esta intenção tratando de umas poucas delas por alto, as que melhor descrevem as mediocridades das virtudes; pois se merece ser considerado que *há espíritos mais bem-dotados para os grandes assuntos e outros para os pequenos* (que é do que Aristóteles trata ou deveria ter tratado sob o nome de Magnanimidade),[201] não merece igualmente sê-lo que *há espíritos mais bem-dotados para ocupar-se de muitos assuntos, e outros de poucos?* De modo que alguns são capazes de dividir-se, e outros talvez poderão atuar perfeitamente, mas sempre que seja de poucas coisas por vez; e assim resulta haver uma *estreiteza de espírito*, como há uma *pusilanimidade*. E também, que *alguns espíritos estão mais bem-dotados para aquilo que pode ser despachado em seguida, ou em breve prazo de tempo, e outros para aquilo que se começa bem antes e é conseguido depois de longa atividade:*

Jam tum tenditque fovetque
[Já então era seu propósito e desejo][202]

---

201 *Ética a Nicômaco*, IV, III.
202 Virgílio, *Eneida*, I, 18.

O progresso do conhecimento

435 de modo que propriamente pode-se falar de uma // *longami-nidade*, que é atribuída também a Deus como *magnanimidade*. Do mesmo modo, merece ser considerado por Aristóteles *que há uma disposição na conversação (supondo que verse sobre coisas que de modo algum tocam ou concernem a si mesmo) para aplacar e agradar, e uma disposição oposta, para contradizer e contrariar;*[203] e não merece muito mais sê-lo *que há uma disposição, não na conversação ou fala, mas em assuntos muito mais sérios (e sempre supondo que se trate de coisas inteiramente indiferentes), para alegrar-se do bem alheio, e ao contrário, uma disposição para desgostar-se diante do bem alheio,* que é essa qualidade que chamamos bom caráter ou mau caráter, benignidade ou malignidade? Por isso não posso me surpreender o bastante por esta parte do conhecimento tocante aos vários caracteres das naturezas e disposições ser deficiente tanto na moral como na política, sendo tão grande o serviço e enriquecimento que pode prestar a ambas. Nas tradições da astrologia se encontram algumas divisões engenhosas e certas das naturezas humanas, segundo o predomínio dos planetas: *amantes do sossego, amantes da ação, amantes do triunfo, amantes da honra, amantes do prazer, amantes das artes, amantes da mudança,* e assim por diante. Nas mais judiciosas dessas relações que fazem os italianos por ocasião dos Conclaves se encontram as naturezas dos diversos cardeais destra e vivamente pintadas. Na conversação de todos os dias se encontram os qualificativos de *sensível, seco, formalista, sincero, caprichoso, firme, uomo di prima impressione, uomo di ultima impressione* etc.; fixadas em estudos. Pois muitas de tais distinções se encontram, mas não se deduzem preceitos delas, no que nossa falta é muito maior, pois a história, a poesia e a

---

203 *Ética a Nicômaco*, IV, VI.

experiência cotidiana são outros tantos campos onde crescem abundantemente estas observações, das quais fazemos pequenas coleções para ter à mão, mas ninguém as leva ao boticário para com elas fazer preparados úteis para a vida.

436 // 5. Muito semelhantes são essas impressões da natureza, que são impressas no espírito *pelo sexo, idade, região, saúde e enfermidade, beleza e fealdade* etc., que são intrínsecos e não exteriores, e também aquelas outras que são causadas por fortuna externa, como *soberania, nobreza, obscuridade de origem, riqueza, pobreza, cargo público, vida retirada, prosperidade, adversidade, fortuna constante, fortuna variável, elevação per saltum, per gradus* [elevação súbita, gradual] etc. Por isso vemos Plauto estranhar ao ver um ancião benfeitor: *Benignitas hujus ut adolescentuli est* [Sua generosidade é a de um jovem].[204] São Paulo conclui que é preciso usar severidade de disciplina com os cretenses, *increpa eos dure* [repreendê-los severamente],[205] pela disposição de sua nação: *Cretenses semper mendaces, malae bestiae, ventre pigri* [Os cretenses são sempre mentirosos, bestas más, ventres preguiçosos].[206] Salustio assinala que é corrente que os reis desejem coisas contraditórias: *Sed plerumque regiae voluntates, ut vehementes sunt, sic mobiles, sapeque ipsae sibi adversae* [Os desejos dos reis são tão variáveis como veementes e amiúde contraditórios].[207] Tácito observa o quão raramente a elevação da fortuna emenda a disposição: *Solus Vespasianus mutatus in melius* [Só Vespasiano mudou para melhor].[208] Píndaro faz notar que quase sempre a fortuna

---

204 *Miles gloriosus* [O soldado fanfarrão], III, I (634).
205 Tito, I,18.
206 Tito, I,12.
207 *Guerra de Jugurta*, CXIII.
208 *Histórias*, I, L.

O progresso do conhecimento

grande e súbita vence os homens, *qui magnam felicitatem concoquere non possunt* [Que não são capazes de digerir tão grande sorte].[209] O Salmo mostra que é mais fácil guardar medida no desfrute da fortuna que em seu aumento: *Divitiae si affluant, nolite cor apponere* [Se as riquezas aumentam, não apegueis a elas o coração].[210] Estas observações e outras semelhantes, não nego que Aristóteles as tenha tocado sumariamente, por alto, em sua Retórica,[211] nem que estejam tratadas em alguns textos dispersos; mas nunca foram incorporadas à Filosofia Moral, à qual // essencialmente correspondem, como corresponde à agricultura o conhecimento da diversidade de solos e terras, e ao médico o da diversidade de compleições e constituições; a não ser que queiramos imitar a insensatez dos empíricos, que a todos os pacientes administram as mesmas medicações.

6. Outro artigo deste conhecimento é a indagação tocante aos afetos; pois como na medicina corporal primeiro se conhecem as diferentes compleições e constituições, em seguida as enfermidades, e por último os tratamentos, assim na medicina espiritual, depois do conhecimento dos diferentes caracteres das naturezas, em seguida se conhecem as enfermidades e fraquezas do espírito, que não são outra coisa que as perturbações e transtornos dos afetos. Pois do mesmo modo que os políticos antigos de Estados populares costumavam comparar o povo com o mar e os oradores com os ventos, porque como o mar por si estaria tranquilo e calmo se os ventos não os movessem e agitassem, assim o povo seria pacífico e dócil se

---

209 *Olímpicas*, I, 55-56.
210 Salmos 62,11.
211 *Retórica*, II, XII-XVII (1388b-1391b).

Francis Bacon

os oradores sediciosos não o excitassem e agitassem; igualmente se poderia dizer que o espírito por si estaria temperado e sereno se os afetos, à maneira de ventos, não o pusessem em tumulto e desordem. E aqui novamente me parece estranho, como antes, que Aristóteles escrevesse vários volumes de Ética sem estudar nunca os afetos, que constituem seu principal objeto, e por outro lado, em sua Retórica, à qual só interessam colateral e secundariamente (na medida em que podem ser movidos pelo discurso), encontre lugar para eles, e os trate bem para o espaço que lhes dedica;[212] mas em seu lugar próprio os omite. Pois não são suas discussões em torno do prazer e da dor o que pode satisfazer esta indagação, como não se poderia dizer que o que tratasse da natureza da luz em geral tratasse da natureza das cores; porque o prazer e a dor estão para os afetos particulares como a luz para as cores particulares. Melhores esforços creio eu que dedicaram os estoicos a este tema, na medida em que posso coligir pelo que nos chegou de segunda mão; contudo, e segundo seu costume, consistindo mais seu trabalho em dar definições sutis (que num tema desta índole não são senão vãs curiosidades) que descrições e observações práticas e amplas. Encontro também alguns escritos particulares que tratam com elegância alguns dos afetos, *como a ira, o consolo diante da adversidade, // a vergonha* e outros. Mas os melhores doutores deste conhecimento são os poetas e autores de histórias, nos quais podemos encontrar retratado muito vivamente como se acendem e suscitam os afetos, e como se pacificam e refreiam, e igualmente como se evita que passem à ação e em maior grau; como se revelam, como

---

212 Cf. *Retórica*, II, I-XI (1378a-1388b).

O progresso do conhecimento

atuam, como variam, como se acumulam e fortalecem, como estão envoltos uns em outros e se combatem e se enfrentam entre si, e outras particularidades semelhantes. Do que este último é especialmente útil nos assuntos morais e civis, como (digo) saber enfrentar um afeto por outro, e dominar um com outro, como se caça animal com animal e se persegue ave com ave, que de outro modo talvez seria mais difícil recuperar. Nisto se baseia essa excelente aplicação do *praemium* e da *poena* que é o cimento dos Estados civis, empregando-se os afetos predominantes do *temor* e da *esperança* para sufocar e sujeitar os restantes. Pois como no governo dos Estados é às vezes necessário sujeitar a uma facção com outra, assim ocorre também no governo interior.

7. Passamos agora àquelas questões que estão sujeitas a nosso arbítrio, e que têm força e operação sobre o espírito para afetar a vontade e o apetite e alterar a conduta, das quais se deveriam ter estudado o *costume, o exercício, o hábito, a educação, o exemplo, a imitação, a emulação, a companhia, as amizades, o louvor, a repreensão, a exortação, a fama, as leis, os livros, os estudos*. Estas coisas têm uma clara utilidade para a moral, atuam sobre o espírito e com elas se compõem e estabelecem as receitas e tratamentos encaminhados a recobrar ou conservar a saúde e o bem-estar do espírito, até onde alcança a medicina humana. Entre elas nos deteremos em uma ou duas como exemplo das restantes, pois seria demasiado longo examiná-las todas; falaremos, pois, do Costume e do Hábito.

8. Parece-me negligente a opinião de Aristóteles, de que naquilo que é assim por natureza nada pode ser alterado pelo costume, pondo como exemplo que ainda que se atire ao alto

439 uma pedra // dez mil vezes, não aprenderá a ascender, e que por ver ou ouvir amiúde não se aprende a ver ou ouvir melhor.[213] Embora este princípio seja correto naquelas coisas em que a natureza é *inflexível* (por razões que agora não podemos nos deter a discutir), contudo não ocorre o mesmo naquelas outras em que admite uma *folga*. Pois ele podia ver que uma luva estreita entra melhor com o uso, e que com o uso se torce uma vara de modo diverso de como cresceu, e que à força de usar a voz falamos mais alto e com maior potência, e que à força de suportar o calor ou o frio o suportamos melhor etc.; tendo estes últimos exemplos maior afinidade com o tema de moral de que ele trata do que os exemplos que ele aduz. E admitindo sua conclusão de que *as virtudes e vícios consistem em hábito*, com tanta maior razão deveria ter ensinado a maneira de instaurar esse hábito: pois há muitos preceitos dos sábios para ordenar os exercícios do espírito, como os há para ordenar os exercícios do corpo; dos quais enumeraremos alguns.

9. O primeiro será o de ter cuidado de não se impor ao princípio um esforço demasiado *árduo* nem demasiado *débil*: pois se demasiado árduo, no caráter inseguro se cria desalento, e no seguro uma presunção de facilidade, e com isso negligência; e num e noutro se criam esperanças infundadas, e finalmente insatisfação. Se, pelo contrário, é demasiado débil, não se poderá contar com levar a cabo e superar nenhum trabalho grande.

10. Outro preceito é o de praticar todas as coisas principalmente em dois momentos diferentes, um quando o espírito está mais bem disposto e outro quando está menos disposto, de modo que com o primeiro se avance longo trecho e com

---

213 *Ética a Nicômaco*, II, I.

O *progresso do conhecimento*

o segundo se desfaçam os nós e oposições do espírito, e os momentos intermediários sejam mais gratos e prazerosos.

11. Outro preceito, que Aristóteles menciona de passagem, é o de levar sempre ao extremo contrário àquele a que por natureza se tende, como remar contra a corrente, ou endireitar uma vara dobrando-a no sentido contrário à sua inclinação natural.[214]

12. Outro preceito consiste em que o espírito se deixa levar melhor, e com maior agrado e contentamento, se aquilo que se // pretende não é o primeiro na intenção, mas *tanquam aliud agendo* [como fazendo outra coisa], pelo ódio natural que o espírito sente pela necessidade e obrigação. Há muitos outros axiomas relativos à administração do *Exercício* e do *Costume*, que deste modo conduzida demonstra ser, efetivamente, uma segunda natureza, mas governada pelo acaso não passa de símia da natureza, e engendra deformidades e fraudes.

13. Do mesmo modo, se examinarmos os *livros* e *estudos*, e a influência e o efeito que têm sobre a conduta, não acharemos a respeito disto diversos preceitos de grande cautela e proveito? Não chamou um dos Padres com grande indignação a Poesia *vinum daemonum* [vinho dos demônios],[215] porque aumenta as tentações, as perturbações e as opiniões vãs? Não merece ser considerada a opinião de Aristóteles quando diz que os jovens não são ouvintes aptos para a filosofia moral, porque não se apaziguou neles o calor ardente dos afetos, nem os temperou o

---

214 *Ética a Nicômaco*, II, IX.

215 Santo Agostinho (*Confissões*, I, XVI) usa a expressão *vinum erroris*, "vinho do erro", e São Jerônimo (*Epístolas*, CXLVI) chama a poesia *cibus daemonum*, "alimento dos demônios". Bacon parece ter fundido ambos os juízos em um.

Francis Bacon

tempo e a experiência?[216] E não procede daí que esses excelentes livros e discursos dos escritores antigos (com os quais têm alentado a virtude da maneira mais eficaz, representando-a com grandeza e majestade, e as opiniões vulgares contrárias a ela com vestes de parasita, como merecedoras de escárnio e desprezo) tenham tão pouco efeito em relação à honestidade da vida, porque não são lidos e estudados pelos homens em seus anos maduros e assentados, mas deixados quase exclusivamente aos jovens e principiantes? Mas não é também certo que muito menos são os jovens ouvintes aptos para a matéria de política, até estarem inteiramente curtidos na religião e na moral, para que seu juízo não se corrompa e se prontifiquem a pensar que não há entre as coisas diferenças verdadeiras, mas só o que importa é a utilidade e o êxito? Como diz o verso, *Prosperum et Felix scelus virtus vocatur* [Ao delito que prospera se o chama virtude];[217] e também, *Ille crucem pretium sceleris tulit, hic diadema* [O mesmo crime é recompensado em um homem com a forca, e em outro com uma coroa];[218] coisas estas que os poetas dizem com intenção satírica, e movidos pela indignação a defender a virtude, mas que os livros de política afirmam séria e positivamente: pois agradava a Maquiavel dizer que *se César tivesse sido derrotado,* **441** *// teria sido mais odioso que Catilina jamais o fora,*[219] como se não tivesse havido outra diferença que a da fortuna entre uma verdadeira fera de concupiscência e sangue, e o espírito mais excelente (exceção feita de sua ambição) de quantos têm havido no mundo. Do mesmo modo, não há que se manejar com cautela

---

216 *Ética a Nicômaco*, I, I, onde Aristóteles, na verdade, se refere à política.
217 Sêneca, *Herculens furens* [*Hércules furioso*], 251.
218 Juvenal, *Sátiras*, XIII, 105.
219 *Discorsi*, I, X.

O progresso do conhecimento

as próprias doutrinas da moral (algumas delas), para que os homens não se tornem demasiado suscetíveis, arrogantes, intolerantes, como diz Cícero de Catão, *In Marco Catone haec bona quae videmus divina et egregia, ipsius scitote esse propria; quae nonnunquam requirimus, ea sunt omnia non a natura, sed a magistro* [Essas qualidades sobre-humanas e egrégias que vemos em Marco Catão estai seguros de que são inatas; a ausência, por outro lado, de todas aquelas das quais damos falta não é obra da natureza, mas de seu mestre]?[220] Muitos outros axiomas e advertências existem no tocante a essas qualidades e efeitos que os estudos infundem e instilam na conduta. E igualmente os há referentes ao emprego de todas essas outras questões de companhia, fama, leis e demais que enumeramos a princípio na doutrina moral.

14. Mas há um tipo de Cultura do Espírito que parece ainda mais preciso e elaborado que os demais, e que se erige sobre esta base: que os espíritos de todos os homens estão algumas vezes num estado mais perfeito, e outras num estado mais depravado. Por conseguinte, esta prática tem por objeto fixar e cultivar as boas horas do espírito e eliminar e anular as más. As boas têm sido fixadas por dois meios: os votos ou resoluções constantes e as observâncias ou exercícios, que não há que estimar tanto por si mesmos como porque mantêm o espírito em contínua obediência. As más têm sido eliminadas por dois meios: alguma espécie de redenção ou expiação pelo passado, e um encetamento ou cômputo *de novo* para o porvir. Esta parte parece santa e religiosa, e com justiça, pois toda boa Filosofia Moral não é (como dissemos) senão serva da religião.

---

220 *Pro Murena*, XXIX, 61.

Francis Bacon

15. Concluiremos, pois, com um último ponto que é de todos os meios o mais direto e sumário, e também o mais nobre e efetivo, para converter o espírito à virtude e bom estado, que é o de que cada qual escolha para sua vida e se proponha fins bons e virtuosos, entre os que razoavelmente estejam a seu alcance. Pois supostas estas duas coisas, que alguém se proponha fins honestos e bons, e que seja resoluto, constante // e fiel a eles, seguir-se-á que de uma vez adquira todas as virtudes. E isto é de fato como a obra da natureza, enquanto o outro procedimento é como a obra da mão. Com efeito, quando um escultor faz uma imagem vai formando somente aquela parte em que trabalha, de modo que, se está ocupado no rosto, aquilo que há de ser o corpo permanecerá entretanto uma pedra tosca, até que chegue a ele; enquanto, pelo contrário, quando a natureza faz uma flor ou um animal, vai formando ao mesmo tempo rudimentos de todas as partes. Assim, ao adquirir a virtude por *hábito*, enquanto se pratica a temperança não avança muito em fortaleza etc., mas quando se consagra e aplica a *fins bons*, não há virtude que a prossecução e avanço a esses fins requeira que não o encontre predisposto a ela: estado este de espírito que Aristóteles diz com muito acerto que não se deveria chamar *virtuoso*, mas *divino*, com estas palavras: *Immanitati autem consentaneum est opponere eam, quae supra humanitatem est, heroicam sive divinam virtutem* [Quanto à brutalidade, o que propriamente se lhe opõe é a virtude sobre-humana, heroica ou divina];[221] e um pouco mais adiante: *Nam ut ferae neque vitium neque virtus est, sic neque Dei: sed hic quidem status altius quiddam virtute est, ille aliud quiddam a vitio* [Pois assim como

---

221 *Ética a Nicômaco*, VII, I, (1145a).

O progresso do conhecimento

no bruto não há vício nem virtude, assim tampouco os há em Deus, estando esta elevação por cima da virtude, como a brutalidade é coisa distinta do vício].[222] Por onde vemos que grande honra atribui Plínio, o Segundo, a Trajano em sua oração fúnebre,[223] quando diz *que não teriam outra coisa que pedir os homens aos deuses que continuassem sendo tão bons senhores para com eles como o havia sido Trajano*,[224] como se não tivesse sido somente uma imitação da natureza divina, mas um modelo dela. São estas, entretanto, ideias pagãs e profanas, que não trazem em si mais do que uma sombra desse divino estado de espírito a que a religião e a santa fé conduzem os homens a imprimir em suas almas a caridade, à qual muito acertadamente se dá o nome de vínculo da Perfeição,[225] porque compreende e reúne em si todas as virtudes. E como elegantemente diz Menandro, falando do amor fútil, que não é senão falsa imitação do amor divino: *Amor melior sophista laevo ad humanam vitam* [O amor é melhor para a vida humana que um sofista canhoto],[226] isto é, que o amor ensina ao homem a conduzir-se melhor que um sofista ou preceptor, a quem chama canhoto, porque // com todas as suas regras e preceitos não é capaz de formar o homem tão *destramente* nem com tanta facilidade para que se preze e se governe, como é capaz de fazer o amor; assim certamente, se o espírito está deveras inflamado pela caridade, isso o leva de imediato a uma perfeição maior do que a que poderia levá-lo

---

222 Ibidem.

223 Segundo Spedding, não foi uma oração fúnebre, mas um elogio feito em presença de Trajano. O erro foi suprimido na *De augmentis*.

224 *Panegírico*, 74.

225 Colossenses 3,14.

226 Segundo Spedding, a frase é de Anaxandrides.

toda a doutrina moral, que não é senão um sofista em comparação com aquela. Mais ainda, como corretamente observou Xenofonte que todos os demais afetos, embora elevem o espírito, o fazem com distorção e deformação de arrebatamentos ou excessos, e o amor é o único que embora exalte o espírito ao mesmo tempo o assenta e ordena,[227] assim todas as restantes excelências, embora melhorem a natureza, estão expostas a excesso; só na caridade não pode havê-lo. Assim, vemos que, por aspirar a ser como Deus em poder, os anjos transgrediram e caíram: *Ascendam, et ero similis in Altissimo* [Ascenderei, e serei como o Altíssimo];[228] por aspirar a ser como Deus em conhecimento, o homem transgrediu e caiu: *Eritis sicut Dii, scientes bonum et malum* [Sereis como deuses, conhecedores do bem e do mal];[229] mas por aspirar a assemelhar-se a Deus em bondade ou amor, nem homem nem anjo transgrediram jamais nem transgredirão. A esta imitação somos, efetivamente, chamados: *Diligite inimicos vestros, benefacite eis qui oderunt vos et orate pro persequentibus et calumniantibus vos, ut sitis filii Patris vestri qui in coelis est, qui solem suum oriri facit super bonos et malos, et pluit super justus et injustos* [Amai a vossos inimigos, fazei bem aos que os aborrecem e rogai pelos que os perseguem e caluniam, para que sejais filhos de vosso Pai que está nos céus, que faz nascer seu sol sobre bons e maus, e chover sobre justos e injustos].[230] Assim, ao referir-se ao primeiro modelo da própria natureza divina, a religião pagã fala nestes termos: *Optimus Maximus* [Ótimo e máximo], e as Sagradas Escrituras o fazem nestes outros:

---

227 *Banquete*, I, 10.
228 Isaías 14,14.
229 Gênesis 3,5.
230 Mateus 5,44-45.

O progresso do conhecimento

Misericordia ejus super omnia opera ejus [Sua misericordia sobre todas suas obras].[231]

16. Com isto concluo esta parte do conhecimento moral, concernente à Cultura e Regimento do Espírito; sobre o qual julgará bem aquele que, diante das partes dela que enumerei, deduzirá que meu trabalho não foi outro senão o de reunir em uma Arte ou Ciência aquilo que outros omitiram por considerá-lo matéria de sentido comum e experiência. Mas, como dizia Filócrates troçando com Demóstenes: *Não estranheis, atenienses, que Demóstenes e eu discordemos, porque ele bebe água e eu vinho;*[232] e como lemos numa parábola antiga sobre as duas portas do sonho:

444

> *// Sunt geminae somni portae: quarum altera fertur*
> *Cornea, qua veris facilis datur exitus umbris:*
> *Altera candenti perfecta nitens elephanto,*
> *Sed falsa ad coelum mittunt insomnia manes*
> [Duas portas são as do sonho: uma feita de chifre,
> Por onde passam as visões verdadeiras: de marfim
> Branco e refulgente é a outra, mas através dela
> Os manes enviam ao mundo superior falsos sonhos];[233]

assim, se sóbria e atentamente se considera, se verá que no conhecimento é máxima segura a de que o licor mais prazeroso (o vinho) é o mais vaporoso, e a porta mais formosa (de marfim) é a que envia os sonhos mais falsos.

---

231 Salmos 145,9.
232 Demóstenes, *De falsa legatione* [*Da falsa embaixada*], 46 (355).
233 Virgílio, *Eneida*, VI, 894-897.

17. Concluímos *essa parte geral da Filosofia Humana que contempla o homem segregado, e em sua composição de corpo e espírito.* A propósito disso podemos, ainda, assinalar que parece haver uma relação ou conformidade entre o bem do espírito e o bem do corpo. Pois assim como dividimos o bem do corpo em *saúde, beleza, força e prazer,* assim o bem do espírito, segundo o estudam os conhecimentos racional e moral consiste em que seja *são* e livre de perturbação, *belo* e agraciado pelo decoro, e *forte* e *ágil* para todas as exigências da vida. Estas três coisas, assim no corpo como no espírito, raramente se encontram juntas, e comumente estão divorciadas. Pois facilmente se observa que muitos têm robustez de engenho e valentia, mas não têm nem saúde sem perturbações, nem beleza e decoro algum em suas ações; outros possuem elegância e fineza em sua atuação, mas não têm arbítrio moral são nem capacidade para agir com acerto; outros, enfim, são honestos e virtuosos, mas incapazes de se assumirem ou de administrar um assunto; e há ocasiões em que se encontram duas destas coisas, e raramente as três. Quanto ao prazer, igualmente estabelecemos que o espírito não deve ser reduzido à insensibilidade, mas conservar sua capacidade para o gozo, // devendo sujeitar-se a limite mais pelo que diz respeito ao conteúdo do prazer do que à sua força e vigor.

XXIII. 1. O Conhecimento Civil versa sobre um tema que é de todos o mais imenso no material, e o mais difícil de reduzir a axiomas. Ainda assim, como disse Catão, o censor, *que os romanos eram como ovelhas, porque era mais fácil levá-los em rebanho que um por um, pois num rebanho bastava conseguir que uns poucos seguissem reto, e os demais os seguiriam,*[234] assim nesse aspecto a filosofia

---

234 Plutarco, *Marco Catão,* VIII.

O progresso do conhecimento

moral é mais intrincada que a política. Além disso, a filosofia moral tem por objeto constituir a virtude interior, enquanto o conhecimento civil requer apenas uma virtude exterior, pois isso basta para a sociedade; e por isso acontece amiúde que haja maus tempos com bons governos; assim encontramos na história sagrada, quando os reis eram bons e, contudo, se acrescenta: *Sed adhuc populus non direxerat cor suum ad Dominum Deum patrum suorum* [Mas o povo não havia voltado ainda seu coração para o Senhor Deus de seus pais].[235] Ocorre também que os Estados, à maneira de grandes máquinas, se movem lentamente, e não se decompõem em tão pouco tempo: pois assim como no Egito os sete anos bons sustentaram os sete maus,[236] do mesmo modo os governos que durante algum tempo estiveram bem assentados suportam os erros subsequentes, enquanto a resolução dos indivíduos naufraga mais subitamente. Estas circunstâncias mitigam um tanto a dificuldade extrema do conhecimento civil.

2. Este conhecimento tem três partes, correspondentes às três ações básicas da sociedade, que são a Conversação, a Negociação e o Governo. Pois o homem busca na sociedade conforto, utilidade e proteção, e a isto correspondem três prudências de natureza diversa, que amiúde estão divorciadas: a prudência de comportamento, a prudência de negócios e a prudência de governo.

3. A prudência de Conversação não merece estima excessiva, mas muito menos desprezo; pois não só tem valor em si mesma, como também influencia nos negócios e no governo. Disse o poeta:

---

235 2Crônicas 20,33.
236 Gênesis 41,47-48.53-56.

Francis Bacon

446   *// Nec vultu destrue verba tuo*
[E não deixe que teu semblante anule tuas palavras],[237]

um homem pode destruir com seu semblante a força de suas palavras; e igualmente a de suas ações, disse Cícero recomendando a seu irmão a afabilidade e a cordialidade: *Nil interest habere ostium apertum, vultum clausum*; de nada serve acolher com a porta aberta, e receber com o semblante fechado e áspero.[238] Assim vemos que Ático, antes da primeira entrevista de César e Cícero, estando em jogo a guerra, aconselhou seriamente a Cícero sobre como devia ordenar seu semblante e seus gestos.[239] E se o governo do semblante tem tão grande efeito, muito maior é o da maneira de falar e outros aspectos do porte na conversação. Nisto o ideal me parece estar bem expresso por Lívio, embora não com esta intenção: *Ne aut arrogans videar, aut obnoxius; quorum alterum est alienae libertatis obliti, alterum suae* [Por não parecer nem arrogante nem servil, coisas que são próprias, aquela do que esquece a liberdade alheia e esta do que esquece a própria]:[240] a perfeição do comportamento está em manter a própria dignidade sem interferir na liberdade dos demais. Por outro lado, se se atende demasiado ao comportamento e porte exterior, primeiro, se pode cair em afetação, e segundo, *Quid deformius quam scenam in vitam transferre* [O que pode haver de mais feio do que levar o teatro à vida?], estar toda a vida representando. Ainda sem chegar a esse extremo, é algo que consome tempo e ocupa demais a mente. De modo

---

237 Ovídio, *Ars amandi*, II, 312.

238 Quinto Cícero, *Commentariolum petitionis* [*Pequeno comentário sobre as petições*], 11 (44).

239 Cícero, *Ad Atticum*, IX, 12 e 18.

240 *Ad Urbe Condita*, XXIII, XII, 9.

O progresso do conhecimento

que, da mesma maneira que aos jovens estudantes se lhes adverte do perigo de estar sempre em companhia, porque *Amici fures temporis* [Os amigos são ladrões de tempo], tampouco se pode pôr em dúvida que se preocupar com a discrição da conduta seja um grande ladrão do pensamento. Além disso, os peritos nesse atavio que presta a urbanidade se contentam com ele e raramente aspiram a maior mérito, enquanto os que nisso falham por defeito procuram seu adorno na boa fama, pois ali onde há boa fama quase tudo convém, mas onde não há é mister supri-la com *puntos* [ocasiões oportunas] e finezas. Também, não há // algo que mais estorve a ação que a observância rigorosa do decoro, e das condições do decoro, que são o tempo e a oportunidade. Pois, como disse Salomão, *Qui respicit ad ventos, non seminat; et qui respicit ad nubes, non metet* [Quem vigia o vento não semeia; quem examina as nuvens não sega]:[241] é preciso aproveitar a ocasião sempre que se apresente. Para concluir, pois, direi que a meu juízo, a conduta exterior é como uma veste do espírito, e deve reunir as mesmas condições que uma veste. Pois deveria estar feita conforme ao uso do momento, não ser excessivamente delicada, estar cortada de modo que deixe ver todas as boas qualidades do espírito e oculte todos os seus defeitos, e, sobretudo, não ser demasiado estreita nem de modo que estorve o exercício ou movimento. Mas esta parte do conhecimento civil tem sido elegantemente tratada, e, portanto, não posso assinalá-la como deficiente.

4. A prudência concernente à Negociação ou aos Negócios não foi até agora recolhida por escrito, para grande desonra do saber e dos que o professam. Desta raiz, com efeito, brota

---

241 Eclesiastes 11,4.

principalmente essa repreensão ou opinião que entre nós se expressa em forma de adágio, de que o saber e a prudência não costumam coincidir. Pois das três prudências que pusemos como próprias da vida civil, a de Comportamento é desprezada pela maioria dos doutos, como inferior à virtude e inimiga da meditação; na de Governo se conduzem garbosamente quando são chamados a ela, mas isso acontece a poucos; mas a propósito da de Negócios, que é a mais necessária na vida, não há livros escritos, se excetuarmos uns poucos conselhos espalhados, que não guardam proporção com a magnitude do tema. Pois se escrevessem livros desta como se escrevem da outra [da do Governo], estou seguro de que os doutos com escassa experiência superariam em muito aos homens de grande experiência sem doutrina, e com o próprio arco destes, atirariam mais longe.

5. Tampouco é preciso temer que este conhecimento seja tão variável que não possa ser recolhido em preceitos; pois é muito menos infinito que a ciência do Governo, que vemos que está trabalhada e em parte codificada. Parece que alguns dos antigos romanos foram professores desta sabedoria nos tempos mais sérios e mais sábios: pois Cícero nos diz que era então costume que os senadores que tinham fama e prestígio de prudentes em geral, // como Coruncanio, Curio, Lélio, e muitos outros, passassem a certas horas do dia pelo Foro e dessem audiência a quem quisesse lhes pedir conselho; e que os cidadãos particulares os procuravam, e os consultavam sobre o casamento de uma filha, ou o emprego de um filho, ou uma aquisição ou trato, ou um pleito, ou qualquer outra ocasião das que se apresentam na vida.[242] Existe, pois, uma

---

242 *De oratore*, III, XXXIII (133-134).

O progresso do conhecimento

prudência de conselho e guia também para os assuntos privados, que nasce de uma compreensão universal dos assuntos do mundo, e que embora se aplique a cada caso particular, é recolhida da observação geral dos assuntos de natureza análoga. Assim vemos no livro que Q. Cícero escreve para seu irmão, *De petitione consulatus* (único livro de negócios escrito pelos antigos que conheço), que, embora referente a uma ação particular e do momento, sua substância consiste em muitos axiomas prudentes e políticos, que encerram um guia não efêmero, mas permanente, para o caso das escolhas populares. Mas onde melhor o vemos é nesses aforismos que se incluem entre os escritos divinos, compostos pelo rei Salomão, de quem as Escrituras testemunham que seu coração era como as areias do mar, que abarcava o mundo e todos os assuntos mundanos; vemos aí, digo, não poucas profundas e excelentes advertências, preceitos, teses, que se estendem a ocasiões muito variadas; no que nos deteremos um pouco, oferecendo à consideração uns quantos exemplos.

6. *Sed et cunctis sermonibus qui dicuntur ne accomodes aurem tuam, ne forte audias servum tuum maledicentem tibi* [Não dê ouvidos a tudo o que se diz, a não ser que ouças teu servo maldizer-te].[243] Aqui se recomenda a renúncia previdente a buscar aquilo que não nos agradaria encontrar, como foi julgado muito prudente em Pompeu, o Grande, queimar os papéis de Sertório sem folheá-los.[244]

Vir sapiens si cum stulto contenderit, sive irascatur sive rideat, non inveniet requiem [Quando o sábio tem pleito com o néscio, quer

---

243 Eclesiastes 7,21.
244 Plutarco, *Pompeu*, XX, e *Sertório*, XXVII.

se irrite ou ria, não conseguirá sossego].[245] Aqui se descreve a grande desvantagem que o sábio tem ao enfrentar alguém mais frívolo do que ele; pois tanto se leva o // assunto na brincadeira como se se irrita, de nenhum modo sairá com garbo do encontro.

Qui delicate a pueritia nutrit servum suum, postea sentiet eum contumacem [Quem mima seu servo desde criança, no final o achará contumaz].[246] Aqui significa que ir muito longe nos favores acaba em descortesia e ingratidão.

Vidisti virum velocem in opere suo? Coram regibus stabit, nec erit inter ignobiles [Viste um homem diligente em seu trabalho? Estará diante dos reis, não entre gente baixa].[247] Aqui se observa que, de quantas virtudes servem para elevar-se às honras, a rapidez de despacho é a melhor: pois muitas vezes os superiores não querem que aqueles a quem empregam sejam demasiado profundos ou capazes, mas sim dispostos e diligentes.

Vidi cunctos viventes qui ambulant sub sole, cum adolescente secundo qui consurgit pro eo [Vi todos os vivos que caminham sob o sol, com o jovem sucessor que ocupará seu posto].[248] Aqui se expressa aquilo que primeiro assinalou Sila, e depois dele Tibério: *Plures adorant solem orientem quam occidentem vel meridianum* [São mais os que adoram o sol nascente que o sol poente ou ao meio-dia].[249]

Si spiritus potestatem habentis ascenderit super te, locum tuum ne dimiseris; quia curatio faciet cessare peccata máxima [Se teu superior

---

245 Provérbios 29,9.
246 Provérbios 29, 21.
247 Provérbios 22, 29.
248 Eclesiastes 4,15.
249 Tácito, *Anais*, VI, 46.

O progresso do conhecimento

se enfurecer contra ti, não deixes o teu posto, pois a calma impede que se cometam graves erros].[250] Aqui se adverte que ao cair em desgraça a retirada é de todas as alternativas a mais inconveniente, pois o que assim faz deixa as coisas em seu pior estado, e se priva dos meios de melhorá-las.

Erat civitas parva, et pauci in ea viri: venit contra eam rex magnus, et vadavit eam, intruxitque munitiones per gyrum, et perfecta est obsidio: inventusque est in ea vir pauper et sapiens, et liberavit eam per sapientiam suam; et nullus deinceps recordatus est hominis illius pauperis [Havia uma cidade pequena com poucos homens nela. Veio contra ela um grande rei e a cercou, rodeando-a de fortes paliçadas. Encontrava-se na cidade um homem pobre e sábio, e com sua sabedoria a libertou; mas logo ninguém se lembrou mais dele].[251] Aqui se retrata a corrupção dos Estados, que não valorizam a virtude ou o mérito depois que deixou de lhes ser útil.

Mollis responsio frangit iram [Uma resposta suave acalma a ira].[252] Aqui se assinala que o silêncio ou a resposta áspera exaspera, enquanto a resposta imediata e temperada apazigua.

Iter pigrorum quase sepes spinarum [O caminho do preguiçoso é como a cerca de espinhos].[253] Aqui se representa vivamente o quão trabalhosa é no fim a preguiça: pois quando se deixam as coisas para o último momento e não se prepara nada de antemão, logo a cada passo se encontra um espinho ou obstáculo, que enreda ou detém.

---

250 Eclesiastes 10,4.
251 Eclesiastes 9,14.
252 Provérbios 15,1.
253 Provérbios 15,19.

Melior est finis orationis quam principium [Vale mais o final de um discurso que o princípio].[254] Aqui se censura a ligeireza dos oradores formalistas, que cuidam mais dos prólogos e introduções que das conclusões e finais do discurso.

Qui cognoscit in judicio faciem, non bene facit; iste et pro buccella panis deseret veritatem [Não faz bem o que num juízo faz acepção de pessoas; por um bocado de pão o homem se afasta da verdade].[255] Aqui se assinala que é melhor o juiz venal que o que faz acepção de pessoas: pois o juiz corrupto não erra tão facilmente como o frouxo.

Vir pauper calumnians pauperes similis est imbri vehementi, in quo paratur fames [O pobre que falsamente acusa os pobres é como a chuva devastadora que deixa sem pão].[256] Aqui se expressa o rigor com que extorque o necessitado, figurado na antiga fábula da sanguessuga repleta e faminta.

Fons turbatus pede, et vena corrupta, est justus cadens coram impio [Fonte turbada e nascente poluída, é o justo que cai ante o ímpio].[257] Aqui se assinala que uma só iniquidade selada por um tribunal e mostrada diante da face do mundo perturba mais as fontes da justiça que muitas injustiças privadas silenciadas por conchavos.

Qui subtrahit aliquid a patre et a matre, et dicit hoc non esse peccatum, particeps est homicidii [O que rouba a seu pai e a sua mãe, e diz que isso não é falta, é companheiro do homicida].[258] Aqui se assinala que, embora aqueles que // prejudicam a seus melho-

---

254 Eclesiastes 7,8.
255 Provérbios 28,21.
256 Provérbios 28,3.
257 Provérbios 25,26.
258 Provérbios 28,24.

O progresso do conhecimento

res amigos costumem atenuar importância à sua falta, como se com eles lhes fosse lícito ser ousados ou atrevidos, essa circunstância, pelo contrário, a agrava, e de dano a converte em impiedade.

Noli esse amicus homini iracundo, nec ambulato cum homine furioso [Não faças amizade com o homem irado, nem vás com o violento].[259] Aqui se adverte que na escolha de nossos amigos evitemos sobretudo aos suscetíveis, porque nos arrastarão a muitas contendas e rixas.

Qui conturbat domum suam, possidebit ventum [Quem deixa a casa em desordem herdará vento].[260] Aqui se assinala que com as separações e rupturas domésticas nos prometemos tranquilidade e contentamento, mas sempre se vê burlada essa esperança, e torna-se vento.

Filius sapiens laetificat patrem: filius vero stultus maestitia est matri suae [O filho sábio é a alegria de seu pai, e o néscio o fardo de sua mãe].[261] Aqui se faz a distinção de que os pais são os que mais se regozijam com as boas condições de seus filhos, e as mães as que mais se desgostam por suas aflições, porque as mulheres têm pouco discernimento para a virtude, e mais para a fortuna.

Qui celat delictum, quaerit amicitiam; sed qui altero sermone repetit, separat foederatos [O que cobre um delito granjeia amizade, mas o que propala coisas separa os amigos].[262] Aqui se adverte que a reconciliação é mais bem alcançada mediante anistia, e

---

259 Provérbios 22,24.
260 Provérbios 11,29.
261 Provérbios 10,1.
262 Provérbios 17,9.

passando em silêncio o passado, do que mediante apologias e justificações.

In omni opere bono erit abundantia; ubi autem verba sunt plurima, ibi frequenter egestas [Toda boa obra gera abundância, mas onde há muitas palavras sói haver indigência].[263] Aqui se assinala que onde mais abundam o palavrório e o discurso, é onde há ociosidade e penúria.

Primus in sua causa justus; sed venit altera pars, et inquirit in eum [O primeiro a pleitear parece justo, mas chega a outra parte e o põe em evidência].[264] Aqui se observa // que em todos os litígios tem muita força a primeira versão do caso, de modo que o prejuízo assim instaurado dificilmente poderá ser eliminado, a não ser detectando algum engano ou falsidade na informação.

Verba bilinguis quase simplicia, et ipsa perveniunt ad interiora ventris [As palavras do traidor parecem simples, mas descem até o fundo das entranhas].[265] Aqui se faz a distinção de que a adulação e insinuação que parece composta e artificial não deita raiz profunda, enquanto o que chega ao fundo é o que traz aparência de naturalidade, liberdade e simplicidade.

Qui erudit derisorem, ipse sibi injuriam facit; et qui arguit impium, sibi maculam generat [Quem corrige o arrogante a si mesmo se prejudica, e o que repreende o malvado atrai desonra].[266] Aqui se adverte sobre como se deve repreender os homens de caráter arrogante e desdenhoso, que porque são assim tomam a repreensão por afronta e em consequência a devolvem.

---

263 Provérbios 14,23.
264 Provérbios 18,17.
265 Provérbios 18,8.
266 Provérbios 9,7.

O progresso do conhecimento

Da sapienti occasionem, et addetur ei sapientia [Dá oportunidade ao sábio, e ele será mais sábio].[267] Aqui se distingue entre a virtude feita hábito e a que é só verbal e flutua no âmbito das ideias: pois a primeira, ao se lhe apresentar ocasião, se aviva e redobra, e a segunda fica aturdida e confusa.

Quomodo in aquis resplendet vultus prospicientium, sic corda hominum manifesta sunt prudentibus [Como o rosto do que se olha na água se reflete nela, assim os corações dos homens se manifestam aos sábios].[268] Aqui se compara a mente do sábio com um espelho, onde se refletem as imagens de todas as diversas naturezas e costumes, reflexo do qual procede o princípio:

Qui sapit, innumeris moribus aptus erit
[O que sabe se adapta a inumeráveis caráteres].[269]

7. Com o dito me detive nestas sentenças políticas de Salomão algo mais do que o devido para um exemplo, levado pelo desejo de prestar autoridade a esta parte do conhecimento, que assinalei como deficiente, com tão insigne precedente; e as acompanhei de breves observações, tais que a meu entender não fazem violência ao sentido, apesar de que eu // sei que elas podem ser aplicadas a uso mais divino: permite-se, porém, mesmo no que é divino, que algumas interpretações, e inclusive alguns escritos tenham mais de águia do que outros. Tomando-as, contudo, como instruções para a vida, poderiam ter sido objeto de amplo comentário, se as houvéssemos explicado e ilustrado com deduções e exemplos.

---

267 Provérbios 9,9.
268 Provérbios 27,19.
269 Ovídio, *Ars amandi*, I, 760.

Francis Bacon

8. Isto não foi utilizado unicamente pelos hebreus, mas geralmente se fala na sabedoria dos tempos mais antigos que, sempre que se pensava que uma observação pudesse ser proveitosa para a vida se a recolhia e expressava em forma de parábola, aforismo ou fábula. Mas as fábulas eram representantes e substitutos da falta de exemplos; agora que a época abunda em histórias, se consegue melhor pontaria com o alvo vivo. Por isso a forma de escrito mais adequada para este tema variável da negociação e dos assuntos civis é aquela que prudente e acertadamente escolheu Maquiavel para o governo, isto é, *o discurso sobre histórias ou exemplos.* Com efeito, o conhecimento de particulares extraído recentemente e sob nossa vista é o que melhor se deixa aplicar de novo a particulares; e é muito mais conveniente para a prática que o discurso sirva ao exemplo, e não que o exemplo sirva ao discurso. Não se trata de uma questão de ordem, como parece à primeira vista, mas de conteúdo. Pois quando a base é o exemplo, ao estar registrado dentro de uma história ampla, está posto com todas as circunstâncias, que às vezes podem limitar o discurso que sobre ele se faça, e às vezes complementá-lo como modelo para a ação; enquanto os exemplos aduzidos para servir ao discurso se citam sucintamente e sem pormenores, e trazem em si uma aparência de sujeição em relação ao discurso que com sua inclusão se pretende justificar.

9. E não é demais recordar esta diferença: que assim como a história das Épocas é a melhor base para os discursos sobre o governo, como os que faz Maquiavel, assim as histórias de Vidas são a mais apropriada para os discursos sobre o negócio, porque falam das ações privadas. E ainda há outra base de discurso // mais idônea que ambas para este objeto, que são as

O progresso do conhecimento

cartas, quando são prudentes e sólidas, como são muitas das de Cícero *ad Atticum* e outras. Pois nas cartas se representam os negócios de maneira mais próxima e detalhada que nas Crônicas ou nas Vidas. Com o dito falamos da matéria e da forma desta parte do conhecimento civil relativa à Negociação, que assinalamos como deficiente.

10. Mas resta ainda outra parte dessa parte, que difere tanto da que acabamos de mencionar como o *sapere* [saber] do *sibi sapere* [saber para proveito próprio], movendo-se uma, por assim dizer, para a circunferência, e a outra para o centro. Há, efetivamente, uma sabedoria para aconselhar, e outra diferente para melhorar a própria fortuna: às vezes coincidem, e amiúde estão divorciadas. Pois há muitos que sendo prudentes para si são fracos para o governo ou o conselho, como as formigas, que são animais muito sábios para si, mas muito daninhos para o jardim. Desta sabedoria sabiam muito os romanos: *Nam pol sapiens fingit fortunam sibi* [O homem sábio conforma ele mesmo seu destino],[270] disse o poeta cômico; e veio a ser adágio que *Faber quisque fortunae propriae* [Cada um é arquiteto de sua fortuna];[271] e Lívio a atribui a Catão primeiro: *In hoc viro tanta vis animi et ingenii inerat, ut quocunque loco natus esset, sibi ipse fortunam facturus videretur* [Havia naquele homem tal força de ânimo e caráter, que parecia que em qualquer lugar em que houvesse nascido teria feito fortuna].[272]

11. Esta ideia ou princípio, se demasiado declarada e publicada, se tem tido por coisa impolítica e que traz má sorte,

---

270 Plauto, *Trinummus* [*Os três centavos*], II, II (363).
271 Sentença atribuída ao estadista romano Apio Cláudio.
272 *Ad Urbe Condita*, XXXIX, XL, 4.

segundo se observou em Timóteo, o ateniense, que, tendo prestado muitos grandes serviços ao Estado durante seu governo, e dando uma relação destes ao povo como era costume, a cada particular acrescentava esta cláusula: "e nisto a fortuna não teve parte".[273] E veio a suceder que dali em diante não voltou a prosperar em nada que empreendeu: pois isso é ser demasiado altivo e arrogante, e lembra aquilo que Ezequiel disse do Faraó: **455** *Dicis, fluvius est meus, et ego feci memet ipsum //* [O rio é meu, e eu mesmo o fiz];[274] ou isso que disse outro profeta, que os homens oferecem sacrifícios a suas redes e armadilhas;[275] e é isso que expressa o poeta:

> *Dextra mihi Deus, et telum missile libro,*
> *Nunc adsint*
> [Minha mão direita e minha lança,
> são o deus em que confio]![276]

Estas confianças sempre foram irreligiosas e ímpias. Daí que todos os grandes políticos tenham atribuído sempre seu êxito à sua sorte, e não a seu talento ou sua virtude. Assim, Sila tomou para si o sobrenome de *Felix* [Afortunado], não o de *Magnus* [Grande];[277] e assim disse César ao capitão do barco: *Caesarem portas et fortunam ajus* [Levas a César e sua fortuna].[278]

---

273 Plutarco, *Sila*, VI.
274 Ezequiel 29,3.
275 Habacuc 1,16.
276 Virgílio, *Eneida*, X, 773.
277 Plutarco, *Sila*, VI.
278 Plutarco, *Júlio César*, XXXVIII.

O progresso do conhecimento

12. Não obstante, estes princípios: *Faber quisque fortuna suae; Sapiens dominabitur astris; Invia virtuti nulla est via* [Cada um é arquiteto de sua fortuna; o sábio manda sobre suas estrelas; para a virtude não há caminho impraticável],[279] e outros semelhantes, tomados e utilizados como esporas da industriosidade e não como estribos da insolência, mais para animar a resolução que a presunção ou ostentação externa, sempre foram tidos por certos e bons, e sem lugar a dúvidas estão impressos nos maiores espíritos, tão sensíveis a esta ideia que apenas são capazes de guardá-la para si. Assim vemos que César Augusto (que era bastante diferente de seu tio e inferior a ele em virtude) ao morrer quis que os amigos que o rodeavam lhe dessem um *plaudite* [aplauso],[280] como se ele mesmo fosse consciente de haver desempenhado bem seu papel em cena. Esta parte do conhecimento também a assinalamos como deficiente, não porque não se pratique, e muito, mas porque não está posta por escrito. E para que a ninguém pareça que não se lhe // a possa recolher em axiomas, é preciso, como fizemos com a anterior, que anotemos alguns de seus títulos ou questões.

13. À primeira vista pode parecer tema novo e inusitado este de ensinar aos homens a elevar-se e fazer fortuna, doutrina da qual talvez todos queiram ser discípulos, até que percebem sua dificuldade: pois a Fortuna impõe cargas tão pesadas como a Virtude, e tão duro e severo é ser autenticamente político como ser verdadeiramente moral. Mas o tratamento desta questão interessa grandemente ao saber, tanto do ponto de vista da honra como da do conteúdo: da honra, porque os pragmáticos

---

279 Ovídio, *Metamorfoses*, XIV, 113.
280 Suetônio, *Augusto*, CXIX.

não podem sustentar a opinião de que o saber é como uma cotovia, capaz de elevar-se, cantar e contentar-se a si mesma, e de nada mais, mas que saibam que também tem algo do falcão, que assim como pode elevar-se a grande altura, pode também descer e abater-se sobre a presa; do conteúdo, porque a perfeita lei da inquisição da verdade é *que não há nada na esfera material que não esteja igualmente na esfera cristalina, ou formal*, isto é, que não há nada na existência e ação que não seja tomado e recolhido na contemplação e na doutrina. O saber não admira ou avalia esta arquitetura da fortuna mais que como obra inferior, pois de ninguém pode ser a fortuna objetivo digno de seu ser, e muitas vezes os homens de maior valor renunciam de bom grado a ela em troca de melhores coisas; o que não impede que, como órgão da virtude e do mérito, mereça ser tomada em consideração.

14. Primeiro, pois, direi que o preceito que me parece ser o mais sumário para triunfar é o de conseguir aquela janela que pedia Momo, que, vendo na estrutura do coração humano tais rincões e esconderijos, sentia falta de uma janela para olhá--los:[281] isto é, procurar boas informações detalhadas sobre as pessoas, suas naturezas, seus desejos e aspirações, seus costumes e maneiras de agir, seus auxílios e vantagens, e em que se mostram mais fortes, e igualmente suas fraquezas e desvantagens, e no que aparecem mais expostas e vulneráveis; sobre seus inimigos, aliados, dependências, e igualmente de seus opositores, invejosos, competidores, seus humores e seus tempos, *Sola viri molles aditus et tempora noras* [Só tu conheces a melhor maneira e ocasião para lhe abordar];[282] seus princípios,

---

281 Luciano, *Hermotimus* [*Hermotimo* ou *As Escolas Filosóficas*], 20.
282 Virgílio, *Eneida*, IV, 423.

O progresso do conhecimento

normas e observações etc. E isto não só das pessoas, mas das ações: quais estão em marcha de quando em quando, e como são dirigidas, favorecidas, obstaculizadas; sua importância etc.

457 Porque o conhecimento das ações presentes não só é // importante em si, mas sem ele o das pessoas é muito errôneo, pois os homens mudam com as ações, e enquanto estão nelas são de uma maneira, e quando voltam a seu natural são de outra. Estas informações de particulares relativos às pessoas e ações são como as premissas menores de todo silogismo operante: pois não há observações (que são como as maiores), por excelentes que sejam, que bastem para fundamentar a conclusão se há erro e equívoco nas menores.

15. Da possibilidade deste conhecimento é nossa garantia Salomão, que diz: *Consilium in corde viri tanquam aqua profunda; sed vir prudens exhauriet illud* [O conselho no coração do homem é como água profunda, mas o sábio saberá hauri-la].[283] E embora o conhecimento mesmo não seja redutível a preceito, por ser do individual, as instruções para obtê-lo podem sê-lo.

16. Começaremos, pois, com este preceito, conforme a antiga opinião de que os nervos da prudência são a lentidão para crer e a desconfiança: que se confie mais nos semblantes e nos fatos do que nas palavras, e, das palavras, mais nas declarações súbitas e surpreendidas do que nas compostas e pensadas. Nem há de se temer isso que se diz de *fronti nulla fides* [Não nos fiemos do semblante],[284] que se refere ao porte externo em geral, e não aos movimentos e mudanças sutis e particulares do semblante e do gesto; que, como disse elegantemente Q. Cícero, é

---

283 Provérbios 20,5.
284 Juvenal, *Sátiras*, II, 8.

animi janua, porta da alma.[285] Ninguém mais reservado que Tibério, e entretanto Tácito disse de Galo que *Etenim vultu offensionem conjectaverat* [De sua expressão havia deduzido que (Tibério) se ofendera].[286] E também, assinalando o diferente tom e maneira das recomendações que de Germânico e Druso fez ante o senado, disse sobre seu discurso sobre Germânico que *magis in speciem adornatis verbis, quam ut penitus sentire videretur* [Falou com linguagem tão florida que não parecia sincero],[287] e de Druso, por sua vez, que *paucioribus, sed intentior, et fida oratione* [Falou menos, mas com mais sentimento e sinceridade];[288] e em outra passagem, aludindo à sua maneira de falar quando fazia algo agradável e popular, disse que para outras coisas era *velut eluctantium verborum*, mas que *solutius loquebatur quando subveniret* [Torpe para expressar-se; tinha mais facilidade de palavra quando se tratava de // exercer a clemência].[289] Não há, pois, artista tão consumado da simulação, nem semblante tão controlado (*vultus jussus*), que de um fingimento possa eliminar alguns destes indícios, quer seja um matiz mais leve e descuidado, ou mais composto e formal, ou mais vago e errante, ou mais seco e duro.

17. Tampouco são os *feitos* garantias tão seguras que se possa confiar neles sem uma consideração judiciosa de sua magnitude e natureza: *Fraus sibi in parvis fidem praestruit, ut majore emolumento fallat* [É um truque de traição ganhar confiança em coisas pequenas, para depois enganar com maior proveito],[290]

---

285 *Commentariolum petitionis*, 11 (44).

286 *Anais*, I, 12.

287 *Anais*, I, 52.

288 *Anais*, I, 52.

289 *Anais*, IV, 31.

290 Tito Lívio, *Ad Urbe Condita*, XXVIII, XLII.

O progresso do conhecimento

e os italianos se creem em vias de ser comprados e vendidos quando sem causa manifesta se veem mais bem tratados que de hábito.[291] Pois os pequenos favores não fazem outra coisa que adormecer a cautela e a industriosidade, e são como Demóstenes os chama, *alimenta socordiae* [Alimento da necessidade].[292] Igualmente vemos o quão falsas são algumas ações naquilo que fez Muciano com Antonio Primo, por ocasião da reconciliação vazia e insincera que houve entre eles, e que favoreceu muitos dos amigos de Antonio, *Simul amicis ejus praefecturas et tribunatus largitur* [Ao mesmo tempo favorecia seus amigos com cargos de tribuno e prefeito],[293] com o que sob capa de fortalecê-lo, arruinou-o, roubando-lhe seus aliados.

18. Quanto às *palavras* (embora sejam como as águas para os médicos, algo cheio de ilusão e incerteza), contudo não devem ser desprezadas, sobretudo se aparecem com a vantagem da paixão e do afeto. Assim vemos que Tibério, diante de um discurso ferino e ofensivo de Agripina, por um instante abandonou sua dissimulação para dizer: *Estás ressentida porque não reinas*, a propósito do que diz Tácito: *Audita haec raram occulti pectoris vocem elicuere; correptamque Graeco versu admonuit, ideo laedi quia non regnaret* [Estas palavras arrancaram de Tibério a voz, tão raramente ouvida, de seu pensamento interior: retorquindo violentamente, lembrou-a do verso grego, que estava ressentida porque não reinava].[294] E por isso o poeta elegantemente chama as paixões torturas, que impulsionam os homens a confessar seus segredos:

---

291 *"Chi mi fa più carezze che non suole, o m'a ingannato, o ingannar mi vuole."*
    [Aquele que mais me lisonjeia ou me enganou, ou me enganar quer]
292 Demóstenes, *Olínticas*, XXXIII.
293 Tácito, *Histórias*, IV, XXXIX.
294 *Anais*, IV, 52.

Francis Bacon

Vino tortus et ira
[Torturado pelo vinho e pela ira].[295]

E a experiência demonstra que poucos são tão fiéis a si mesmos e tão firmes que, ora por acaloramento ou // por coragem, ora por cortesia ou por preocupação e fraqueza, não se descubram alguma vez, sobretudo se são incitados a isso com uma contradissimulação, conforme o provérbio espanhol, *Di mentira y sacarás verdad* [Conta uma mentira e encontrarás uma verdade].

19. Quanto ao conhecimento dos homens que se obtém de segunda mão, por informes, diremos que suas fraquezas e faltas se conhece melhor por seus inimigos, suas virtudes e capacidades por seus amigos, seus costumes e tempos por seus criados, suas ideias e opiniões por seus amigos íntimos, que são com quem mais conversam. O rumor geral tem pouco peso, e as opiniões concebidas por superiores ou iguais são enganosas, porque diante deles se está mais mascarado: *Verior fama e domesticis emanat* [A fama mais certa é a que procede da gente da casa].[296]

20. Mas como melhor se revelam e descobrem os homens é por suas naturezas e seus objetivos, sendo os mais fracos mais bem conhecidos por suas naturezas, e os mais prudentes por seus objetivos. Graça e prudência houve (embora creio eu que muito pouca verdade) naquilo que disse um núncio papal, ao voltar de certa nação onde havia servido como legado: pois sendo pedida sua opinião sobre a nomeação de outro que foi

295 Horácio, *Epístolas*, I, XVIII, 38.
296 Quinto Cícero, *Commentariolum petitionis*, 5 (17).

O progresso do conhecimento

em seu lugar, manifestou que de modo algum se devia enviar alguém demasiado sábio, porque nenhum homem muito sábio seria capaz de imaginar o que naquele país podiam fazer. E por certo é erro mais frequente exceder e supor objetivos mais profundos e alcances mais amplos do que são na realidade, sendo elegante, e quase sempre acertado, o provérbio italiano:

Di danari, di senno, e di fede,
Cè nè manco Che non credi
[Dinheiro, sabedoria e boa fé, costuma haver menos
do que se crê].

21. Por outra razão bem distinta, os príncipes são mais bem conhecidos por sua natureza, e as pessoas privadas por seus objetivos: pois achando-se os príncipes por cima dos desejos humanos, não costumam ter objetivos particulares a que aspirem, pela distância até os quais se possa tomar medida e escala do resto de suas ações // e desejos, sendo esta uma das causas que tornam seus corações mais inescrutáveis. Tampouco é suficiente informar-se apenas dos diversos objetivos e naturezas dos homens, mas há que se saber também qual é o que predomina, qual humor é o que prevalece e qual objetivo é o que principalmente se busca. Pois assim vemos que quando Tigelino se viu superado por Petrônio Turpiliano quanto a atender os humores de prazeres de Nero, *Metus ejus rimatur*, removeu os temores de Nero, e com isso se adiantou ao outro.[297]

22. Mas em toda esta parte da inquirição, o caminho mais direto requer três coisas. A primeira é tratar e intimar com os

---

297 Tácito, *Anais*, XIV, 57.

que têm trato geral e estão mais em contato com o mundo, e especialmente, segundo a variedade dos negócios e das pessoas, ter intimidade e relação pelo menos com um amigo que seja perito e bom conhecedor de cada tipo. A segunda é manter um conveniente termo médio entre a franqueza e a reserva: na maioria das coisas franqueza, e reserva ali onde importe; porque a franqueza convida e anima por sua vez à franqueza, e assim acrescenta muito ao conhecimento, e a reserva, por outro lado, induz confiança e intimidade. A última é adquirir o hábito vigilante e sereno de, em toda conferência e ação, propor-se a observar ao mesmo tempo que se age. Pois assim como Epicteto queria que o filósofo em cada ação se dissesse a si mesmo: *Et hoc volo, et etiam institutum servare* [Quero fazer isto, e ao mesmo tempo permanecer em meu propósito],[298] do mesmo modo o homem político em todas as coisas deveria dizer-se: *Et hoc volo, ac etiam aliquid addiscere* [Quero fazer isto, e ao mesmo tempo aprender algo]. Detive-me mais neste preceito de obter boa informação porque em si é uma parte principal, que equivale a todo o restante. Mas, sobretudo, é preciso cuidar de ter bom governo e domínio de si mesmo, e que este muito conhecimento não signifique muito intrometimento, pois nada há mais desafortunado que se intrometer, às pressas e sem pensar, em muitos assuntos. De modo que esta variedade de conhecimento somente tem por objeto // fazer melhor e mais livre escolha daquelas ações que possam nos dizer respeito, e dirigi-las com menos erro e mais destreza.

23. O segundo preceito relativo a este conhecimento é o de recolher boa informação sobre a própria pessoa, e compreen-

---

298 *Enchiridion*, IV.

O progresso do conhecimento

der-se bem a si mesmo, sabendo que, como disse São Tiago, embora amiúde nos olhemos num espelho, logo em seguida nos esquecemos de nós mesmos;[299] no que, assim como o espelho divino é a palavra de Deus, o espelho político é o estado do mundo ou época em que vivemos, e nele temos que contemplar-nos.

24. Pois é mister ter uma visão imparcial das próprias capacidades e virtudes, e também das próprias carências e impedimentos, avaliando estes com mais e aquelas com menos, e a partir dessa visão e exame, tecer as considerações seguintes.

25. Primeira, considerar de que modo a constituição da própria pessoa se acomoda ao estado geral da época, e, se se a acha conforme e ajustada, dar-se em tudo maior raio de ação e liberdade; mas, se divergente e dissonante, então em todo o modo de vida ser mais cauto, retirado, reservado: segundo vemos em Tibério, que nunca foi visto nos jogos e não apareceu no senado durante doze de seus últimos anos, enquanto César Augusto viveu sempre à vista do público, o que observa Tácito: *Alia Tibério morum via* [Os meios de Tibério eram diferentes].[300]

26. Segunda, considerar de que modo se acomoda o próprio caráter às profissões e ocupações, e escolher em consequência, se se é livre, e não se liberar na primeira ocasião: segundo vemos que fez o duque Valentino,[301] que por seu pai estava destinado à profissão sacerdotal, mas a deixou em pouco tempo, em vista de suas condições pessoais e inclinação;

---

299 Epístola de São Tiago 1,23-24.

300 *Anais*, I, 54.

301 César Bórgia. Sobre sua mudança de profissão ver Guicciardini, *Storia d'Italia* [*História da Itália*]. IV, III (1498).

Francis Bacon

que eram tais, entretanto, que não se saberia dizer com certeza se eram piores para um príncipe ou para um sacerdote.

27. Terceira, considerar de que modo se acomoda com aqueles que provavelmente há de ter como competidores e rivais, e optar pela carreira em que haja mais solidão, e se tenha mais possibilidades de ser o mais eminente: como fez Júlio César, que a princípio era orador e advogado, mas vendo a excelência de Cícero, Hortênsio, Catulo e outros no campo da eloquência, e vendo que na guerra não havia ninguém com mais prestígio que Pompeu, de quem o // Estado se via obrigado a depender, abandonou a carreira que havia iniciado em prol da grandeza civil e popular, e transferiu suas aspirações à grandeza militar.[302]

28. Quarta, na escolha de amigos e subordinados, proceder de acordo com a composição do próprio caráter: segundo vemos em César, cujos amigos e seguidores eram todos homens ativos e diligentes, mas nem grandes nem prestigiosos.

29. Quinta, observar especialmente como se deixa guiar pelos exemplos, pensando que se é capaz de fazer o que vê outros fazerem, porque pode ser que as naturezas e caráteres sejam muito diferentes. Neste erro parece ter caído Pompeu, de quem Cícero conta que amiúde costumava dizer: *Sylla potuit, ego non potero?* [Sila pode, por que não eu?];[303] no que estava muito enganado, por serem os caráteres e os modos de agir dele e de seu modelo os mais díspares do mundo: o primeiro feroz, violento e forçando os fatos, e o segundo grave, preocupado com a pompa e a cerimônia, e portanto menos eficaz.

302 Plutarco, *Júlio César*, III.
303 Cícero, *Ad Atticum*, IX, 10.

O progresso do conhecimento

Este preceito tocante ao conhecimento político de si mesmo tem outras ramificações, nas quais não podemos nos deter.

30. Em seguida a bem compreender e conhecer a si mesmo, está o descobrir-se e revelar-se bem aos demais, no que o mais frequente é que o homem maior seja o que faz menos ostentação. Há, com efeito, uma grande vantagem em mostrar bem as próprias virtudes, fortuna, méritos, e igualmente em encobrir com arte as próprias fraquezas, defeitos, infortúnios, detendo--se nos primeiros e resvalando sobre os outros, ilustrando aqueles com pormenores e embelezando estes com interpretações etc. Sobre isto vemos o que disse Tácito de Muciano, que foi o maior político de seu tempo, que *Omnium quae dixerat fece-ratque arte quadam ostentator* [Sabia pôr certa ostentação em tudo o que dizia e fazia];[304] o que requer certa arte, se não se quer parecer tedioso e arrogante. A meu ver, contudo, a ostentação (embora esteja no primeiro grau da futilidade) me parece mais vício na moral do que na política; pois // assim como se diz: *Audacter calumniare, semper aliquid haeret* [Calunia com audácia, que sempre resta algo],[305] do mesmo modo, sempre que não se chegue a um grau de exagero ridículo, poderia dizer-se: *Audacter te vendita, semper aliquid haeret* [Expõe tuas pretensões com audácia, que sempre resta algo]. Restará, com efeito, entre os mais ignorantes e inferiores, por mais que os homens de sabedoria e posição sorriam e o desprezem; e a autoridade ganha diante de muitos compensa o desdém de uns poucos. E se se faz com decoro e bom juízo, como de forma natural, graciosa e ingênua;

---

304 *Histórias*, II, LXXX.

305 Cf. Plutarco, *Quomodo adulator ab amico internoscatur* [*Como distinguir o adulador do amigo*], XXIV (65c-d).

Francis Bacon

ou em momentos em que traga consigo perigo e insegurança (como nos militares); ou quando outros são mais invejados; ou com facilidade e descuidadamente entrando e saindo disso, sem se deter demasiado ou mostrar demasiada seriedade; ou com igual franqueza censurando-se e adornando-se; ou quando se trata de repelir ou responder ao insulto ou à insolência alheia, então acrescenta grandemente a reputação; e não há dúvida de que não poucos caráteres sólidos, que carecem de presunção e com estes ventos não sabem inflar suas velas, com sua moderação, se prejudicam e se põem em desvantagem.

31. Se estas ostentações e realces da virtude não são talvez desnecessários, é necessário, ao menos, que a virtude não fique desvalorizada e rebaixada por baixo de seu justo preço, algo que acontece de três maneiras: quando se se oferece e se adianta, com o que somente em ser aceito já se se considera recompensado; quando se faz demasiado, com o que não se dá tempo a que o bem-feito enraíze e no final se produz saciedade; e quando o fruto da própria virtude se vê demasiado cedo recolhido no elogio, aplauso, honra, favor, em que se se agrada com pouco, sobre o que se disse com razão: *Cave ne insuetus rebus majoribus videaris, si haec te res parva sicuti magna delectat* [Se te agrada tanto o pequeno como o grande, cuida de não dar a impressão de não estar acostumado a coisas melhores].[306]

32. Não menos importante que fazer apreciar as boas qualidades é tampar os defeitos, o que também pode ser feito de três maneiras: mediante Cautela, mediante Pretexto e mediante Confiança. Cautela é quando com engenho e discrição se evita ser destinado àquelas coisas para as quais não se é apropriado;

---

306 Cícero, *Rhetorica ad Herennium* [*Retórica a Herênio*], IV, IV, 7.

O progresso do conhecimento

464 enquanto, pelo contrário, // os espíritos ousados e inquietos embarcam em umas e outras coisas sem distinção, e com isso tornam públicas e alardeiam todas as suas faltas. Pretexto é quando se prepara o caminho para que os próprios defeitos ou faltas sejam interpretados como procedentes de melhor causa, ou ordenados a outro fim. Do primeiro está bem dito que *Saepe latet vitium proximitate boni* [Muitas vezes um vício fica oculto por sua proximidade a uma virtude];[307] de modo que, por cada falta que se tenha, deve-se fazer ver que aspira à virtude que a cobre, por exemplo, se se é torpe, fingir gravidade, se se é covarde, doçura etc. No que toca ao segundo, é preciso forjar alguma causa verossímil que justifique que se fique tímido e oculte seus talentos, e com esse fim há que se acostumar a dissimular as capacidades que são notórias, para assim aparentar que as verdadeiras carências não são senão astúcia e dissimulação. E quanto à Confiança, é o último remédio, mas o mais seguro, a saber, tirar importância e aparentar desprezo no que toca a tudo o que não se pode alcançar, observando o prudente princípio dos mercadores, que procuram subir o preço de seus artigos e baixar o dos outros. Há outra confiança que deixa esta pequena, e que é sustentar impudemente os próprios defeitos, fingindo crer que onde melhor se é, é naquilo em que se falha; e para respaldar isto, fingir por outro lado que onde pior opinião se tem de si é naquelas coisas em que se é melhor; como vemos habitualmente nos poetas, que se mostram seus versos e se lhes critica algum, respondem que *este lhes custou mais trabalho que todos os outros*, e em seguida aparentam censurar e duvidar de outro,

---

307 Ovídio, *Ars amandi*, II, 662.

291

que bem sabem que é o melhor de todos. Mas, sobretudo, nesta correção e auxílio de si com seu porte, há de se cuidar de não se mostrar desarmado e exposto ao desdém e ao insulto, por demasiada docilidade, bondade, cordialidade, antes deixar ver alguns laivos de liberdade, independência e gênio: porte este fortificado que, com a pronta resposta aos desprezos, vem às vezes imposto necessariamente // por algo da própria pessoa ou sorte, mas que sempre resulta muito proveitoso.

33. Outro preceito deste conhecimento é o de procurar por todos os meios fazer com que o espírito seja dócil e acomodável à ocasião, pois nada põe mais obstáculos à fortuna que o *Idem manebat neque idem decebat* [Prosseguia sendo o mesmo quando já não convinha o mesmo],[308] prosseguir estando como se estava quando muda a ocasião; por isso Lívio, ao falar de Catão, a quem retrata como tão bom arquiteto de sua fortuna, comenta que possuía *versatile ingenium* [Engenho versátil].[309] E daqui se segue que nesses caráteres graves e solenes, que hão de se manter sempre iguais a si mesmos sem variação, haja mais dignidade que êxito. Mas em alguns é inato serem algo viscosos e cerrados, e pouco aptos para variar. Em alguns é quase natureza o vício de não admitir que devem mudar de tática, quando na experiência anterior lhes foi proveitosa. Maquiavel observa prudentemente como Fábio Máximo pretendia prosseguir contemporizando, segundo seu costume inveterado, quando a natureza da guerra já era outra, e exigia ação enérgica.[310] Em outros é falta de perspicácia e penetração,

---

308 Cícero, *Brutus*, XCV, 327.
309 *Ad Urbe Condita*, XXXIX, XL, 5.
310 *Discorsi*, III, VIII.

O *progresso do conhecimento*

porque não percebem quando passaram as coisas e, passada a ocasião, chegam tarde, como compara Demóstenes o povo de Atenas aos rústicos que se exercitam em esgrima, que quando recebem um golpe levam a espapa ao ponto atingido, mas não antes.[311] Em outros é uma repulsa a dar por perdidos os afãs passados, e uma ilusão de poder suscitar novas ocasiões segundo sua conveniência; e afinal, quando já não veem outro remédio, então se lançam com desvantagem: como Tarquínio, que pela terceira parte dos livros de Sibila deu o triplo do que em princípio lhe teria bastado para tê-los todos.[312] Qualquer que seja a raiz ou causa de onde procede esta renúncia do espírito, // é algo sumamente prejudicial; e nada há de mais político que fazer com que as rodas do próprio espírito tenham o mesmo centro que as da fortuna e com elas girem.

34. Outro preceito deste conhecimento, que tem alguma afinidade com o anterior, mas com uma diferença, é o que expressa bem a frase *Fatis accede Deisque* [Tome o caminho que o fado e os deuses oferecem]:[313] não só mudar com as ocasiões, como também emparelhar-se a elas, e não pôr demasiado à prova a fama ou a força por coisas excessivamente árduas ou extremas, antes escolher nas ações o mais exequível: pois desse modo se evitam os reveses, não se está demasiado tempo com um mesmo assunto, se ganha fama de moderação, se agrada mais e se apresenta uma aparência de contínuo êxito em tudo o que se empreende, coisas que não podem deixar de incrementar poderosamente o bom nome.

---

311 *Filípicas*, I, 40 (51).
312 Aulo Gelio *Noctes Atticae* [Noites Áticas], I, XIX.
313 Lucano, *Farsalia*, VIII, 486.

Francis Bacon

35. Outra parte deste conhecimento pode parecer estar em certa oposição com as duas anteriores, mas não do modo que eu a entendo, e é aquela que Demóstenes declara com grandiosos termos: *Et quemadmodum receptum est, ut exercitum ducat imperator, sic et a cordatis viris res ipsae ducendae; ut quae ipsis videntur, ea gerantur, et non ipsi eventus persequi cogantur* [Assim como o general guia o exército, os estadistas devem guiar as circunstâncias, se querem levar adiante seus propósitos e não se deixarem arrastar pelo acaso].[314] Pois se bem observarmos, acharemos dois tipos diferentes de perícia na administração dos negócios: alguns sabem aproveitar as ocasiões com habilidade e destreza, mas planejam pouco; outros sabem impulsionar e executar bem seus planos, mas não adaptar-se nem aproveitar; e cada um destes tipos é muito imperfeito sem o outro.

36. Outra parte deste conhecimento é a sujeição a um termo médio conveniente no descobrir-se ou não descobrir-se: pois embora o segredo rigoroso, e o abrir-se caminho *qualis est via navis in mari* [Como o navio no mar][315] (que // os franceses chamam *sourdes menées*, quando se deixam as coisas rodarem sem se descobrirem para nada), resulte às vezes proveitoso e admirável, contudo muito amiúde *Dissimulatio errores parit qui dissimulatorem ipsum illaqueant* [A dissimulação engendra erros que aprisionam o próprio dissimulador]. Por isso vemos que os maiores políticos natural e livremente declararam seus desejos ao invés de guardá-los para si e dissimulá-los. Assim vemos que Lucio Sila fez uma espécie de confissão, que *desejava que todos fossem felizes ou infelizes segundo fossem seus amigos ou*

---

314 *Filípicas*, I, 39 (51).
315 Provérbios 30,19.

O progresso do conhecimento

inimigos.[316] Assim César, quando pela primeira vez marchou para a Gália, não teve escrúpulos em confessar que *preferia ser o primeiro numa aldeia que o segundo em Roma.*[317] E igualmente, assim que iniciou a guerra, vemos o que Cícero diz dele: *Alter* (por César) *non recusat, sed quodammodo postulat, et (ut est) sic appelletur tyrannus* [E não rechaça, mas virtualmente pede, que se o chame tirano, que na verdade é o que é]. Assim podemos ver em uma carta de Cícero a Ático, que mal entrou em ação César Augusto, quando era favorito do senado, embora em suas arengas ao povo jurasse *Ita parentis honores consequi liceat* [Alcançar as honras de seu pai];[318] que não era nada menos que a tirania, salvo que para respaldá-lo estendia a mão para uma estátua de César que se erguia no lugar; e muitos se riam e se assombravam, e diziam: "Será possível?", ou "Já se ouviu coisa igual?", mas não o levavam a mal, pela graça e espontaneidade com que o fazia. E todos estes prosperaram: enquanto Pompeu, que perseguia o mesmo fim, mas de maneira mais obscura e encoberta, como disse dele Tácito, *Occultior non melhor* [Não melhor, mas mais dissimulado],[319] e no qual coincide Salustio: *Ore probo, animo inverecundo* [Semblante honesto, caráter desavergonhado];[320] Pompeu traçou o plano de, mediante infinitas maquinações secretas, pôr o Estado numa anarquia e confusão absolutas, para que levado pela necessidade e em busca de proteção se arrojasse em seus braços, com o que viria ele a ser investido do poder soberano, sem participação

---

316 Plutarco, *Sila*, XXXVIII.

317 Plutarco, *Júlio César*, XI.

318 Plutarco, XVI, 15.

319 *Histórias*, II, XXXVIII.

320 Suetônio, *De grammaticis* [*Dos gramáticos*], XV.

sua visível; e quando havia chegado (segundo ele pensava) ao ponto // de ser nomeado cônsul sozinho, como jamais o fora nenhum outro, não obstante não pôde tirar disso muito partido, porque as pessoas não o entendiam; e no final teve que seguir o caminho trilhado de tomar as armas, sob pretexto do temor aos planos de César. Assim são tediosas, casuais e infelizes essas dissimulações extremas, sobre as quais parece que Tácito pronunciou este juízo, que eram uma astúcia de tipo inferior em comparação com a verdadeira política, atribuindo a primeira a Augusto e a segunda a Tibério, quando falando de Lívia disse: *Et cum artibus mariti simulatione filii bene composita* [Reunia em si as artes de seu marido e a simulação de seu filho];[321] pois indubitavelmente o contínuo hábito de dissimulação não é senão uma astúcia fraca e passiva, e não eminentemente política.

37. Outro preceito desta Arquitetura da Fortuna é o de acostumar o espírito a julgar a proporção ou valor das coisas segundo sejam condizentes e importantes para nossos objetivos particulares, e fazê-lo não superficial, mas solidamente. Pois vemos que em alguns homens a parte lógica (por assim chamá-la) da mente é boa, mas a parte matemática é errônea, isto é, que sabem julgar bem consequências, mas não proporções e comparações, e preferem o ostentoso e chamativo ao sólido e eficaz. Assim alguns se enamoram do acesso aos príncipes, e outros da fama e aplauso populares, tomando-os por grandes conquistas, quando em muitos casos não trazem senão inveja, risco e impedimento. Há os que medem as coisas segundo o trabalho e o esforço ou assiduidade gastos nelas, e

---

321 *Anais*, V, 1.

O progresso do conhecimento

creem que por estarem sempre se movendo, forçosamente terão de avançar e se adiantar; como disse César depreciativamente de Catão segundo, ao descrever o quão laborioso e infatigável era para nada: *Haec omnia magno studio agebat* [Todas essas coisas as fazia com muito zelo].[322] Assim na maioria das coisas se cai facilmente no erro de pensar que os meios maiores são os melhores, quando deveriam ser os mais adequados.

38. Quanto à correta ordenação dos meios humanos de conseguir fortuna, segundo sua maior ou menor importância, me parece ser a seguinte. Primeiro vem o aperfeiçoamento do próprio espírito: pois é mais provável que a eliminação dos estorvos do espírito abra os caminhos da fortuna, não que obter fortuna elimine os estorvos // do espírito. Em segundo lugar ponho a riqueza e os meios, que sei que a maioria teria posto primeiro, pela utilidade geral que têm em todo tipo de ocasiões. Mas essa opinião posso condená-la com a mesma razão que Maquiavel condena esta outra, que o dinheiro é o nervo da guerra: sendo assim, diz ele, o verdadeiro nervo da guerra é o nervo dos braços dos homens, isto é, uma nação va-lorosa, populosa e marcial; e oportunamente cita a autoridade de Sólon, que ao mostrar-lhe Creso seu tesouro, disse-lhe que, se chegasse outro que tivesse melhor ferro, se faria dono de seu ouro.[323] De modo semelhante, cabe afirmar com verdade que não é o dinheiro o nervo da fortuna, mas que são os nervos e o ferro dos espíritos, engenho, coragem, audácia, decisão, tempero, indústria etc. Em terceiro lugar coloco o bom nome, pelas imperiosas marés e correntes a que está sujeito, que se

---

322 *De bello civili* [*Da guerra civil*], I, 30.
323 *Discorsi*, II, VIII.

Francis Bacon

não se as aproveita em seu devido tempo raramente se as recupera, sendo extremamente difícil tirar uma desforra em matéria de reputação. E por último ponho a honra, porque é muito mais fácil conquistá-la com qualquer das outras três coisas, e ainda mais com todas, que com a honra comprar qualquer uma delas. Para concluir este preceito, diremos que, assim como há ordem e prioridade na matéria, assim o há também no tempo, sendo a colocação indevida deste um dos erros mais comuns, quando os homens se atiram aos fins quando deveriam observar os começos, e não tomam as coisas por sua ordem conforme vão chegando, mas as ordenam segundo sua magnitude e não segundo a urgência, sem observar esse bom preceito de *Quod nunc instat agamus* [Despachemos o que agora urge].[324]

39. Outro preceito deste conhecimento é o de não embarcar em assuntos que ocupem demasiado tempo, mas ter ressonante nos ouvidos aquele *Sed fugit interea, fugit irreparabile tempus* [Enquanto isso, porém, foge o tempo irrecuperável].[325] Esta é a causa por que os que confiam sua elevação a profissões de muito trabalho, como os advogados, os oradores, os teólogos eruditos e outros semelhantes, em geral não são tão políticos para sua própria fortuna, ao contrário de sua conduta normal porque lhes falta tempo para inteirar-se de particulares, esperar ocasiões e traçar planos.

470 // 40. Outro preceito deste conhecimento é o de imitar a natureza, que não faz nada em vão; algo que, sem dúvida, pode fazer qualquer um se combina bem seu negócio e não se obstina demais naquilo que principalmente persegue. Pois em cada

---

324 Virgílio, *Geórgicas*, IX, 66.
325 Virgílio, *Geórgicas*, III, 284.

O progresso do conhecimento

ação particular se devem ordenar de tal modo as intenções, e pôr uma coisa debaixo da outra, que se não se pode ter o que se busca no melhor grau, se o tenha em um segundo, ou pela mesma razão em um terceiro; e se não se pode obter parte alguma do que se pretendia, ainda assim aproveitar o feito para outra coisa; e se não se pode tirar nada disso para o presente; fazer então disso como uma semente de algo para o porvir; e se não se pode obter disso efeito ou substância, de qualquer modo ganhar com isso alguma boa opinião etc.; de modo que não se exija a si mesmo colher algo de cada ação, e ficar parado e confundido se fracassa naquilo que fundamentalmente pretendia. Nada há, com efeito, mais impolítico que consagrar-se totalmente às ações uma por uma, porque quem o faz perde infinitas ocasiões que, entretanto, se apresentam, e que muitas vezes são mais aptas e propícias para algo de que depois haverá necessidade, que para o que urge no presente; e por isso é preciso ser perfeito nessa norma que diz *Haec oportet facere, et illa non omittere* [Isto haveria que fazer, sem descuidar daquilo].[326]

41. Outro preceito deste conhecimento é o de não comprometer-se definitivamente em nada, embora não pareça oferecer risco de acidente, mas sempre dispor de uma janela por onde sair ou um caminho por onde retirar-se; seguindo a prudência da antiga fábula das rãs, que ao secar seu charco discutiram onde iriam, e uma propôs descer a um poço, porque não era provável que a água secasse ali, mas a outra respondeu: *Está bem, mas se secar, como voltaremos a sair?*[327]

---

326 Mateus 23,23; Lucas 11,42.
327 Esopo, "As rãs e o pântano seco".

Francis Bacon

42. Outro preceito deste conhecimento, é aquele antigo de Bías, não levado até um ponto de perfídia, mas somente de cautela e moderação: *Et ama tanquam inimicus futurus, et odi tanquam amaturus* [Ama teu amigo como a quem no futuro pode ser teu inimigo, e odeia teu inimigo como a quem no futuro pode ser teu amigo];[328] // pois ir demasiado longe em amizades desafortunadas, enfados nocivos e invejas e emulações pueris e caprichosas é algo que anula toda utilidade.

43. Se sobre isto estou me estendendo além da medida de um exemplo, é porque não quero que dos conhecimentos que assinalo como deficientes se pense que são coisas imaginárias e etéreas, ou um par de observações infladas, mas coisas de peso e vulto, cujo estudo é mais fácil começar que acabar. É preciso também entender que o que digo daqueles pontos que menciono e assinalo está muito longe de constituir um tratamento completo deles, sendo apenas pequenos fragmentos que servem de orientação. E finalmente, suponho que ninguém pensará que sustento que não se obtém fortuna sem todo este trabalho; pois bem sei que aos regaços de alguns chega rodando, e que são muitos os que conseguem boas fortunas com simples diligência, pouca dedicação e abstenção de erros graves.

44. Mas como Cícero, ao estabelecer o ideal do Orador perfeito, não pretende que todo o que fala tenha que ser assim; e que quem tratando estes temas, ao descrever um Príncipe ou Cortesão, comumente tem feito o modelo conforme à perfeição da arte, e não à prática usual, assim entendo eu que deve ser feito na descrição do homem Político; quero dizer, político para sua própria fortuna.

---

328 Diógenes Laércio, *Bías* (I, 88).

O progresso do conhecimento

45. Junto ao que foi dito há que se ter presente que os preceitos que estabelecemos são daquelas que poderíamos considerar e chamar *bonae artes* [Boas artes]. Quanto às más, se se quer seguir esse princípio de Maquiavel, de *não buscar a virtude em si, mas só sua aparência, porque a fama de virtude é uma ajuda, mas sua prática um estorvo;*[329] ou esse outro também seu, de *partir da base de que aos homens só se os domina com o medo, e portanto procurar tê-los a todos expostos, enfraquecidos e oprimidos,*[330] que é o que os italianos chamam *seminar spine*, semear espinhos; ou a norma contida no verso que cita Cícero, *Cadant amici, dummodo inimici intercidant* [Caiam nossos amigos, contanto que pereçam nossos inimigos],[331] como os triúnviros, que entre si se vendiam as vidas de seus amigos pelas mortes de seus inimigos; ou a declaração de L. Catilina de atear fogo e agitar o Estado para assim pescar em águas revoltas e abrir caminho à sua fortuna pessoal: *Ego sid quid in fortunis // meis excitatum sit incendium, id non aqua sed ruina restinguam* [Se se ateasse fogo aos meus bens, não o apagaria com água, mas com destruição];[332] ou esse princípio de Lisandro de que *às crianças há que enganá-las com confeitos, e aos homens com juramentos;*[333] e demais teorias perversas e corruptas, das quais (como em tudo) há mais do que as boas, que dúvida cabe de que com essas dispensações das leis da caridade e da integridade a consecução da própria fortuna pode ser mais rápida e expedita. Mas acontece com a vida como com os caminhos: o mais curto sói ser o mais sujo, e o melhor não supõe por fim tanto desvio.

---

329 *O Príncipe*, XVIII.

330 *O Príncipe*, XVII.

331 *Pro rege Deiotaro* [Para o rei Deiotaro], IX, 25.

332 Cícero, *Pro Murena*, XXV, 51, Cf, Salústio, *Bellum Catilinae* [Conjuração de Catilina], XXXI, 9.

333 Plutarco, *Lisandro*, VIII, 4.

Francis Bacon

46. Mas o homem livre que a si mesmo se sustém, e que não se deixa arrastar por torvelinhos ou tempestades de ambição, na busca de sua fortuna deveria pôr diante dos olhos não só esse mapa geral do mundo, de que *tudo é vaidade e agitação do espírito*,[334] mas também muitos outros avisos e indicações particulares, e principalmente este, que ser sem bem ser é uma maldição e quanto maior o ser, maior a maldição, e que toda virtude traz sua maior recompensa, e toda maldade seu maior castigo, em si mesma; como disse excelentemente o poeta:

> *Quae vobis, quae digna, viri, pro laudibus istis*
> *Praemia posse rear solvi? pulcherrima primum*
> *Dii moresque dabunt vestri*
> [Que recompensa, amigos, poderia eu dar
> Digna de tais ações? O melhor será que a deem os deuses
> E vosso próprio modo de ser];[335]

e o mesmo do contrário. Em segundo lugar, deveria elevar a vista à providência eterna e ao juízo divino, que amiúde burlam a sagacidade dos maus planos e maquinações, segundo diz a Escritura: *Ele concebeu iniquidade e parirá uma coisa vã.*[336] E embora se se abstenha do delito e das más artes, contudo o perseguir incessantemente e sem descanso a própria fortuna não permite dar a Deus esse tributo de nosso tempo que lhe devemos; no que vemos que, pedindo-nos um décimo de nossa substância, de nosso tempo, nos pede, com maior rigor, um sétimo; e de pouco serve ter o rosto voltado para o céu, e o

---

334 Eclesiastes 2,11.
335 Virgílio, *Eneida*, IX, 252-254.
336 Salmos 7,15; Jó 15,35.

O progresso do conhecimento

espírito continuamente prostrado no solo, comendo pó como a serpente: *Atque affigit humo divinae particulam aurae* [E crava no solo um fragmento do espírito divino].[337] E se alguém // se lisonjeia pensando que empregará bem sua fortuna embora a obtenha mal, como se disse a propósito de Júlio César, e depois de Septimio Severo, que *ou não deveriam ter nascido ou não deveriam ter morrido*,[338] pelo muito mal que fizeram em seu caminho e ascensão à grandeza, e o muito bem uma vez estabelecidos, lhe respondo que essas compensações e reparações é bom fazê-las, mas nunca projetá-las. E, finalmente, não está errado que o que corre para sua fortuna se refresque um pouco com essa ideia que elegantemente expressou o imperador Carlos V em suas instruções ao rei seu filho, que *A fortuna é como uma mulher, que se é cortejada em demasia se afasta mais*.[339] Mas este último não é senão um remédio para os que já têm os gostos corrompidos: melhor se edifique sobre essa fundação que é como pedra angular da teologia e da filosofia, na qual ambas se tocam, e que é o *Primum quaerite*. Pois a teologia diz: *Primum quaerite regnum Dei, et ista omnia adjicientur vobis* [Buscai primeiro o reino de Deus, e todas estas coisas vos serão acrescentadas];[340] e a filosofia diz: *Primum quaerite bona animi, caetera aut aderunt aut non oberunt* [Busca primeiro o bem de espírito, que o demais ou virá ou não se perderá]. E embora a fundação humana tenha algo de areia, como vemos em M. Brutus quando irrompeu naquelas palavras,

---

337 Horácio, *Sátiras*, II, II, 79.
338 Aurélio Victor, *Epítome*, 1-6; Lamprido, *Septimius Severus*.
339 Segundo Spedding, Carlos V comparou a fortuna a uma mulher ao ter que levantar o cerco de Metz, mas não com estas palavras.
340 Mateus 6,33.

Francis Bacon

Te colui, Virtus, ut rem; at tu nomen inane es
[Tenho te venerado, Virtude, como algo real; mas és um
nome vazio],[341]

não obstante a fundação divina ser de rocha. Basta o dito como
mostra desse conhecimento que assinalei como deficiente.

47. No que diz respeito ao Governo, é uma parte do conhecimento secreta // e retirada, nos dois sentidos em que as coisas
se consideram secretas: pois umas o são porque são difíceis de
conhecer, e outras porque não é conveniente publicá-las. Vemos
que todos os governos são obscuros e invisíveis.

Totamque infusa per artus
Mens agitat molem, et magno se corpore miscet
[E a mente, infusa pelas articulações,
vivifica toda a massa e se mistura com o vasto corpo.][342]

Tal é a descrição dos governos. Vemos que o governo de
Deus sobre o mundo está oculto, a ponto de parecer haver nele
muita irregularidade e confusão. O governo da Alma sobre os
movimentos do Corpo é interior e profundo, e sua operação
dificilmente se pode demonstrar. Também a sabedoria da Antiguidade (cujas sombras estão nos poetas), ao descrever os
tormentos e penas, depois do delito de rebelião, que foi a ofen-
sa dos gigantes, põe como mais aborrecível o delito de indiscri-
ção, como em Sísifo e Tântalo.[343] Isto se referia a particulares,

---

341 Dion Cássio, *Historia Romana* XLVII, XLIX.
342 Virgílio, *Eneida*, VI, 726-727.
343 Píndaro, *Olínticas*, I, 55 ss.

O progresso do conhecimento

mas inclusive às normas e aos discursos gerais de política e governo se deve um tratamento respeitoso e reservado.

48. Mas, ao inverso, dos governados para os governantes, tudo deveria estar até onde a fraqueza humana o permita, manifesto e revelado. Assim se diz nas Escrituras a propósito do governo de Deus sobre este globo, que a nós nos parece um corpo obscuro e sombrio, é à vista de Deus como de cristal: *Et in conspectu sedis tanquam mare vitreum simile crystallo* [E adiante do Trono havia como um mar transparente, semelhante ao cristal].[344] Do mesmo modo, para os príncipes e governos, e especialmente para os senados e conselhos prudentes, as naturezas e disposições do povo, suas condições e necessidades, suas divisões e combinações, suas animosidades e descontentamentos deveriam ser, tido conta dos diversos meios de informação de que dispõem, da prudência de suas observações e da elevação do posto de onde montam guarda, em grande parte claros e transparentes. Por conseguinte, considerando que escrevo para um rei que é mestre nesta ciência, e que está tão bem assistido, parece-me oportuno passar em silêncio sobre esta parte, como desejoso de obter aquele certificado // a que aspirava um dos antigos filósofos: que, guardando silêncio quando outros rivalizavam para demonstrar com discursos seu talento, para si quis se certificar de *que havia um que sabia calar-se.*

49. Não obstante, sobre a parte mais pública do governo, que são as leis, parece-me conveniente assinalar uma só deficiência: que é que quantos escreveram as leis o fizeram como filósofos ou como jurisconsultos, mas nenhum como estadista. Pelo que diz respeito aos filósofos, fazem leis imaginárias

---

344 Apocalipse 4,6.

Francis Bacon

para repúblicas imaginárias, e seus discursos são como as estrelas, que dão pouca luz por estarem muito altas. Quanto aos jurisconsultos, escrevem conforme aos Estados onde vivem, que é lei estabelecida, e que não deveria ser lei: porque uma coisa é a prudência do legislador, e outra a do jurisconsulto. Há, com efeito, na natureza certas fontes da justiça, de onde todas as leis civis se derivam como torrentes; e assim como as águas tomam tinturas e sabores dos solos por onde correm, as leis civis variam segundo as regiões e governos onde estão implantadas, embora procedam das mesmas fontes. Além disso, a prudência do legislador não tem por único objeto o padrão da justiça, mas também sua aplicação, tomando em consideração que há meios para conseguir que as leis sejam claras, e quais são as causas e remédios de sua ambiguidade e obscuridade; que meios há para conseguir que sejam adequadas e fáceis de executar, e quais são os impedimentos e remédios para seu cumprimento; que influência têm no Estado público as leis relativas ao direito privado de *meum* e *tuum* [o meu e o teu], e como se pode fazer que sejam aptas e congruentes com aquele; como há que redigi-las e promulgá-las, se em Texto ou em Decreto, breves ou extensas, com preâmbulos ou sem eles; como se as pode podar e reformar de vez em quando, e qual é o melhor sistema para evitar que cheguem a ser demasiado volumosas ou a estar cheias de multiplicidade e contradição; como se as há de explicar, quando a partir de causas surgidas e judicialmente discutidas e quando a partir de ditames e consultas sobre pontos ou questões gerais; como há que aplicá-las, se com rigor ou com suavidade; como há que mitigá-las com equidade e boa consciência, e se a discrição e a lei escrita devem misturar-se nos mesmos tribunais ou

O progresso do conhecimento

manter-se separadas em tribunais distintos; e também como se deve vigiar e reger a prática, profissão e erudição legal, e muitas outras questões tocantes à administração das leis // e, se me permitem chamá-lo assim, sua vivificação. Sobre o que insisto tanto menos quanto que, tendo iniciado uma obra deste caráter em aforismos, me proponho (se Deus permitir) desenvolver mais adiante esta investigação, enquanto isso assinalo-a como deficiente.

50. E no que diz respeito às leis da Inglaterra de Vossa Majestade, poderia dizer muito de seu valor, e algo de seus defeitos; mas quanto à idoneidade para o governo, não podem senão superar as leis civis, pois a lei civil era *Non hos quaesitum munus in usus* [um presente não pedido para este uso],[345] não foi feita para os países em que rege. Disto deixo de falar, porque não quero misturar matéria de ação com matéria de saber geral.

XXIV. Com o dito concluí a parte do saber tocante ao Conhecimento Civil, e com o conhecimento civil concluí a Filosofia Humana, e com a filosofia humana, a Filosofia em Geral. Fazendo agora uma pausa e voltando o olhar ao caminho percorrido, este escrito me parece ser (*si nunquam fallit imago*) [se a imagem não engana nunca],[346] na medida em que se possa julgar a própria obra, não muito melhor que este ruído ou som que fazem os músicos enquanto afinam seus instrumentos, que não é nada agradável de ouvir, mas é a causa de que depois a música seja doce. Assim eu me contentei em afinar os instrumentos das musas, para que possam tocar os que têm

---

345 Virgílio, *Eneida*, IV, 647.
346 Virgílio, *Éclogas*, II, 27.

melhores mãos. E certamente, quando me represento o caráter destes tempos, em que o saber fez sua terceira inspeção ou ronda com todas suas qualidades, como são a excelência e vivacidade dos engenhos desta época; os nobres auxílios e luzes que nos prestam os trabalhos dos escritores antigos; a arte de imprimir, que põe os livros ao alcance de todas as fórmulas; a abertura do mundo pela navegação, que revelou multidão de experiências e grande quantidade de história natural; o ócio que agora abunda, não sendo tão geral que o empreguem os homens nos assuntos civis, como fizeram os Estados da Grécia por seu caráter popular, e o Estado de Roma pela grandeza de // sua monarquia; a presente disposição que nestes momentos há para a paz;[347] o esgotamento de quanto se pode dizer nas controvérsias de religião, que tanto afastaram os homens de outras ciências; a perfeição do saber de Vossa Majestade, que como a fênix pode chamar atrás de si lides inteiras de engenhos,[348] e essa propriedade inseparável de nossa época, que é o progressivo descobrimento da verdade, não posso menos que abrigar a convicção de que este terceiro período do tempo superará em muito os do saber grego e romano, apenas se os homens conhecerem sua força e sua fraqueza, e uns de outros tomem luz de invenção e não fogo de contradição, e na inquisição da verdade vejam uma empresa e não uma distinção ou adorno, e empreguem seu engenho e sua grandeza em coisas de mérito e valor, e não em coisas vulgares e de estima popular. Quanto aos meus trabalhos, se alguém quiser dar-se

---

347 Espanha e Inglaterra tinham acabado de firmar a paz.
348 Tácito, *Anais*, VI, onde se descreve a aparição da fênix no Egito, seguida por muitas outras aves.

O progresso do conhecimento

a si mesmo ou a outros o gosto de criticá-los, eles lhe farão aquela petição antiga e paciente, *Verbera sed Audi* [Acerta-me, mas escuta]:[349] sejam censurados, mas também estudados e ponderados. Pois a apelação (legítima, embora talvez não necessária) seria neste caso das primeiras cogitações dos homens a suas segundas, e dos tempos mais próximos aos mais distantes. Passemos agora a esse saber que nenhuma das duas épocas anteriores teve a bênção de conhecer, a Teologia Sagrada e Inspirada, descanso e porto de todos os trabalhos e peregrinações dos homens.

XXV. 1. A prerrogativa de Deus alcança por igual a razão e a vontade do homem: de modo que, assim como temos de obedecer a sua lei embora achemos relutação em nossa vontade, temos que crer em sua palavra // embora achemos relutação em nossa razão. Pois se cremos só naquilo que é conforme ao nosso sentido, damos assentimento à matéria e não ao autor, que não é mais do que o que faríamos diante de um testemunho suspeito e desacreditado; mas a fé que em Abraão se contou por santidade chegou até o ponto de provocar o riso de Sara, que com isso foi imagem da razão natural.

2. Contudo (e corretamente considerado), mais digno é crer que conhecer como agora conhecemos. Pois no conhecimento a mente humana é movida pelo sentido, mas na fé é movida pelo espírito, ao que tem por mais autorizado que ela mesma, e assim é movida por algo mais digno. Não ocorrerá o mesmo no estado do homem glorificado: pois então cessará a fé, e conheceremos como somos conhecidos.

---

349 Plutarco, *Temístocles*, XI.

Francis Bacon

3. Concluímos, portanto, que a Teologia sagrada (que na nossa língua chamamos de Saber Divino [*Divinity*]) se funda somente na palavra e no oráculo de Deus, e não na luz da natureza: pois está escrito: *Coeli enarrant gloriam Dei* [Os céus declaram a glória de Deus],[350] mas não está escrito: *Coeli enarrant voluntatem Dei* [Os céus declaram a vontade de Deus], mas disso se diz: *Ad legem et testimonium: si non fecerint secundum verbum istud* etc. [Pelo ensino e testemunho: Se não falarem segundo esta palavra etc.].[351] Isto se aplica não só àqueles pontos da fé que concernem aos grandes mistérios da Deidade, da Criação, da Redenção, mas igualmente àqueles outros que concernem à lei moral corretamente interpretada: *Amai vossos inimigos, fazei o bem aos que os perseguem; sê como vosso Pai Celestial, que derrama sua chuva sobre justos e injustos.*[352] A isto se deveria aplaudir, *Nec vox hominem sonat* [Não é voz humana a que soa],[353] esta voz vem de mais além que a luz da natureza. Assim vemos que os poetas pagãos, quando querem defender uma paixão libertina, sempre se queixam das leis e da moral, como se fossem opostas e contrárias à natureza: *Et quod natura remittit, invida jura negant* [E o que a natureza tolera o proíbem as leis invejosas].[354] Assim disse o indiano Dendamis aos mensageiros de Alexandre, que havia ouvido algo sobre Pitágoras e alguns outros sábios da Grécia, e que os tinha por homens excelentes; mas que padeciam de um defeito, que era ter em demasiada reverência e veneração uma coisa que eles chamavam lei e

350 Salmos 19,2.
351 Isaías 8,20.
352 Mateus 5,44-45.
353 Virgílio, *Eneida*, I, 328.
354 Ovídio, *Metamorfoses*, X, 30.

O progresso do conhecimento

moral.[355] Há que confessar que, com efeito, uma grande parte da lei moral reside num nível de perfeição à qual a luz natural não pode aspirar. Como se diz então que o homem tem pela luz e lei da natureza algumas noções e ideias da virtude e do vício, da justiça e da injustiça, do bem e do mal? Simplesmente, porque a luz natural é usada em dois sentidos diferentes: um, o daquele que brota da razão, do sentido, da indução, da argumentação, conforme às leis do céu e da terra; o outro, o daquele que no espírito do homem está impresso por um instinto interior, conforme à lei da consciência, que é um fulgor da pureza de seu primeiro estado: unicamente neste último sentido participando de alguma luz e discernimento no tocante à perfeição da lei moral. Mas de que modo? O suficiente para refrear o vício, mas não para informar o dever. Assim, pois, a doutrina da religião, tanto moral como mística, só é alcançada mediante inspiração e revelação de Deus.

4. Não obstante, a utilidade da razão nas coisas espirituais, e sua capacidade de ação nelas, é muito grande e geral: não em vão chama o apóstolo a religião *nosso culto razoável a Deus*;[356] tanto, que as próprias cerimônias e figuras da antiga Lei estavam cheias de razão e significado, muito mais que as cerimônias da idolatria e da magia, que abundam em sem sentidos e absurdos. Mas é mais concretamente a Fé Cristã, nisto como em tudo, a que merece ser altamente louvada, pois neste aspecto mantém e conserva a áurea mediania entre a lei dos pagãos e a lei de Maomé, que abraçaram os dois extremos. Com efeito, a religião dos pagãos carecia de crença ou credo constante,

---

355 Plutarco, *Alexandre*, LXV.
356 Romanos 12,1.

Francis Bacon

deixando tudo à livre argumentação, e por sua vez a lei de Maomé proíbe absolutamente a discussão, no que mostra uma o rosto mesmo do erro, e a outra o da impostura; enquanto a Fé ao mesmo tempo admite e recusa a discussão, segundo o caso.

5. A aplicação da razão humana à religião é de dois tipos: o primeiro se refere à concepção e apreensão dos mistérios de Deus que nos foram revelados; o segundo, à dedução e derivação de doutrina e guia a partir daqueles. O primeiro se estende aos mistérios mesmos; mas como? Por via de ilustração, não por via de argumento. O segundo consiste em prova e argumento. No primeiro vemos que Deus // se digna descer à nossa capacidade, expressando seus mistérios de modo que sejam perceptíveis por nós, e enxerta suas revelações e sagradas doutrinas nas ideias de nossa razão, e aplica suas inspirações para abrir nosso entendimento, como se aplica a forma da chave à roda da fechadura; no segundo se nos permite um uso da razão e da argumentação secundário e relativo, embora não original e absoluto. Com efeito, uma vez estabelecidos os artigos e princípios da religião, e isentos de exame pela razão, se nos permite, então, fazer deduções e inferências deles e por analogia com eles, para nossa melhor direção. Na natureza isto não rege, tanto porque os princípios são suscetíveis de exame por indução, embora não por meio ou por silogismos, como porque esses princípios ou primeiras teses não são discordantes com a razão que extrai e deduz as teses inferiores. Não obstante, não rege somente na religião, mas em muitos conhecimentos maiores e menores, a saber, naqueles em que não só há *posita* [supostos] como também *placita* [convenções], pois nesses não se pode aplicar a razão absoluta. Temos um exemplo familiar disso nos jogos de engenho, como o xadrez

O progresso do conhecimento

ou outros semelhantes: os movimentos e leis básicas do jogo são indiscutíveis, mas meramente *ad placitum* [por convenção], e não examináveis pela razão; mas como dirigir sobre eles nosso jogo nas melhores condições para ganhar, é artificial e racional. Assim também nas leis humanas há muitas bases e máximas que são *placita juris* [convenções jurídicas], concludentes por autoridade e não por razão, e, portanto, indiscutíveis; mas sobre o que seja mais justo, não absoluta mas relativamente e de conformidade com essas máximas, sobre isso existe um amplo campo de discussão. Tal, pois, é essa razão subordinada que tem lugar na teologia, que está baseada nos *placets* de Deus.

6. Aqui, pois, assinalo esta deficiência, que a meu entender não foram suficientemente investigados e tratados *os verdadeiros limites e aplicação da razão às coisas espirituais*, como uma espécie de dialética teológica; por não estar feita, o que me parece habitual, sob pretexto de // conceber corretamente o revelado, rebuscar e revolver o não revelado, e sob pretexto de pôr a descoberto inferências e contradições, examinar o indiscutível, caindo os primeiros no erro de Nicodemo, que pedia que lhe fossem apresentadas as coisas mais exequivelmente do que agrada a Deus revelá-las: *Quomodo possit homo nasci cum sit senex?* [Como pode um homem nascer sendo já velho?],[357] e os outros no erro dos discípulos, que se escandalizavam diante de uma aparente contradição: *Quid est hoc quod dicit nobis? Modicum, et nom videbitis me; et iterum, modicum, et videbitis me* etc. [Que é isto que nos diz: "Dentro em pouco e não me vereis, e pouco depois me vereis"?].[358]

---

357 João 3,4.
358 João 16,17.

Francis Bacon

7. Se insisti nisto, foi em atenção à sua grande e santa utilidade: pois este ponto bem trabalhado e esclarecido seria a meu juízo um tranquilizante que deteria e refrearia não só a frivolidade das especulações vãs de que sofrem as escolas, mas também a fúria das controvérsias de que sofre a Igreja. Pois forçosamente se abririam os olhos dos homens, ao ver que muitas controvérsias têm por objeto coisas não reveladas ou indiscutíveis, e que muitas outras brotam de inferências ou decisões débeis e obscuras; e estas últimas, se fosse ressuscitado o santo estilo do grande doutor dos gentios, se fariam sob o lema de *Ego, non Dominus* [Eu, não o Senhor],[359] e de *Secundum consilium meum* [A meu parecer], com opiniões e conselhos, não com teses e enfrentamentos. Mas por ora estão os homens mais que dispostos a usurpar o lema *Non ego, sed Dominus* [Não eu, mas o Senhor], e não só a isso como a vinculá-lo a trovões e ameaças de maldições e anátemas, para terror daqueles que não aprenderam suficientemente de Salomão que *a maldição sem causa não chegará.*[360]

8. A teologia tem duas partes principais, a saber, o conteúdo informado ou revelado e a natureza da informação ou revelação; e por esta última começaremos, pois é a mais congruente com o que acabamos de tratar. Na natureza da informação há três ramos: os limites da informação, sua suficiência e sua aquisição // ou obtenção. Aos limites da informação convêm estas considerações: até que ponto as pessoas particulares permanecem inspiradas; até que ponto é inspirada a Igreja, e até que ponto se pode empregar a razão, questão esta última que

---

359 1Coríntios 7,12.
360 Provérbios 26,2.

O progresso do conhecimento

assinalei como deficiente. À suficiência da informação convêm duas considerações: que pontos da religião são fundamentais, e quais perfectíveis, sendo matéria de progressiva edificação e aperfeiçoamento sobre um mesmo e único fundamento; e também que importância têm para a suficiência da fé as gradações da luz, segundo a revelação de cada época.

9. Novamente aqui posso, mais que assinalar uma deficiência, dar um conselho, o de que os pontos fundamentais deveriam ser com piedade e prudência distinguidos daqueles outros que são somente de progressiva perfeição, questão esta tendente a um fim muito similar ao daquela que antes mencionei: pois assim como com aquela provavelmente diminuiria o número de controvérsias, do mesmo modo com esta o ardor de muitas delas. Vemos que Moisés, quando viu o israelita e o egípcio lutando, não disse: *Por que lutais?*, mas desembainhou sua espada e deu morte ao egípcio; mas quando viu lutando dois israelitas, disse: *Sois irmãos, por que lutais?*[361] Se o ponto de doutrina é um egípcio, se há de lhe dar morte com a espada do Espírito, e não se reconciliar com ele; mas se é um israelita, embora esteja errado, então: *Por que lutais?* Vemos que sobre os pontos fundamentais, nosso Salvador cerra a aliança com estas palavras, *O que não está conosco está contra nós*,[362] mas sobre os não fundamentais se limita a estas outras, *O que não está contra nós, está conosco.*[363] Igualmente vemos que a túnica de nosso Salvador era de uma peça sem costura,[364] e assim é a doutrina das

---

361 Êxodo 2,11-13.
362 Mateus 12,30.
363 Lucas 9,50.
364 João 19,23.

315

Escrituras em si mesma; mas a veste da Igreja era de diversas cores, e ainda assim indivisa. Vemos que a palha pode e deve ser separada do grão da espiga, mas que a ervilhaca não se pode arrancar do trigo no campo; seria muito útil, pois, definir com precisão quais são e até onde chegam esses pontos que excluem os homens da Igreja de Deus.

483 // 10. Quanto à obtenção da informação, reside a interpretação reta e sã das Escrituras, que são os mananciais da água da vida. As interpretações das Escrituras são de dois tipos: sistemáticas ou soltas. Pois esta água divina, que em tanto supera a do poço de Jacó, é extraída de modo muito semelhante e como se sói tirar a água natural dos poços e fontes: ou é primeiro conduzida a uma cisterna, e dali tirada e distribuída para seu uso, ou é extraída e recolhida em baldes e vasilhas ali mesmo onde brota. O primeiro destes tipos, embora pareça ser o mais cômodo, é, contudo, a meu ver, o que mais se presta à corrupção. Este é o método que nos mostrou a teologia escolástica, com o qual a teologia foi convertida em arte, como numa cisterna, e daí tirados e deduzidos os canais de doutrina ou tese.

11. Com isto se procurou três coisas: uma brevidade sumária, uma força compacta e uma perfeição completa; das quais as duas primeiras não foram encontradas, e a última não se deveria procurar. Pois, no que diz respeito à brevidade, vemos que em todos os métodos sumários, quando se pretende abreviar se dá lugar a ampliações. Com efeito, a suma ou abreviação por contração se torna obscura, a obscuridade requer explicação, e da explicação se originam grandes comentários, ou citações e separações, que acabam sendo mais vastos que os escritos originais de onde primeiro se extraiu a suma. Assim

O progresso do conhecimento

vemos que os volumes dos escolásticos são muito maiores que os primeiros escritos dos Padres, de onde o Mestre das Sentenças[365] fez sua suma ou compilação. Da mesma maneira os volumes dos modernos doutores do direito civil excedem os dos jurisconsultos antigos, dos quais Triboniano compilou os mais importantes. De modo que este procedimento por sumas e comentários // é o que torna o *corpus* das ciências mais imenso em quantidade, e mais pobre em conteúdo.

12. Quanto à força, é verdade que os conhecimentos sistematizados têm uma aparência dela, na medida em que cada parte parece respaldar e suster outra; mas isto é mais ilusório que real, como os edifícios construídos por junção e união, que estão mais expostos à ruína que aqueles outros que, embora menos compactos, são mais robustos em suas diversas partes. Também é evidente que quanto mais nos afastarmos das bases, mais fracas serão as conclusões; e assim como na natureza quanto mais nos afastamos dos particulares, maior é o risco de erro que corremos, com tanta maior razão na teologia, quanto mais nos distanciarmos das Escrituras com inferências e consequências, mais fracas e precárias serão nossas teses.

13. E quanto à perfeição ou totalidade, em teologia não se há de buscar, e fazê-lo torna ainda mais suspeita esta espécie de teologia de artifício. Pois aquele que quer converter em arte um conhecimento o faz redondo e uniforme, mas em teologia são muitas as coisas que há que deixar abruptamente e concluir com isto: *O altitudo sapientiae et scientiae Dei! quam incomprehensibilia sunt judicia ejus, et non investigabiles viae ejus!* [Oh profundidade da sabedoria e da ciência de Deus! Quão inson-

---

365 Pedro Lombardo.

dáveis são seus juízos e inescrutáveis seus caminhos!].[366] Assim também diz o apóstolo, *Ex parte scimus;*[367] e para ter forma de totalidade onde só há matéria para parte, é mister suprir com suposições e presunções. Concluo, portanto, que o uso correto dessas Sumas e Sistemas cabe nos textos de iniciação ou introduções preparatórias ao conhecimento; mas nelas, ou por dedução delas, tratar o corpo principal e a substância de um conhecimento é em todas as ciências prejudicial, e na teologia perigoso.

14. Quanto à interpretação solta e dispersa das Escrituras, foram propostas e inventadas diversas espécies dela, algumas mais frívolas e inseguras que sóbrias e autorizadas. Não obstante, há que reconhecer que as Escrituras, nascendo da inspiração e não da razão humana, diferem de todos os outros livros quanto ao autor, do que logicamente se segue que seu explicador deve trabalhar de modo um tanto distinto. // Com efeito, o que as ditou sabia quatro coisas que nenhum homem alcança saber, e que são os mistérios do reino da glória, da totalidade das leis da natureza, dos segredos do coração humano e da sucessão futura de todos os tempos. Quanto ao primeiro está dito: *O que pressiona para a luz, será assombrado pela glória;* e também: *Nenhum homem que veja meu rosto viverá.*[368] Do segundo: *Quando preparou os céus eu estava presente, quando com lei e compasso encerrou o abismo.*[369] Do terceiro: *Nem era necessário que ninguém desse diante dele testemunho do homem, porque bem sabia ele o*

---

366 Romanos 11,33.
367 1Coríntios 13,19.
368 Êxodo 33,20.
369 Provérbios 8,27.

O progresso do conhecimento

que no homem havia.[370] E do último: *Desde o princípio são conhecidas pelo Senhor todas as suas obras.*[371]

15. Das duas primeiras coisas citadas se tiraram certos sentidos e explicações das Escrituras, que haveriam de se conter dentro dos limites da sobriedade: o primeiro anagógico e o outro filosófico. Quanto ao primeiro, não pode o homem antecipar-se aos acontecimentos: *Videmus nunc per speculum in aenigmate, tunc autem facie ad faciem* [agora vemos através de um espelho, confusamente, mas depois veremos face a face];[372] palavras que, não obstante, parecem conceder licença para ao menos polir esse cristal, ou buscar alguma explicação moderada do enigma. Mas pressionar demais para isso não pode ter outro efeito que a dissolução e ruína do espírito humano. Pois entre as coisas que o corpo ingere, se distinguem três graus, alimentos, remédios e veneno: dos quais alimento é aquilo que a natureza humana pode alterar e assimilar inteiramente, remédio é aquilo que em parte é transformado pela natureza e em parte a transforma, e veneno é aquilo que age inteiramente sobre a natureza, sem que esta possa de modo algum atuar sobre ele. Assim, na mente, todo conhecimento sobre o qual não possa a razão de modo algum agir e transformá-lo é mera intoxicação, e ameaça dissolver a mente e o entendimento.

16. Quanto ao segundo [a interpretação filosófica], tem sido muito empregado nos // últimos tempos pela escola de Paracelso e algumas outras, que têm pretendido encontrar nas Escrituras a verdade de toda a filosofia natural, caluniando

---

370 João 2,25.
371 Atos dos Apóstolos 15,18.
372 1Coríntios 13,12.

319

Francis Bacon

e vilipendiando todas as demais filosofias como pagãs e profanas. Mas não há tal inimizade entre a palavra de Deus e suas obras, nem honram quem tal diz as Escrituras, como eles supõem, mas muito as degradam. Pois buscar o céu e a terra na palavra de Deus, da qual se disse: *O céu e a terra passarão, mas minha palavra não passará,*[373] é buscar coisas temporais entre as eternas; e assim como buscar teologia na filosofia é buscar o vivo entre o morto, buscar a filosofia na teologia é buscar o morto entre o vivo; nem as bacias ou tinas que tinham seu lugar na parte exterior do templo[374] há que buscá-las no lugar mais santo de todos, onde repousa a Arca da Aliança. Ademais, a intenção ou propósito do Espírito de Deus não é expressar matéria natural nas Escrituras, salvo de passagem e para acomodar à capacidade humana o que se diz de matéria moral ou divina. E é norma certa que *Authoris aliud agentis parva authoritas* [Um autor tem pouca autoridade naquilo que não faz de seu tema], pois estranha conclusão seria, se, empregando-se para ornamento ou ilustração um símil tomado da natureza ou da história, conforme a alguma ideia popular, por exemplo, de um basilisco, um unicórnio, um centauro, um Briareu, uma hidra etc., com isso tivesse que pensar-se que afirma positivamente a existência disso. Para concluir, pois, diremos que estas duas interpretações, uma por conversão ou enigmática, a outra filosófica ou material, que têm sido admitidas e cultivadas à imitação dos rabinos e cabalistas, há que encerrá-las dentro dos limites de um *Noli altum sapere, sed time* [Não te envaideças, mas teme].[375]

---

373 Mateus 24,35.
374 I Reis 7,38.
375 Romanos 11,20.

O progresso do conhecimento

17. Nas outras duas questões conhecidas de Deus e ignoradas pelo homem, relativas aos segredos do coração e à sucessão dos tempos, se estabelece uma diferença justa e sensata entre a maneira de explicar as Escrituras e todos os demais livros. Pois, sobre as respostas de nosso Salvador Jesus Cristo a muitas das perguntas que se lhe faziam, se observou com muito acerto que são impertinentes ao // estado da questão colocada. A razão disto reside em que, não sendo como um homem, que conhece os pensamentos dos homens por suas palavras, antes conhecendo-os diretamente, não respondia nunca às suas palavras, mas a seus pensamentos; de modo muito semelhante ao que acontece com as Escrituras, que, ao estarem escritas para os pensamentos dos homens, e para todas as sucessivas épocas, com previsão de todas as heresias, oposições, diferentes estados da Igreja, e particularmente dos escolhidos, não devem ser interpretadas somente segundo a latitude do sentido próprio da passagem, e em relação com a ocasião imediata em que foram pronunciadas as palavras, ou com congruência exata ou segundo o contexto das que a precedem ou seguem, ou atendendo à intenção principal da passagem, mas que em si mesmas contêm, não só em conjunto ou coletivamente, mas distributivamente em suas cláusulas e palavras, infinitos mananciais e arroios de doutrina para regar a Igreja em todos os particulares. De modo que, sendo o sentido literal a corrente principal ou rio, por assim dizer, é, sobretudo, o sentido moral e, às vezes, o alegórico ou típico, o que encerra maior utilidade para a Igreja. Não que eu recomende que se seja audaz nas alegorias, ou indulgente ou frívolo nas alusões, mas que muito condeno essa interpretação da Escritura que se limita ao modo em que se sói interpretar um livro profano.

Francis Bacon

18. Nesta parte tocante à interpretação das Escrituras não posso assinalar nenhuma deficiência, mas à guisa de lembrança acrescentarei isto: ao folhear livros de teologia, encontro muitos de controvérsia, e muitos de citações e tratados; uma massa de teologia positiva, convertida em arte; numerosos sermões e lições e muitos comentários prolixos sobre as Escrituras, com harmonias e concordâncias; mas a forma de escrito teológico que a meu juízo é de todas a mais rica e preciosa é a teologia positiva extraída de textos particulares das Escrituras, sem estendê-la com lugares comuns, nem aplicá-la a controvérsias, nem convertê-la em sistema segundo arte: coisa que abunda nos sermões, que passam, mas falta nos livros, que permanecem, e na qual sobressai nossa época. Pois estou convencido – e **488** // posso falar disso com um *Absit invidia verbo* [Dito seja sem presunção],[376] e sem de modo algum pretender menoscabo da Antiguidade, mas como em boa emulação entre a vinha e a oliva – de que, se se houvessem recolhido ao longo do tempo as melhores e mais seletas observações sobre textos das Escrituras que dispersas em sermões se têm feito nesta ilha da Bretanha de Vossa Majestade durante os últimos quarenta anos e mais, deixando fora as exortações e aplicações acompanhantes, o resultado seria a melhor obra de teologia escrita desde o tempo dos apóstolos.

19. A matéria informada pela teologia é de duas classes: matéria de crença e verdade de opinião, e matéria de culto e adoração, que é também determinada e regida pela primeira, sendo aquela como a alma interna da religião, e esta como seu corpo externo. Por isso a religião pagã não era só idolatria,

---

376 Tito Lívio, *Ad Urbe Condita*, IX, XIX.

O progresso do conhecimento

mas toda ela era um ídolo em si: pois não tinha alma, isto é, certeza de crença ou credo, como bem se compreende se se pensa que os principais doutores de sua igreja eram os poetas: e devia-se isto a que os deuses pagãos não eram deuses ciumentos, mas gostosamente concordavam em compartir, e com razão. Nem atendiam, tampouco, à pureza de coração, contentando-se com honras e ritos externos.

20. Das duas coisas citadas se originam e partem quatro ramos principais da teologia: Fé, Moral, Liturgia e Governo. A Fé contém a doutrina da natureza de Deus, de seus atributos e de suas obras. A natureza de Deus consiste em três pessoas unidas na Deidade. Os atributos de Deus são, ou comuns à Deidade, ou próprios de cada uma das pessoas. As obras diretas de Deus são duas, a Criação e a Redenção, e ambas, assim como em seu conjunto pertencem à unidade da Deidade, em suas partes fazem referência às três pessoas: a da Criação, quanto à massa da matéria, ao Pai; quanto à disposição da forma, ao // Filho, e quanto à manutenção e conservação do ser, ao Espírito Santo. E o mesmo na Redenção, que quanto à escolha e decisão faz referência ao Pai; quanto ao ato inteiro e sua consumação, ao Filho, e quanto à sua aplicação, ao Espírito Santo: pois pelo Espírito Santo foi concebido Cristo na Carne, e pelo Espírito Santo renascem no espírito os eleitos. Esta obra a consideramos também, segundo sua eficácia nos eleitos, ou segundo sua negação nos réprobos, ou segundo a aparência na Igreja visível.

21. Quanto à Moral, sua doutrina está contida na lei, que revela o pecado. A lei mesma se divide, segundo sua procedência, em lei Natural, lei Moral e lei Positiva, e segundo sua modalidade em Negativa e Afirmativa, Proibições e Mandamentos.

Francis Bacon

O pecado, por sua matéria e conteúdo, se divide segundo os mandamentos. Por sua forma faz referência às três pessoas da Deidade: pecados de Fraqueza contra o Pai, cujo atributo mais próprio é o Poder; pecados de Ignorância contra o Filho, cujo atributo é a Sabedoria, e pecados de Malícia contra o Espírito Santo, cujo atributo é a Graça ou Amor. Por seus movimentos, tende à direita ou à esquerda, para a devoção cega ou para a transgressão profana e libertina: impondo restrição onde Deus deseja liberdade, tomando liberdade onde Deus impõe restrição. Por seus graus e progresso se divide em pecado de pensamento, de palavra e de obra. E nesta parte me parece muito recomendável expor a lei de Deus segundo casos de consciência, que é como mostrar o pão da vida não inteiro, mas fragmentado. Contudo, o que vivifica estas doutrinas da fé e da moral é a elevação e assentimento do coração, ao qual se orientam os livros de exortação, as meditações santas, a resolução cristã etc.

22. Quanto à Liturgia ou culto, consiste nos atos recíprocos que há entre Deus e o homem: que por parte de Deus são a predicação da palavra e os sacramentos; e por parte do homem, a invocação do nome de Deus, e, sob a Lei, os sacrifícios, que eram como orações ou confissões visíveis; mas sendo agora o culto *In spiritu et veritate* [Em espírito e verdade],[377] restam apenas *Vituli labiorum* [oferendas de nossos lábios], // embora os santos votos de agradecimento e correspondência se possam contar também como petições seladas.

23. E no que respeita ao Governo da Igreja, consiste no relativo ao seu patrimônio, seus privilégios, seus ofícios e

---

377 João 4,24.

O progresso do conhecimento

jurisdições, e as leis eclesiásticas que regem o conjunto; todo o qual pode ser objeto de duas considerações, uma da coisa em si, e outra de sua compatibilidade e conformidade com o Estado civil.

24. Estes assuntos de teologia são tratados em forma de instruções da verdade, ou da contestação da falsidade. Os desvios da religião, além da excludente, que é o ateísmo e suas ramificações, são três: Heresias, Idolatria e Bruxaria: Heresias quando servimos ao verdadeiro Deus com falsa adoração; Idolatria, quando adoramos deuses falsos, crendo-os verdadeiros, e Bruxaria, quando adoramos deuses falsos, sabendo que são falsos e perversos. Pois assim Vossa Majestade observa muito acertadamente, que a Bruxaria é a culminação da Idolatria. Mas vemos que, embora sendo certas estas distinções, Samuel nos ensina que são todas de igual natureza, quando se se afasta da palavra de Deus: *Quasi peccatum ariolandi est repugnare, et quasi scelus idololatriae nolle acquiescere* [Como pecado de feitiçaria é a rebeldia, e como crime de idolatria a contumácia].[378]

25. Passei por estas coisas com tanta brevidade porque não posso assinalar nenhuma deficiência no tocante a elas, não achando espaço ou campo que em matéria de teologia esteja vazio e sem cultivar: tão diligentes têm sido os homens na semeadura da boa semente.

Deste modo compus, por assim dizer, uma pequena esfera do mundo intelectual, com tanta veracidade e fidelidade como me foi possível, assinalando e descrevendo aquelas de suas partes que me parecem não estar continuamente ocupadas, ou

---

378 1 Samuel 15,23.

bem transformadas pelo trabalho do homem. No que, se em algum ponto me afastei do comumente estabelecido, foi com o propósito de passar *in melius* [para melhor], não *in aliud* [para coisa diferente]: com intenção de emenda e progresso, não de mudança e diferença. Não poderia, com efeito, ser fiel e constante ao tema que trato, se não estivesse disposto a ir mais além que outros, e ao mesmo tempo igualmente disposto a que outros por sua vez vão mais além do que eu; o que bem pode apreciar-se // no fato de ter exposto minhas opiniões despidas e desarmadas, sem pretender adiantar-me com contestações à liberdade dos juízos alheios. Pois em tudo que esteja bem posto, tenho a esperança certa de que, se a primeira leitura suscita uma objeção, a segunda dará uma resposta. E naquelas coisas em que tenha errado, estou seguro de não ter prejulgado a verdade com argumentos litigiosos, que sem dúvida têm o efeito e operação contrários de acrescentar autoridade ao erro e destruir a autoridade do que está bem descoberto: pois para a falsidade a questão é uma honra e deferência, como para a verdade é uma repulsa. Contudo, os erros os reclamo e os arrogo como meus. O bom, se o houver, é tributo devido *Tanquam adeps sacrificii* [como gordura do sacrifício], para ser consumida em honra, primeiro, da Divina Majestade, e depois, de Vossa Majestade, que é na terra aquele a quem estou mais penhorado.

SOBRE O LIVRO

Formato: 14 x 21 cm
Mancha: 23 x 44 paicas
Tipologia: Venetian 301 12,5/16
Papel: Pólen Soft 80 g/m^2 (miolo)
Couchê fosco 120g/m^2 encartonado (capa)
1ª edição: 2007

EQUIPE DE REALIZAÇÃO

Edição de Texto
Edison Urbano da Silva (Preparação de Original)
Regina Machado e Andréia Schweitzer (Revisão)

Editoração Eletrônica
Eduardo Seiji Seki (Diagramação)

IMPRESSÃO E ACABAMENTO
Hawaií Gráfica e Editora